21世纪经济与管理应用型规划教材
金融学系列

互联网金融简明教程

Internet Finance

管同伟 编著

图书在版编目(CIP)数据

互联网金融简明教程/管同伟编著.—北京:北京大学出版社,2017.9
(21世纪经济与管理应用型规划教材·金融学系列)
ISBN 978-7-301-28726-2

Ⅰ.①互… Ⅱ.①管… Ⅲ.①互联网络—应用—金融—高等学校—教材 Ⅳ.①F830.49

中国版本图书馆 CIP 数据核字(2017)第 219857 号

书　　名	互联网金融简明教程
	HULIANWANG JINRONG JIANMING JIAOCHENG
著作责任者	管同伟　编著
责任编辑	李　娟
标准书号	ISBN 978-7-301-28726-2
出版发行	北京大学出版社
地　　址	北京市海淀区成府路 205 号　100871
网　　址	http://www.pup.cn　新浪微博：@北京大学出版社
电子信箱	em@pup.cn
电　　话	邮购部 62752015　发行部 62750672　编辑部 62752926
印刷者	三河市北燕印装有限公司
经销者	新华书店
	787 毫米×1092 毫米　16 开本　17.5 印张　342 千字
	2017 年 9 月第 1 版　2019 年 6 月第 2 次印刷
印　　数	3001—6000 册
定　　价	36.00 元

未经许可，不得以任何方式复制或抄袭本书之部分或全部内容。
版权所有，侵权必究
举报电话: 010-62752024　电子信箱: fd@pup.pku.edu.cn
图书如有印装质量问题，请与出版部联系，电话: 010-62756370

丛书出版前言

《国家中长期教育改革和发展规划纲要(2010—2020年)》指出,目前我国高等教育还不能完全适应国家经济社会发展的要求,学生适应社会和就业创业能力不强,创新型、实用型、复合型人才紧缺。所以,在此背景下,北京大学出版社响应教育部号召,在整合和优化课程、推进课程精品化与网络化的基础上,积极构建与实践接轨、与研究生教育接轨、与国际接轨的本科教材体系,特策划出版"21世纪经济与管理应用型规划教材"。

"21世纪经济与管理应用型规划教材"注重系统性与综合性,注重加强学生分析能力、人文素养及应用性技能的培养。本系列包含三类课程教材:通识课程教材,如《大学生创业指导》等,着重于提高学生的全面素质;基础课程教材,如《经济学原理》《管理学基础》等,着重于培养学生建立宽厚的学科知识基础;专业课程教材,如《组织行为学》《市场营销学》等,着重于培养学生扎实的学科专业知识以及动手能力和创新意识。

本系列教材在编写中注重增加相关内容以支持教师在课堂中使用先进的教学手段和多元化的教学方法,如用课堂讨论资料帮助教师进行启发式教学,增加案例及相关资料引发学生的学习兴趣等;并坚持用精品课程建设的标准来要求各门课程教材的编写,力求配套多元的教辅资料,如电子课件、习题答案和案例分析要点等。

为使本系列教材具有持续的生命力,我们每隔三年左右会对教材进行一次修订。我们欢迎所有使用本系列教材的师生给我们提出宝贵的意见和建议(我们的电子信箱是 em@pup.cn),您的关注就是我们不断进取的动力。

在此,感谢所有参与编写和为我们出谋划策、提供帮助的专家学者,以及广大使用本系列教材的师生,希望本系列教材能够为我国高等院校经管专业的教育贡献绵薄之力。

北京大学出版社
经济与管理图书事业部

前　言

本书系笔者根据在广州商学院的教学经验积累与对互联网金融现实发展的关注研习而成。互联网金融目前正以令人目不暇接的速度变化发展。一方面，以互联网为代表的信息通信技术的高速发展正在全面改造传统的金融业；另一方面，互联网门户网站、手机通信商等更在以多种方式向金融领域进军。由此推动金融业发生着革命性的变化，催生出全新的互联网金融模式。互联网金融模式的诞生亟须培养与之相适应的新型金融人才，这需要有合适的教材与之相匹配。目前有关互联网金融的专门教材种类匮乏，针对应用型本科教学的教材更是少之又少。有鉴于此，我们组织编写了《互联网金融简明教程》，以供相关教学之用。

本书基于信息经济学原理对互联网金融的发展进行实践概括和理论分析，将互联网金融这一金融发展中的复杂动态现象纳入现代金融学的统一分析框架，以互联网金融的效率改进与风险特征为贯穿全书始终的基本分析对象：力求准确全面地描述、概括互联网金融的前沿动态发展；系统反映互联网金融模式的构成要素、交易流程和交易规则变化，并对之做出动态的系统的经济学理论意义上的准确概括和具有充分市场实践意义上的前瞻性指引；强调突出互联网金融的风险特征；力图正确地识别、概括、分析互联网金融的显性和隐性风险，并提出相应的风险识别方法。

本书共分三部分：第一部分为概述，介绍互联网金融概念的基本内涵与外延及其发展状况；第二部分为互联网金融模式，分金融机构的互联网变革模式（即互联网银行、互联网证券、互联网基金销售、互联网保险、互联网信托和互联网消费金融等）与互联网企业的互联网金融模式（第三方支付、P2P 网络借贷、股权众筹等）两大类型讨论，具体包括每类模式的构成要素、交易流程的描述与分析；第三部分为互联网金融风险及其控制，介绍互联网金融的总体风险特征及其行业风险管理与金融监管。本书的基本结构如下图所示：

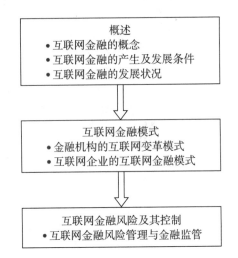

在撰写方式上：首先，本书对互联网金融现象的分析坚持历史、逻辑、实证相一致的原则，突出反映互联网金融的前沿发展；其次，在表述上力求做到基本事实、基本理论、基本数据的有机统一；最后，理论分析部分侧重经济解释，主要借助文字阐述并辅以图表说明。

在表达形式上，本书各章含引导案例与案例导读、专栏、例证以及大量图表分析；章后附复习思考题、课后练习题等。我们相信，这样安排能契合学生认知实际，满足教学需要。为方便教学，我们为任课教师精心准备了教学大纲、教案、演示文稿（PPT），以及复习思考题与课后练习题的参考答案、延伸阅读材料，任课教师可填写书后的教辅申请表向出版社索取。

本书是广东省特色重点学科"广州商学院电子商务互联网金融"建设项目：文件号-广东省教育厅粤教研函〔2017〕1号；项目号-TSZDXK201601。本书参考了若干教材、专著和文献资料，在此特向有关作者表示诚挚感谢。另外，书中的定义一般为经济学界通用定义，为节省篇幅，除个别定义外，一般不援引出处。

管同伟

谨识于羊城居所

2017年3月21日

作者简介

管同伟,经济学博士,广州商学院教授,金融学科带头人;广东金融学院教授、资本市场研究所所长;广东理财研究会秘书长(专职)。曾在《金融研究》《国际金融研究》《中国证券报》等报刊发表论文七十余篇。具有十多年的金融从业经历,曾先后供职于中国人民银行广东省分行、国家外汇管理局广东省分局、广发证券股份有限公司,从事银行、外汇监管、证券管理与宏观经济研究工作。曾兼职广东省证券业协会副秘书长、广东省理财协会副会长。现主要从事金融理论与政策的教学与研究工作。

目 录
contents

第一部分 概 述

第一章　互联网金融概述 / 003

　　第一节　互联网金融的概念 / 004

　　第二节　互联网金融产生和发展的经济技术条件 / 009

　　第三节　互联网金融的发展概况及其演变趋势 / 013

第二部分 互联网金融模式

第二章　互联网银行 / 027

　　第一节　互联网银行概述 / 028

　　第二节　互联网银行业务流程与模式 / 033

　　第三节　互联网银行的行业规范与发展趋势 / 036

第三章　互联网证券 / 045

　　第一节　互联网证券概述 / 047

　　第二节　互联网证券业务流程与类型 / 050

　　第三节　互联网证券的行业规范与发展趋势 / 059

第四章　互联网基金销售 / 068

　　第一节　互联网基金销售概述 / 069

第二节　互联网基金销售业务流程　／073
　　第三节　互联网基金销售的行业规范与发展趋势　／079

第五章　互联网保险　／086
　　第一节　互联网保险概述　／088
　　第二节　互联网保险的业务流程与模式　／091
　　第三节　互联网保险的行业规范与发展趋势　／097

第六章　互联网信托　／106
　　第一节　互联网信托概述　／108
　　第二节　互联网信托业务流程与模式　／112
　　第三节　互联网信托的行业规范与发展趋势　／116

第七章　互联网消费金融　／123
　　第一节　互联网消费金融概述　／125
　　第二节　互联网消费金融业务流程与模式　／128
　　第三节　互联网消费金融的行业规范与发展趋势　／131

第八章　第三方支付　／140
　　第一节　第三方支付的概念　／141
　　第二节　第三方支付的业务流程与模式　／147
　　第三节　第三方支付产业状况、行业规范与发展趋势　／153

第九章　P2P网络借贷　／170
　　第一节　概　述　／172
　　第二节　网络借贷流程与业务模式　／180
　　第三节　网络借贷的规范发展　／186

第十章　股权众筹　／194
　　第一节　概　述　／195
　　第二节　股权众筹的具体类型、经营模式与运作流程　／200
　　第三节　股权众筹的发展现状、行业规范与未来趋势　／209

第三部分 互联网金融风险及其控制

第十一章　互联网金融风险　/ 221
　　第一节　网络经济的技术经济风险　/ 223
　　第二节　互联网金融的风险类型及其特征　/ 228
　　第三节　互联网金融风险控制的基本方法　/ 235

第十二章　互联网金融监管　/ 244
　　第一节　互联网金融监管及其国内外发展概况　/ 247
　　第二节　互联网金融风险监管的基本类型　/ 256
　　第三节　互联网金融监管与其发展的关系　/ 263

参考文献　/ 267

第一部分

概　述

本部分基于现代金融学原理阐释互联网金融概念,辨析国内外对互联网金融的不同理解,阐明互联网金融得以产生和发展的技术条件和经济背景框架、互联网金融与传统金融的相互关系,介绍互联网金融的发展现状及其所面临的主要问题和可能的发展趋势。

第一章

互联网金融概述

本章导论

互联网金融是指以互联网为特征的现代信息技术在金融领域的应用。最近几年,互联网金融在我国获得巨大发展,极大地推动了传统金融业的变革和进步,与此同时也伴生出相关的金融风险。新增长动力时代,互联网金融将面临新的机遇和挑战。

主要内容

本章首先讨论互联网金融的概念与发展现状,其次介绍互联网金融的基本模式,最后讨论互联网金融发展的主要问题和未来趋势。

知识与技能目标

通过本章学习,学生应掌握互联网金融的基本概念、主要业务类型;了解互联网金融发展的基本状况、主要问题与未来发展趋势;能够运用互联网金融的主要特征,对具体的互联网金融活动进行识别和分类。

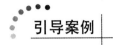

高铁速度的互联网金融

案例导读：技术变革会产生新的经济形态，新的经济形态需要新的金融形式加以适应，互联网经济时代对应的便是互联网金融。互联网技术进入金融领域可以改变传统金融业态，为金融体系带来新的竞争态势与资源配置的效率改进。本案例提供了我国互联网金融发展阶段上的一个截面，由此我们可以一窥互联网金融的高速发展及其相关问题，为本课程的学习留下一个初步轮廓。

隆冬之际，互联网金融热席卷京城。2015年12月1日，第二届中国信贷精英年会在北京举行，两千名信贷与互联网金融从业人士将会议中心挤得座无虚席，同一天新浪金麒麟论坛也大谈互联网金融。而仅仅2天前中国互联网金融发展高峰论坛和全球共享金融100人论坛才刚刚结束。

在互联网金融的效应下，各路资金人马纷纷进入，行业实现快速的发展与整合。以传统信贷员为例，这个群体在互联网金融的影响下已经逐渐从传统金融机构解放出来，好贷网打造的好贷云单让30万信贷员实现贷款业务共享，"开启自金融时代"。

这仅是互联网金融快速发展的一个案例，有人说，中国互联网金融正在实现类高铁般的发展。不过仍欠缺些东西。好贷网CEO李明顺在接受《华夏时报》记者采访时说，影响互联网金融发展的基础设施问题仍然存在，主要包括征信系统未放开、行业共享机制没建立，还有评级体系缺失等，这些机制的建立仍需要一个漫长的过程。

高铁速度

互联网金融已经延伸出了庞大的产业链，在任何一场大型互联网金融峰会上，总少不了这些上下游服务企业的身影，做系统软件开发的IT企业，做营销推广的服务商，做公证保全的安存科技，这些正在推动行业的快速发展。互联网金融发展频频获得监管层的呼应。

11月28日，央行有关官员表示，央行已将互联网金融统计制度纳入央行下一年将执行的银行业金融机构统计制度中。

资料来源：金微，《高铁速度的互联网金融：公司会死、平台永生》，《华夏时报》，2015年12月5日。

第一节 互联网金融的概念

一、互联网金融的定义

截至目前，互联网金融（internet finance）尚无国际公认的标准和内涵。在国外，没有互联网金融的单独提法，涉及信息技术的金融被称为电子金融（e-finance），其含义是指使用电子通信与计算机技术提供的金融服务。① 在我国,它最初由谢平等人于 2012 年提出。② 按照谢平等人的解释,互联网金融不是某一种具体形式的金融业务,而是一个谱系,它涵盖了受互联网技术和互联网精神的影响,从传统银行、证券、保险、交易所等金融中介和市场,到无金融中介或市场情形之间的所有金融交易和组织形式。显然,这是一个经济学研究意义上比较宽泛的概念,并未给出互联网金融的具体业务范围。

2014 年 4 月,中国人民银行发布的《中国金融稳定报告(2014)》对我国互联网金融进行了界定,将互联网金融进行了广义和狭义上的划分:广义的互联网金融既包括作为非金融机构的互联网企业从事的金融业务,也包括金融机构通过互联网开展的业务;狭义的互联网金融仅指互联网企业开展的、基于互联网技术的金融业务。

2015 年 7 月,国务院十部委联合发布的《关于促进互联网金融健康发展的指导意见》正式明确:"互联网金融是传统金融机构与互联网企业利用互联网技术和信息通信技术实现资金融通、支付、投资和信息中介服务的新型金融业务模式。"

由此,互联网金融的概念在我国得到正式明确:互联网金融是指以互联网为特征的现代信息技术在金融领域的应用。

二、互联网金融的本质属性及其主要业态

(一) 互联网金融的本质属性

理解互联网金融的概念需要把握以下三个方面:一是互联网金融的本质属性;二是互联网金融与传统金融的关系;三是互联网金融与传统金融共同面对的信息不对称问题。

1. 互联网金融的本质属性

互联网金融的本质仍属金融,其含义是互联网本身并非金融,而仅仅是金融活动所赖以实现的一种新型信息媒介,但互联网技术与金融的结合所构成的互联网金融,则具有金融本身所固有的全部属性。

金融的主要属性包括:

(1) 金融是信用交易。经济学上的信用,是一种在现货交易(即时结清的交易)基础上派生出来的借贷关系,交易的结清是一个未来发生的行为。在信用交易中,交易的一方以对方偿还为条件,向对方先行移转商品(包括货币)的所有权,或者部分权能③;一方对商品所有权或其权能的先行移转与另一方的相对偿还之间存在一定的时间差;先行交

---

① 参见世界银行 2000,Financial Sector Discussion Paper No. 4,Electronic Finance:Reshaping the Financial Landscape Around the World。
② 参见谢平等编写的《互联网金融手册》(中国人民大学出版社 2014 年出版)一书的封底简介。
③ 权能在法律意义上是指权利人为实现其权利所体现的目的利益依法所能采取的手段,体现权利人的意思支配力的方式。

付的一方需要承担一定的信用风险,信用交易的发生是基于给予对方信任。而金融则是信用交易的高级形式,在人类经济史上,交易形式从最初的物物交换发展到以货币为媒介的商品流通,再到纯粹意义上的债权债务关系凭证的金融形式交易,就是一个信用关系从无到有、从低级到高级的发展过程。金融交易的现代形式不仅不否定最初构建于商品赊销基础上的信用关系,反而是它的补充和完善。因此,信用关系是全部金融交易的基础,离开了信用,离开了交易双方的信任关系,就没有任何金融交易可言。反之,金融最能体现信用的原则与特性。在发达商品经济中,信用已与货币流通融为一体。

(2)金融交易以货币为对象。货币是用作交易媒介、储藏价值和记账单位的一种工具。货币的形态既包括流通货币,也包括各种储蓄存款;在现代经济中,以实体通货(纸币或硬币)形式存在的货币只占很小部分,大部分交易都使用支票或电子货币。

在现代经济中,货币不仅是国家主权的象征,也是国家的主要宏观调控工具。国家都会通过特定的货币制度来对货币的有关要素、货币流通的组织与管理等加以规定,以保证货币和货币流通的稳定,保障货币正常发挥各项职能。金融活动以货币信用工具为载体,并通过货币信用工具的交易,在金融市场中发挥作用来实现货币资金使用权的转移,因此,必然要受到国家金融制度和货币调控机制的监督、调控和规制。

(3)商业银行的信用创造机制是现代金融的核心。信用创造是指商业银行通过吸收活期存款、发放贷款,从而增加银行的资金来源、扩大社会货币供应量的过程。通过商业银行的信用创造,既可以节省经济中的现金使用,减少社会流通费用,又能够满足社会经济发展对流通手段和支付手段的需要。商业银行的信用创造程度和商业银行体系的健全程度成正比,商业银行体系越发达,信用创造的现象就越普遍,所创造的信用总量也越大。商业银行信用创造功能越大,全社会的货币供应量就越多;反之,商业银行信用创造功能越小,全社会的货币供应量就越少。因此,商业银行的信用创造机制处于现代金融的核心地位,商业银行的信用创造扩张;社会融资总量亦随之扩张;反之,则随之缩小。

综上所述,不难看出,互联网作为一种信息处理和传输手段,对金融的介入可以极大地改变金融信息采集、处理和传输的效率,但其本身无法构成金融的本质内涵。首先,无论互联网金融的形式如何发展,金融的本质永远都是一种信用关系,互联网可以改变人们的沟通方式和效率,但改变不了经济活动中经济行为人之间最基本的信任关系。其次,互联网金融仍然是以货币信用工具为载体,并通过货币信用工具的交易,在金融市场中发挥作用来实现货币资金使用权的转移,因此,必须接受国家金融制度和货币调控机制的监管和调控。再次,商业银行的信用创造机制作为现代金融的核心这一客观事实也不会因互联网的介入而被改变,因为商业银行的信用创造机制不属于金融的技术层面,而是一个金融的基本制度安排。作为一种制度设定,商业银行获得了现代金融体系中创造信用货币这样一个独特的功能,这一功能显然互联网技术手段本身无法自动衍生获得。因此,理解互联网金融,需要强调互联网金融首先是金融的属性,它所改变的仅仅是金融活动实现的技术形式,并未改变金融的本质内涵,这意味着金融这一经济学概念的特殊规定性和相关范畴仍然适用于互联网金融的分析。

2. 互联网金融与传统金融的关系

根据央行的界定,广义上,无论是非金融机构的互联网企业从事的金融业务,还是金融机构通过互联网开展的业务,均属于互联网金融。狭义上,互联网金融是互联网企业依托于云计算、大数据、电商平台和搜索引擎等互联网工具而产生的一种新兴金融模式,具有融资、支付和交易中介等功能。就两者的关系看,互联网金融与传统金融不是相互替代而是相互补充、相互促进的关系。互联网金融的发展,是对传统金融行业的有益补充和延伸,有助于解决中小企业融资难问题,促进民间融资阳光化、规范化,更好地支持实体经济发展;而传统金融的互联网改造则是对互联网金融的肯定和吸纳,传统金融利用互联网技术来实现机构网点空间布局优化、降低经营成本、提高金融服务整体效益的目标。

3. 互联网金融与传统金融共同面对的信息不对称

信息不对称是指在商品和服务、金融资产与负债的买卖中,交易双方拥有的信息总是不对等的,拥有信息优势一方可以凭其信息优势在交易中获取不当收益。信息不对称还有可能引发利用信息优势谋取非正当私利的代理人问题、道德风险和逆向选择等。实践中,信息不对称可能对交易活动造成非市场化的影响,使价格信号失真。信息不对称还会造成交易不公平,由于占有信息优势的一方可能获得"信息租金",信息拥有量的差异会演化为利益分配的失衡。总之,信息不对称轻则会降低市场的交易效率,影响市场的正常发育和稳健运行,重则可以导致市场失灵,使市场规模持续萎缩直至消失。

金融交易的前提是信用,信用的前提是市场参与者具有相对完备的信息。一般而言,金融机构所拥有的信息优势是金融消费者无法比拟的,金融消费者很难获得金融机构在产品创新、产品定价和风险控制等方面的完备信息,尤其是当金融机构为了自身利益,延迟或拒绝披露相关信息时。因此,对信息不对称及其相关问题的处理,便构成现代金融学的核心问题。

互联网信息技术赋予了现代金融前所未有的便利和迅捷,但互联网本身并不会自动消除或消减信息不对称,反而在一定条件下会加剧信息不对称问题。诚然,借助互联网技术可以拓展交易的可能性边界,使很多原来不可能的交易变成了交易,使很多资源交换行为得以跨时空配置,故可以提高金融资源的配置效率。① 但互联网金融在带给我们

---

① 《互联网金融可降低交易成本、消除信息不对称》,《科技日报》,2014年4月10日;《信息不对称、行为监管与互联网金融规范发展》,《金融时报》,2016年7月5日。

便利和快捷的同时,也隐藏着风险。这里的重要原因就是信息不对称。这是因为无论是互联网还是金融,都具有各自的专业复杂性,从而具有模糊性,部分互联网金融产品又刻意加重了这种信息的模糊性,再加上互联网交易的分散性使得信息不对称问题更加严重。

以信息技术为基础的新金融应用,将成为未来推动经济社会发展的重要动力。互联网技术创新为高频次、大范围的交易提供了更多的资源与手段,可以更加快捷和高效地发现价格和甄别风险。但交易透明化是这一模式有效运行的前提条件,换言之,互联网金融发展成败的关键在于信息不对称问题能否改进。

迄今为止,互联网成功地解决了信息不充分的问题,但远未很好地解决信息不对称的问题。因此,学习和研究互联网金融,必须明确,无论互联网金融还是传统金融,从现代金融的视角看,都需要切实解决信息不对称、逆向选择与道德风险等基本问题,在实现储蓄向投资的转化过程中,不能认为有了互联网这些问题就可以自动消除,否则,互联网对金融的无限制渗透很可能失控,而其无所不在的网络效应①将会给任何金融模式所必需的稳健性安排框架带来不可预估的系统性风险隐患。

综上所述,对互联网金融概念的理解,应当明确互联网金融的本质仍属金融,同样具有金融风险的隐蔽性、传染性、广泛性和突发性;互联网金融与传统金融不是替代关系甚或颠覆性关系,而是相互补充、相互促进的关系;互联网金融与传统金融同样面临信息不对称及其与之相伴而来的逆向选择、道德风险等问题,这些问题不会因互联网的普及运用而自动消失,反而会因互联网强大的网络效应而变形扩大。

(二) 互联网金融的主要业态

从上面的讨论中可知,互联网金融是传统金融机构与互联网企业利用互联网技术和信息通信技术实现资金融通、支付、投资和信息中介服务的新型金融业务模式。具体而言,互联网金融的主要业态包括银行、证券、保险、基金、信托开展的互联网银行、互联网证券、互联网基金销售、互联网保险、互联网信托和互联网消费金融等,以及互联网企业的互联网支付、网络借贷、股权众筹等。②

---

① 指互联网信息服务因为使用人数递增而价值递增的现象。信息产品存在着互联的内在需要,因为人们生产和使用它们的目的就是更好地收集和交流信息。这种需求的满足程度与网络的规模密切相关。如果网络中只有少数用户,他们不仅要承担高昂的运营成本,而且只能与数量有限的人交流信息和使用经验。随着用户数量的增加,这种不利于规模经济的情况将不断得到改善,所有用户都可能从网络规模的扩大中获得更大的价值。此时,网络的价值呈几何级数增长。这种情况,即某种产品对一名用户的价值取决于使用该产品的其他用户的数量,即网络效应。参见 en.wikipedia.org/wiki/Network_effect。

② 中国人民银行等:《关于促进互联网金融健康发展的指导意见》,2015。

第二节 互联网金融产生和发展的经济技术条件

作为"数字经济"时代商业模式的一个截面,互联网金融的产生和发展是互联网与经济社会深度融合的结果。在技术进步与金融发展的双重驱动下,互联网金融在21世纪呈现出快速发展的态势。

一、互联网金融产生的技术条件

技术进步是商业模式变革的基础,任何商业模式的变化都离不开技术进步的促进和支持。纵观世界各国的经济发展史,举凡重大商业模式出现和变革无一不是植根于技术变革的沃土。其内在的逻辑是,新的技术出现使老的技术被淘汰,因而改变了产品和服务的生产与提供方式以及人们的消费方式,旧有的商业模式被以质变的方式重新修改。在技术进步孕育的新需求拉动下,以老技术为基础的商业模式消亡,以新技术为基础的商业模式建立,二者质上的差别,让有战略远见的企业改造世界。

商业模式创新,起源于20世纪90年代中期计算机互联网在商业世界的普及应用。互联网的出现改变了基本的商业竞争环境和经济规则,标志着"数字经济"时代的来临。21世纪,以信息技术和网络技术为核心的第三次科技革命,正在颠覆性地改变工业革命所形成的经济形态和增长模式。网络环境的开放性、虚拟性、交互性、平等性与共享性等特征使得人们能够通过互联网与身处不同地域范围的人随时随地进行双向或多向信息交流,由此产生的时空距离的缩短和交易成本的降低使得商业环境发生了巨大变化,企业面临许多前所未有的挑战,许多传统行业正面临商业模式的变革,互联网企业正以非常规的策略获取市场话语权和市场份额。

专栏 1.1

商业模式的背后是技术

最近四大国有银行向第三方支付发起攻击,过去十年它们主导了一个叫作"银联"的商业模式:向商户出售昂贵的POS机,收取最高3%的手续费,还和电信运营商一道大力推广NFC,希望在智能机时代还能完全控制现金流通所有的环节。然而微信和支付宝采用的"扫码支付"成本仅有POS机的1%,手续费也大大降低。苹果推出的iBeacon,耗电量比NFC降低一个数量级,传输距离却提高两个数量级。但是银行觉得它们都"不安全"。

银行现在试图用监管来拯救"银联",同样的事情广电系也做过。上海广电系统的黎瑞刚正掀起一阵改革的旋风,他一度被广电系的领导斥为"电信系的功臣、广电系的罪人"。广电的老人们一直希望在"三网融合"中抓紧手中的频谱资源和发牌照的权力,他们现在还在这样做,但是现在已经没有谁还有兴趣谈论"三网融合"了。现在的话题是自制剧、自媒体和4G网络普及将带来的内容多媒体化。

还有人记得"移动梦网"吗?中国移动和日本电信运营商Docomo都曾经试图用传统运营商的办法建立起一个游戏、娱乐和电商帝国。但是去年它们都放下身段,向iPhone手机提供补贴。

如果你觉得以上这些商业模式失败是由于其主导者(银行、广电和运营商)都是守旧势力,那就大错特错了,即使是站在浪潮之巅的科技公司,也无法用商业模式来弥补技术上的劣势。

以苹果为例,当对手是诺基亚手机和华硕上网本时,苹果是无往不利的。到了乔布斯去世的那一年,胜利冲昏了一些人的头脑,他们描绘了一个没有谷歌的互联网:人们在iOS设备使用苹果地图,Siri让人无须打开搜索页,苹果股价会冲破1 000美元。然而事实是Siri被当作玩具,苹果地图引来无穷的嘲笑,股价在500美元左右徘徊,苹果的三款社交服务——MobileMe、Game Center和Find my Friends——无一例外地遭遇失败。

资料来源:手稿(作者笔名),《技术面前,一切商业模式都是纸老虎》,创事记微博,2014年4月4日。

作为"数字经济"时代商业模式的一个截面,互联网金融的产生和发展正是互联网与经济社会深度融合的结果。金融作为现代经济中资源配置的核心和枢纽,在促进储蓄向投资转换这一过程中,面对的是一个信息无限递增与信息不对称的世界,因此,在金融这一领域如果离开了对信息的正确甄别、处理和有效利用,便完全谈不上任何意义上的资源配置改进。因为海量信息中的噪声污染不仅会使原本真实的信息失真,还会放大错误的信息,使得信息不对称效应倍增,其结果是大面积的资源误配,产业结构、经济结构的扭曲变形,社会稀缺资源的大量流失和浪费。在互联网出现前的传统信息处理技术条件下,金融信息的采集、整理加工和利用,整体处于分散的、条块分割的状态:储贷双方的信息是分散的、不对称的,投融资双方的信息也是分散的、不对称的,广大股东对金融机构与上市公司的信息也是不对称的,直接金融机构和间接金融机构对资金需求方的信息也是处于无法实现共享的分散不对称状态,政府监管机构对金融市场行为人的信息也是不对称、远非完善的。这种信息不对称、不完善状态,极大地阻碍了传统金融模式资源配置效率的提高和完善,亟须改进与变革。互联网信息技术的进步正好可以针对传统金融这一重大缺陷,参与"搅局",促进传统金融模式的创造性毁灭和变革。

创新是生产函数的变动。任何一种技术革命的成功,都伴随着成功的商业模式的创新与落地。如今,商业模式创新方兴未艾,成功的商业模式创新在推动不同企业及行业平台设计、研究和发展方面展示的灵活性、多样性和颠覆性,为产业升级创造了无限想象空间。当今世界互联网金融正是在这样的技术条件下产生的。当前,全球正经历新一轮科技革命与产业变革,互联网与经济社会的深度融合已成时代潮流。近年来,大数据、云计算、移动互联等网信技术不断取得突破,促进了互联网与金融的快速融合,这将为现代金融体系注入新活力,为金融业转型升级增加新动力。

专栏 1.2

信息时代的技术进步:加速度

大概没有什么技术革命像信息技术这样,让"颠覆"与"变革"沦为陈词滥调,让我们成为"快速衰老"和"下一个新生事物"的焦虑症患者。就在最近,乔治·索罗斯的前战略管家、对冲基金大佬斯坦利·德鲁肯米勒开始对赌 IBM 的股票。他说:"这是我这么多年见到的有较高概率做空的投资机会之一。IBM 技术已经陈旧,它正在被云计算取代。"他说,他将赌注押在亚马逊与谷歌上,"谁赞同投资变革创新,谁就应该买谷歌;谁反对变革创新,那就去买 IBM"。"过时"太让人应接不暇:20 世纪 80 年代,IBM 还是全世界最牛的公司;仅仅十数年,比尔·盖茨就用 Windows 软件把 IBM 赶下宝座,成为宇宙中心,史蒂夫·乔布斯的麦金托什机则以乔治·奥威尔的"1984"向 IBM 宣战,加快了个人电脑革命的进程;不过十来年,苹果超越微软成为全球最有价值的科技公司,价值高出微软 70%;同时谷歌也成为取代微软的象征,而苹果的光晕在乔布斯去世后也不再那样遮云蔽日。《连线》杂志副主编凯文·凯利说,当他刚遇到拉里·佩奇时,搜索引擎还渺小无望得根本想不出业务模式,但它现在已站在了科技之巅。而那些来自主流之外边缘之处的力量却已在觊觎谷歌的宝座了。凯利预测,做网络存储和在线应用的 Dropbox 公司,或者离硅谷很远的中国公司,也许将是挑战谷歌中心地位的下一位创造性破坏者。

现在,所有人都在谈论着一个美丽新时代:移动互联网时代。2000 年开启的互联网时代,以互联网巨头垄断之势形成而终结;PC 互联网还不会被快速颠覆。4G 是一次通信基础设施技术演进,但在这个平台上,蕴含着可能爆发的巨大创造潜力。

资料来源:蒲实,《移动互联,技术与商业模式创新》,《三联生活周刊》,2013 年第 48 期。

二、互联网金融产生和发展的经济条件

(一)电子商务

根据维基百科的解释,电子商务是指利用计算机技术、网络技术和远程通信技术,实现整个商务过程中的电子化、数字化和网络化。在电子商务中,人们不再是面对面的、看

着有形货物、靠纸质单据(包括现金)进行买卖交易,而是通过网络,通过网上展示的商品信息、完善的物流配送系统和方便安全的资金结算系统进行交易。

电子商务最早产生于20世纪60年代末期的美国,90年代中期后,伴随着国际互联网的迅速普及,电子商务逐步成为互联网应用的最大热点。电子商务不但影响着商业企业和购买者的沟通与商务方式,也拓展了金融中介机构提供产品和服务的范围,并直接导致了网上支付的产生。网民数量的增长、电商的促销优惠活动以及网络购物方便等特点都对网上支付的发展起到了促进作用。总之,电子商务的快速发展派生出对互联网金融的强大需求,从简单货物贸易支付到为企业发展提供贷款,再到支持企业转型升级提供全方位便捷的金融服务。

(二) 普惠金融

普惠金融是指立足机会平等要求和商业可持续原则,以可负担的成本为有金融服务需求的社会各阶层和群体提供适当、有效的金融服务。[①] 借助互联网技术发展普惠金融对发展中国家及新兴市场具有特别重要的意义。对发达国家,典型如美国而言,成熟稳固的金融体系几乎覆盖了全部城乡居民的金融需求。在这种高覆盖率的传统金融体系之下,留给新兴互联网企业的市场空间十分有限。但对新兴市场,典型如中国而言,由于金融发展与改革滞后,金融服务覆盖率比较低,在普惠金融的探索和实践过程中,都会面临传统金融机构网点覆盖率低、专业人手不足、作业成本高、信用信息采集难等问题。这些问题的存在直接导致了小微企业和信用无痕个人难以从银行等传统金融机构获得相应的金融服务,同时也为互联网金融发展留出了巨大的业务拓展空间。

互联网金融与传统金融最大的区别在于其独特的信息处理优势,这种模式可以利用网络覆盖惠及边远地区和小微贷款对象,借助大数据构建风险控制模型,根据大数据分析让用户短时间内实现借款等金融服务需求。总体上,实现普惠金融的途径是进行金融体系创新,包括制度创新、机构创新、产品创新和科技创新,而互联网金融创新正是产品创新与科技创新的天然结合,普惠金融的全面构建需要互联网金融的发展。

除上述需求驱动的因素外,适当包容的监管政策环境也是互联网金融发展的重要条件(关于互联网金融监管的讨论详见第十二章相关内容)。

专栏 1.3

捷信深耕中国市场 普惠金融服务草根人群

如今普惠已成金融业的新标杆,而界定消费金融信贷的"普"与"惠"需要考虑两个方面的内容:一是人口众多的中低收入人群能否得到消费信贷服务;二是他们以什么样

---

① 参见 UNDP website:What is Inclusive Finance and UNDP Blue Book,2006。

的价格得到这种服务。在"普"值排名中,来自捷克的消费金融提供商捷信金融(以下简称"捷信")位居第一,捷信将国际消费信贷领域的领先经验运用到中国,结合中国国情和各地区特点,提供具有地域特色的贷款服务。

国际消费金融服务商的"中国路"

据了解,作为国际领先的消费金融服务提供商,捷信通过金融知识讲座、动漫和在线互动等多种形式,宣传普及金融知识,培养并提高消费者对社会信用和负责任借贷的意识。本着对客户负责的精神,捷信创新性地推出了贷款15天犹豫期的制度,为客户提供安全和优质的贷款体验。

捷信向包括中低收入人群在内的客户提供清晰、透明的贷款服务,大多数客户都是首次借款,他们往往没有或者只有有限的信用记录,通常很难获得传统金融机构的服务。

据悉,截至2015年年底,捷信在中国的业务已覆盖24个省份,超过260个城市,拥有33 000多名员工;捷信与迪信通、苏宁等全国知名的零售商有非常好的合作关系,通过超过6万个贷款服务网点,累计服务客户超过1 200万人次。

产品优异造就河南市场的"全面覆盖"

据了解,在河南,捷信与迪信通手机连锁、苏宁电器、五星电器、胜天通讯等大型的手机和家电连锁企业都有合作,客户办理业务时携带身份证即可,也可提供一张银行卡供每月自动代扣。

"简单、方便、快捷,只需要一张身份证在门店的电脑上进行申请,最快1分钟就可以通过审批,平均时间为5—8分钟。"捷信相关工作人员介绍说。捷信目前的主要业务有手机、电脑、电动车、摩托车、家用电器等,服务不同客户的不同需求。

据悉,捷信在河南区域目前的业务量位居全国前列,从区域上来看,市县级的市场已经全面覆盖,目前该公司在河南的业务已经深入乡镇市场,为更多的客户提供服务。

资料来源:柳州金融网,2016年7月25日。

第三节 互联网金融的发展概况及其演变趋势

互联网金融的雏形出现于20世纪90年代中期,以全球第一家互联网银行(SFNB)于1995年在美国诞生为标志。此后,互联网金融开始在欧洲及日本等亚洲一些国家和地区逐渐兴起。21世纪以来,随着互联网技术和移动终端设备的广泛使用,借助网络实现资金支付、融通和信息中介服务的互联网金融高速发展。

一、国外互联网金融发展概况

从全球范围看,结合互联网高效性、规模化、普惠性的优势,实现金融资源更有效地配置已是大势所趋,但各国的发展路径略有不同,也就形成了不同的互联网金融生态。发达国家信息技术比较先进,金融体系也比较完善、成熟,因此,其传统金融体系与互联网的融合较之其他国家时间更早、程度更高。独立的互联网金融业态并不存在。例如,在美国,甚至没有互联网金融的提法,只有金融科技(Fintech)的概念。所谓金融科技,主要指互联网公司或者高科技公司利用云计算、大数据、移动互联等新兴技术开展的低门槛金融服务。这些服务与银行所提供的金融产品和服务,不是颠覆的关系,而是互为补充。美国传统金融业通过自发地与互联网结合巩固了地位,在强大的传统金融体系下,独立的互联网金融企业生存空间较小,只能在传统企业涉及不到的新领域寻求发展,对市场冲击有限。

互联网金融目前在西方国家的主要模式大致分为七种:互联网支付、P2P 网络借贷、众筹融资、互联网基金销售、互联网银行、互联网证券以及互联网保险等。

1. 互联网支付

目前,在全球范围内比较知名的第三方支付企业有美国的 PayPal、Google Wallet,荷兰的 GlobalCollect,英国的 Worldpay 等。PayPal 是世界上最大的基于互联网的第三方支付公司。它是美国电子商务巨头 eBay 于 1998 年 12 月成立的子公司,总部在美国加州圣荷西市。目前全球有超过 1 亿个注册账户。PayPal 的定位是跨国交易中最有效的支付工具。

近几年随着移动互联网及智能手机的技术革新和移动社交平台的爆炸式增长,基于移动社交平台的移动支付系统存在巨大的发展空间,移动支付应运而生。作为互联网支付在媒介上的补充,发达国家完善的网络基础设施为移动支付提供了良好的发展条件;而移动支付本身又能够明显改善用户体验,减少刷卡费等成本。因此在当下世界范围内,市场开发的重点是移动支付领域,除 PayPal 以外,比较大的企业还有 Google Wallet、Square、Stripe 等。

据高盛公司估计,全球移动支付交易额 2016 年将达到 6 169 亿美元。支付方式上,基于网络连接的远程支付、近场支付①、手机刷卡器支付、手机扫码支付和碰一碰支付等种类繁多。比如,英国巴克莱银行在 2012 年推出了点对点支付系统,装有 PINGIT 的手机可以在麦当劳、星巴克、玛莎百货等商场完成支付行为,无须实际使用银行卡。荷兰网

---

① 近场支付是指手机通过射频、红外、蓝牙等通道,实现与自动售货机、POS 机等终端设备之间的本地通信,俗称手机刷卡消费。

络银行 INGDIRECT 于 2011 年推出移动支付应用,用户在输入个人账户信息,提交支付或收款信息后,双方设备碰一下即可完成支付。Google 公司在许多店面布置了 Google Wallet NFC 刷卡器,用户使用装有 Google Wallet 账户的 NFC 手机在收款设备前晃动一下即可完成支付。Square 公司的手机刷卡器支付、星巴克的扫码支付购买咖啡,也都是移动支付的典范。

安全认证方式上,相关技术创新日新月异。应用人体生物特征作为支付的识别信息是重要的发展方向之一,比如指纹支付、虹膜支付、声音支付等。全球影响力最大的手机支付服务商 PayPal,将利用三星 Galaxy S5 手机的指纹扫描和识别功能推出更简易的支付方式,未来消费者将无须记住账号和密码,就可以在全球支持 PayPal 的商户实现更加安全和无缝的支付服务。日本冲电气工业株式会社已实现利用移动终端设备进行高精度的虹膜身份认证,这将可以用于移动支付时的安全认证。

专栏 1.4

移动支付新动向
——PayPal 和 Visa 达成合作将在美国推行 NFC 支付

据外媒报道,美国 PayPal 用户很快可以在全国范围内使用 NFC 移动支付服务,PayPal 已和 Visa 达成协议,将通过 Visa 通道来处理这些交易。

PayPal 和 Visa 两大支付网络将在某种程度上合为一体,PayPal 也将加入 VDEP(Visa 数字认证),该认证是建立在 Visa 令牌技术之上的方式。

PayPal 表示通过与 Visa 的商业合作,可利用 Visa 的 Token 以及其他数字服务,为广大消费者提供更为安全、便捷的线下支付体验。

事实上,据移动支付网了解,早在 2016 年 2 月全球移动大会上,PayPal 就已经宣布推出具备 NFC 支付功能的手机应用程序,具有 NFC 功能的手机通过在 APP 上开通非接账户即能在某些店内非接终端上使用。

值得一提的是,此前 PayPal 总裁 David Marcus 曾经吐槽 NFC 只是个过时的技术,认为消费者在智能手机上点击几下支付和非接支付没什么区别,NFC 无法解决实际问题。如今 PayPal 却态度 180°大反转,承认 NFC 在零售付款上存在优势,与 Visa 的合作使其在线下布局事半功倍。

资料来源:移动支付网。

---

2. P2P 网络借贷

2005 年 3 月,在英国伦敦诞生了世界首家 P2P 网络借贷平台 Zopa。Zopa 为不同风险水平的资金需求者匹配适合的资金借出方,而资金借出方以自身贷款利率参与竞标,报价低者胜出。该信贷模式凭借其高效、便捷的操作方式和个性化的利率定价机制可使借贷双方共同获益,因而得到市场的广泛关注和认可,迅速在世界各国复制和传播。除 Zopa 外,目前比较著名的国际互联网借贷平台还有美国的 Prosper 和 Lending Club,德国的 Auxmoney,日本的 Aqush,韩国的 Popfunding,西班牙的 Comunitae,冰岛的 Uppspretta,巴西的 Fairplace,等等。

3. 众筹融资

2009 年成立的美国众筹网站 Kickstarter 一般被认为是互联网众筹融资兴起的标志,事实上,世界上最早建立的众筹网站是同样来自美国的 ArtistShare。ArtistShare 于 2001 年开始运营,称为"众筹金融的先锋",与西方众筹的历史渊源相吻合,主要面向音乐界的艺术家及其受众。具有代表性的股权众筹平台有英国的 Crowd cube(全球首个股权众筹平台)、美国的 Fundable,非股权众筹平台有美国的 Kickstarter 和 IndieGoGo、拉美的 Idea.me 等。

近几年,众筹模式在欧美国家发展速度不断加快,在欧美以外的国家和地区也迅速传播开来。前瞻网数据显示,2015 年,众筹融资的全球交易总额达到 1 123 亿美元,同比增长 82.8%。根据 CB Insight 2014 年的研究,2009—2013 年,440 多个创业公司以众筹方式获得了超过 10 万美元的融资。

4. 互联网基金销售

互联网基金销售虽然起步较早,但互联网企业的介入却较晚。最早是 PayPal 于 1999 年推出的将余额存入货币市场基金的服务。PayPal 作为第三方支付平台,拥有支付牌照,在美国财政部注册,受联邦及州政府的两级反洗钱监管,其资金托管受美国存款保险公司监管。在 2005—2007 年利率上行期间,该基金规模曾达到 10 亿美元,但在 2008 年金融危机后,美联储利率几乎降至零,其流动性和保本两大优势纷纷丧失,最终在 2011 年退出市场。其实,美国货币市场基金在 1980—1986 年利率市场化期间,经历过爆炸式的扩张,而 90 年代与互联网结合并未带来"第二春",可见,货币市场基金长期是否繁荣并不在于营销渠道,而是主要取决于利率市场环境条件。

5. 互联网银行

建立于 1995 年的美国 SFNB 是世界上第一家网络银行,受美联储和各级政府监管。由于成本低,其费用和存贷款回报率都很有竞争力,创建初期发展迅猛,曾一度通过收购成为全美资产规模第六大的银行。不过,随着花旗、大通等老牌银行加快网络银行布局,SFNB 的优势丧失,加上其内部风险管控不善,1998 年被加拿大皇家银行收购。此后,美国商业银行体系重归传统大银行割据的局面。

由于在互联网技术的发展和应用方面存在优势,日本的互联网银行渐渐脱颖而出,数量也最为集中,基本代表了互联网银行的发展状况和趋势。目前较为有名的日本网络银行主要有三家,分别为日本网络银行、乐天银行和索尼银行。

移动服务成新潮。根据皮尤研究中心的调查,2013年美国35%的手机用户使用移动银行。摩根大通的移动银行客户截至2012年年底达到了1 200万,比上年增长51%。三菱日联金融集团MUFG与KDDI电信公司于2008年合作创建了移动银行Jibun,可提供从基本的日元储蓄、汇款服务,到外币储蓄、贷款、信用卡申请、电子货币、网购支付、金融规划工具等全生命周期的银行产品和服务。

6. 互联网证券

美国是开展互联网证券交易最早的国家,也是互联网证券交易经纪业务最为发达的国家。美国互联网证券业务是伴随着互联网的普及和信息时代的到来而迅速崛起的。互联网证券交易,主要包括网上开户、网上交易、网上资金收付、网上销户等四个环节。

20世纪90年代中期,折扣经纪商嘉信理财(CharlesSchwab)在开展营业部业务的同时推出网上经纪业务;1996年,纯互联网经纪商E-Trade上线,开创完全基于互联网交易的模式;1999年,以美林为代表的传统券商全面开展网络业务。美国证券监督管理委员会对网络经纪商实行备案制,认为这只是传统经纪业务的延伸。时至今日,这三类经纪商针对不同客户形成了差别盈利模式。纯网络经纪商通过低交易佣金吸引客户,尤其是个人投资者;嘉信等则在提供经纪通道服务的同时,附加咨询服务;而美林等则针对机构投资者提供全套金融服务,收取高额佣金。

7. 互联网保险

互联网保险业务主要包括代理模式和网上直销模式。代理模式主要通过和保险公司形成紧密合作关系,实现网络保险交易并获得规模经济效益,优点在于其庞大的网络辐射能力可以获得大批潜在客户;网上直销模式则更有助于直接提升企业的形象,能够帮助保险公司开拓新的营销渠道和客户服务方式。

据统计,目前多数发达国家的互联网保险已经有相对成熟的发展,美国部分险种网上交易额已经占到30%—50%,英国2010年车险和家财险的网络销售保费分别占到47%和32%,韩国网上车险销售额已经占到市场总体的20%以上,日本车险业务电子商务渠道的占比达41%,网上销售已经成为个人保险快速销售的一个渠道。

由于在网络技术方面的领先地位和优越的市场经济环境,美国依然是发展互联网保险最早的国家,出现于20世纪90年代中期。在美国,多数保险公司都已发展网上经营,比较有影响力的主要有InsWeb、Insure.com、Quicken、QuickQuote、SelectQuote等网站。

二、国内互联网金融发展概况

中国互联网金融发展历程要远短于美欧等发达经济体。我国互联网金融产业前些年以惊人的速度迅猛发展,用户数、交易规模呈现井喷式增长,原因主要是金融抑制带来的普惠金融供给不足,其次是互联网金融公司在包容监管的环境下进行了大规模的监管套利。现在中国互联网金融已经进入规范化发展阶段。未来几年,互联网金融的风险防范和化解将成为市场关注的焦点,在经过整合的系统监管护航下,市场发展将逐步趋于理性和成熟。

1. 产业发展概况

最近几年,互联网金融在中国获得了迅猛发展。著名国际咨询公司麦肯锡的数据显示,截至2015年年底,中国互联网金融市场规模已达到12万亿—15万亿元,约占国内生产总值的20%;互联网金融用户人数超过5亿,成为世界第一。截至2016年6月底,P2P网贷行业累计成交量达2.2万亿元,为世界第一;截至2016年3月末,全国共有小额贷款公司8 867家,贷款余额9 380亿元。2015年,中国第三方互联网支付交易规模逾11.8万亿元,亦为世界领先,远超Paybal等欧美先行者;互联网基金销售与理财领域以阿里的余额宝为代表,市场规模超过7 000亿,用户数突破2.3亿人,两年内市场规模和用户数分别增长24倍和33倍,余额宝背后的天弘基金也跃居为全球第二大货币基金;其他如股权众筹融资、金融机构创新型互联网平台也取得不俗进展。同时,中国互联网金融产业也备受资本市场青睐,相关企业的估值远超其他行业。在全球上市的互联网企业前10名中,中国占据四席(腾讯、阿里、百度、京东);此外,中国的35家"独角兽公司"(详见专栏1.5)占据了全球20%以上的份额。互联网金融公司也不断刷新估值记录,如蚂蚁金服(600亿美元)、陆金所(185亿美元)、微众银行(55亿美元)等。

在发展阶段上,根据中国人民银行的划分,迄今为止,我国互联网金融发展大致可分为以下三个阶段:第一个阶段是2005年以前,互联网与金融的结合主要体现为互联网为金融机构提供技术支持,帮助银行"把业务搬到网上",还没有出现真正意义的互联网金融业态。第二个阶段是2005—2011年,网络借贷在我国开始萌芽,第三方支付机构逐渐成长起来,互联网与金融的结合开始从技术领域深入金融业务领域。这一阶段的标志性事件是2011年中国人民银行开始发放第三方支付牌照,第三方支付机构进入规范发展的轨道。第三个阶段从2012年至今。2013年被称为"互联网金融元年",是互联网金融得到迅猛发展的一年。自此,P2P网络借贷平台快速发展,众筹融资平台开始起步,第一家专业网络保险公司获批,一些银行、券商也以互联网为依托,对业务模式进行重组改造,加速建设线上创新型平台,互联网金融的发展进入了新的阶段。进入2014年,互联网金融在我国依然呈现出飞速发展的态势:无论在发展规模还是对传统金融业的冲击和重塑方面,都引起了社会民众、企业界、投资界、监管机构乃至各级政府的高度关注。

专栏 1.5

独角兽公司

所谓独角兽公司,是指估值超过 10 亿美元,还未上市的大型创业公司。自从互联网兴起以来,其以前所未有的速度掀开了商业变革。过去可能需要几十年甚至上百年才能打造出的商业巨头,现在依托互联网可能只需要几年的时间。独角兽企业原本是美国风投界的术语,用来描述估值超过 10 亿美元的初创公司。这些企业最初通常是以软件为主,但现在渐渐包括了其他领域的行业。到 2015 年 8 月止,在独角兽企业名单上排名在前的企业有 Uber(交通)、小米(电子消费品)、Airbnb(住宿)、Palantir(大数据)和 Snapchat(社交媒体)。而在加拿大,技术独角兽则被称为"独角鲸"。

除了估值必须超过 10 亿美元这个最为直观的入门级标准外,独角兽企业其实还有其他的衡量标准。首先,独角兽企业带来的产品在最初出现时,人们都觉得难以置信,但当人们习惯这种方式后,会觉得习以为常,不可或缺。例如,阿里巴巴刚刚创立时,大多数国人认为是天方夜谭,买家没有见卖家的面,没有亲眼看到实物,怎么可能付钱去购买商品。如今,淘宝购物成为许多购物者最为常见的购买渠道,甚至消费支出比例最大。其次,它们都改变了人们的工作方式和生活方式。因为独角兽企业都是创新企业,它们不会让消费者去做不同的事情,而是让消费者成为不同的人。最后,独角兽企业会产生巨大的经济影响,这些甚至最后都会超出独角兽企业的创立者可以想象的极限。

2016 年《财富》杂志发布 2016 全球独角兽榜,中国 35 家公司上榜,分别为小米、滴滴出行、美团点评、陆金所、大疆、众安保险、神州专车、魅族、饿了么、搜狗、凡客诚品、美图、赫基国际集团、蘑菇街、易到用车、拉卡拉、微票儿、挂号网、口袋购物、58 到家、爱屋及乌、Apus 集团、贝贝、信而富、返利网、酒仙网、辣妈帮、蜜芽、秒拍、盘石、融 360、上海连尚网络、途家、麦奇教育、我买网。其中,小米估值 460 亿美元,排名第一;滴滴出行估值 160 亿美元,排名第二;美团点评估值 150 亿美元,排名第三。

资料来源:中投在线。

2. 产业规范概况

随着互联网金融的快速发展,其风险的隐蔽性、传染性、广泛性、突发性有所增加,实践上也出现了一些问题。党中央、国务院对此高度重视,2014 年《政府工作报告》中提出了促进互联网金融健康发展的工作任务。经党中央、国务院同意,2015 年 7 月 18 日,国务院十部委联合发布了《关于促进互联网金融健康发展的指导意见》(以下简称"《指导意见》")。《指导意见》的发布为互联网金融的下一步发展指明了方向,明确了要求:一是明确了鼓励创新和规范发展并重的互联网金融行业发展思路,制定了多项激励政策和配套服务措施;二是明确了互联网金融各主要业态发展的基本原则和要求,切实防范相关风险;三是确定了互联网金融的监管原则,明确了各主要业态的监管职责分工,促进互联网金融健康发展,更好地为实体经济服务。

在配套监管制度方面,按照《指导意见》确定的原则要求,有关监管部门出台配套监管办法,有序推进各项监管工作。2015年7月22日,中国保险监督管理委员会(以下简称"中国保监会")发布了《互联网保险业务监管暂行办法》,规范互联网保险业务;2015年12月17日,中国证券监督管理委员会(以下简称"中国证监会")和中国人民银行联合发布了《货币市场基金监督管理办法》,对货币市场基金的互联网销售活动与披露提出针对性要求;2015年12月28日,中国人民银行正式发布了《非银行支付机构网络支付业务管理办法》,进一步规范网络支付业务;中国银行业监督管理委员会(以下简称"中国银监会")牵头的《网络借贷信息中介机构业务活动管理暂行办法》和中国证监会牵头的股权众筹融资试点工作也正有序推进。

在自律管理方面,根据《指导意见》的要求,中国人民银行会同有关部门积极推动中国互联网金融协会的组建。2016年3月25日,中国互联网金融协会在上海成立,作为互联网金融行业的全国性自律组织,互联网金融协会将在加强行业自律、促进行业规范发展、保护消费者权益、发挥市场主体创新活力等方面发挥积极作用。

经过国家的统一规范和各相关部门监管法规的完善和实施,以及行业自律的不断加强和巩固,我国的互联网金融产业将逐步趋于理性和成熟并获得更大规模、更高层级的发展。

三、互联网金融的演变趋势

互联网与金融融合产生的互联网金融被定性为数据时代的产物,兼具互联网的方便、快捷、大众及金融的增值特性。互联网金融本身是一个变化非常快的竞争性领域,就未来趋势看,它的边界还会不断变化。在大数据、云计算、互联网+、制造业人工智能化发展的新型产业环境驱动下,互联网金融在降低社会融资成本、优化金融资源配置、推动金融产业改革和创新、提高金融体系包容性、发展普惠金融、实现金融普惠大众方面的独特优势将会得到进一步的发掘和利用,并对社会经济以及金融发展本身产生更积极而重要的影响。

国际上,以美国为首的科技金融仍将领军美欧在电子金融领域的发展。与此相伴的是:

(1)金融科技领域的投资将会大幅度上升。数据显示,2015年全球投入金融科技领域的资金高达191亿美元,是2011年的近8倍。过去5年,超过400亿美元的资金流入这个领域。在强势资本的支持下,全球超过2 000家的金融科技公司正在充分利用大数据、云计算、移动互联网等新兴技术颠覆传统银行的业务模式。

(2) 区块链①技术运用。区块链技术通过数据的分布式存储和点对点传输,打破了中心化和中介化的数据传输模式,被麦肯锡称为继蒸汽机、电力、信息和互联网科技之后,目前最有潜力触发第五轮颠覆性革命浪潮的核心技术。自比特币②开始进入各国央行视线之后,其背后的区块链技术就引起广泛关注。就应用前景方面,区块链的特性将改变金融体系间的核心准则,对于目前的金融行业而言,无论是各个银行之间还是银行本身的业务流程中都存在效率瓶颈、交易时滞、欺诈和操作风险等缺陷,区块链因其安全、透明、去中心化及不可篡改的特性使这些问题能通过技术手段得以解决,故可应用于数字货币改革、跨境支付与结算、个人与企业征信、供应链金融以及证券发行与交易等领域。目前,包括花旗银行、西班牙对外银行、摩根大通、摩根士丹利、瑞银等在内的 40 余家国际金融机构已经共同发起建立了 R3CEV 联盟,旨在推动制定适合金融机构使用的区块链技术标准,推动技术落地。

而就我国互联网金融产业发展而言,未来几年,随着市场的动态发展和趋于成熟,互联网金融可能呈现以下几个趋势:

(1) 行业调整仍将持续。互联网金融政策框架将初步确立,监管套利空间逐渐缩小,服务实体经济成为互联网金融企业持续发展的战略基石,数据资产成为未来互联网金融发展的核心优势。

(2) 各路资本纷纷布局国内互联网金融。互联网金融平台将迎来上市热潮;P2P 进入兼并重组期,数据和垂直行业定位成为获得行业竞争优势的关键因素,大型平台向财富管理方向转型;众筹监管思路进一步明确,行业趋向规范发展。

(3) 移动支付与理财。移动支付发展迅猛,支付去现钞化趋势更加显著,第三方支付企业面临商业模式重构。线上线下结合,基于手机的移动支付带来下一个热点。财富管理进一步快速增长。

(4) 线上消费金融和小微信贷。"供给侧改革"政策利好,消费金融爆发在即,场景和流量成为核心竞争力;传统的消费信贷、信用卡、普惠金融各业务将全面线上化。

(5) B2B(企业对企业)互联网金融。互联网金融发展至今,B2C(企业对客户)的一端已经比较成熟,但 B2C 更多的是带来渠道的变革,若要真正做到产品、流程的变革,B2B 更为重要。未来 B2B 会给互联网金融带来巨大的发展空间。比如塑料、钢铁等大宗商品,因为产能过剩,已经从过去的卖方市场转为买方市场,由此催生了一些 B2B 平台,

---

① 根据百度百科的解释:区块链,即分布式记账技术,由一串使用密码学方法相关联产生的数据块构成,能够在实现信息记录去中心化的同时,保证储存信息不被盗取、恶意破坏或篡改。

② 比特币(Bitcoin)最早是一种网络虚拟货币,其特点是分散化、匿名、只能在数字世界使用,不属于任何国家和金融机构。在我国,比特币不具有任何法律地位。比特币不是由货币当局发行的,不具有法偿性与强制性等货币属性,并不是真正意义的货币。

这将为互联网金融带来新的发展机会。

（6）金融云等基础设施。金融云的最大特点就是有很强的可扩展性，可以随时扩容以应对互联网流量的变化，便于用户节约开支，建立灵活的架构，尤其有利于大量小型从业者进入互联网金融领域。我国农村商业银行、农村信用社、村镇银行超过2 000家，这些银行在三四线城市有大量用户，对金融云计算与存储服务形成了旺盛的需求；阿里云、IBM、华为等许多IT企业正在利用其技术专长，提供云解决方案和平台。随着越来越多的从业者进军互联网金融，金融云服务将带动更多充满活力的金融创新。

（7）大数据应用。中国金融业的大数据时代已经来临。而金融+大数据具备了深度"掘金"的潜力，也被认为是当今经济发展与改革不可忽略的重要因素。大数据技术产业发展给金融行业带来的机遇和挑战，以及实现金融大数据、金融互联网、征信大数据、风险管理方向的战略布局，将推进大数据在金融领域的应用落地。大数据应用将进入平台化、商业化阶段，精准预测消费者行为，建立实时、低成本的风险管理体系。

（8）区块链等颠覆式技术。区块链去中心化、去中介化，将应用于我国的支付清算、交易等诸多领域。

本章小结

1. 互联网金融是指以互联网为特征的现代信息技术在金融领域的应用；互联网金融的本质仍属金融，因而必须接受政府部门的监管。

2. 互联网金融与传统金融不是相互替代、相互排斥而是互为补充、相互促进的关系。互联网金融与传统金融最大的区别在于其独特的信息处理优势。

3. 互联网金融业态包括互联网银行、互联网证券、互联网基金销售、互联网保险、互联网信托和互联网消费金融等；互联网支付、网络借贷、股权众筹等多种形式。

4. 互联网金融的产生和发展是互联网与经济社会深度融合的结果。在技术进步与金融发展的双重驱动下，互联网金融在21世纪呈现出快速发展的态势。

5. 21世纪以来，借助网络实现资金支付、融通和信息中介服务的互联网金融高速发展。

6. 我国互联网金融产业前些年发展迅猛，现在进入规范化发展阶段，未来市场发展将逐步趋于理性和成熟。

7. 在未来，互联网金融的独特优势将会得到进一步的发掘和利用，并对社会经济以及金融发展本身产生更积极而重要的影响。

关键概念

互联网金融	互联网金融业态
信用交易	信息不对称

电子商务	普惠金融
小额贷款	独角兽公司
金融科技	网络效应
金融云	区块链

复习思考题

1. 什么是互联网金融？什么是广义的互联网金融？什么是狭义的互联网金融？
2. 为什么说互联网金融并未改变金融的本质属性？
3. 为什么说互联网金融本身无法消除信息不对称问题？
4. 为什么说互联网金融与传统金融不是相互替代而是相互补充的关系？
5. 互联网金融的优势是什么？
6. 为什么互联网金融也需要进行严格的金融监管？

课后练习题

1. 登录收集P2P网贷平台发展与倒闭、停业、问题平台的历年数据，制作图表，并结合图表简要分析，给出您对P2P平台的看法。
2. 简述互联网金融产生和发展的经济技术条件。
3. 试述互联网金融未来的可能发展趋势。

数据资料与相关链接

1. http://www.cac.gov.cn/wlfz.htm（中华人民共和国国家网络信息办公室）。
2. http://www.isc.org.cn/wzgg/listinfo-33（中国互联网金融协会）。
3. http://www.cebnet.com.cn/（中国电子银行网）。
4. http://www.01p2p.net/portal（第一网贷）。
5. http://www.chyxx.com/industry/201607/429431.html（中国产业信息网）。
6. http://www.askci.com/（中商情报网）。
7. http://www.199it.com/archives/tag/（中文互联网数据咨询中心）。
8. http://www.marketingterms.com/（Digital Marketing Reference & Research）。

延伸阅读

1. 中国产业信息网：《2016年中国互联网金融市场现状分析及发展趋势预测》。
2. iThom：《区块链技术演进史》。
3. 华尔街见闻：《一文读懂颠覆式创新技术——区块链》。

第二部分

互联网金融模式*

本部分包含传统金融机构的互联网变革模式与互联网企业的互联网金融模式两大部分内容,前者包括银行、证券、保险、基金、信托开展的互联网银行、互联网证券、互联网基金销售、互联网保险、互联网信托和互联网消费金融等;后者包括第三方支付、网络借贷、股权众筹等。

---

* 鉴于互联网金融在我国的发展最具典型,故互联网金融模式的介绍将主要集中于国内的情境,以下各章亦同。

第二章

互联网银行

本章导论

作为新兴的银行模式,互联网银行的出现将深刻影响中国银行体系的发展路径。与其他互联网金融一样,互联网银行也需要法律政策规范。

主要内容

本章首先讨论互联网银行的概念,其次介绍互联网银行的业务模式,最后讨论互联网银行的行业规范与未来发展趋势。

知识与技能目标

通过本章学习,学生应当理解互联网银行的概念;掌握互联网银行的业务流程;清楚互联网银行发展的未来趋势。

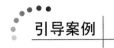

李克强见证微众银行首笔贷款

案例导读：微众银行(深圳前海微众银行)为国内首个发放贷款的互联网银行,李克强见证微众银行首笔贷款,标志着中国首家互联网银行的正式营业。"这是微众银行的一小步,却是金融改革的一大步。"这代表着政府对"互联网+银行"的极大肯定和支持。互联网银行的诞生突破了传统银行一统天下的局面,有望用新的体制机制、商业模式、技术手段,解决传统金融机构不能或不愿解决的问题,填补金融服务空白点,有效缓解"融资贵、融资难"等突出问题,引领下一站中国银行业服务的升级版。

新浪财经讯 1 月 5 日消息,据财华社报道,国务院总理李克强率财政部、国家发改委、工信部、中国银监会、中国证监会等多个部委负责人考察深圳。参观了腾讯控股旗下的微众银行。深圳前海微众银行为内地首家互联网民营银行,李克强见证了首家互联网银行第一笔贷款。他形容"这是银行的一小步,金融改革的一大步",寄语银行要在互联网金融领域闯出新路,迫使传统金融业加速改革。李克强希望互联网金融与传统金融业融为一体,互相合作。

微众银行董事长顾敏向李克强解释银行标志的含义:企鹅代表微众银行与腾讯的血缘关系,而企鹅会在冰天雪地抱团取暖,希望微众银行也可以实现同业合作。李克强立刻回应称,希望微众抱团取暖,但不希望在冰天雪地上,政府要为微众银行创造便利条件,给它们温暖的春天。

上月中获中国银监会批准开业的微众银行,注册资本金 30 亿元,腾讯持股三成。经营范围包括吸收公众(主要是个人及小微企业)存款,主要针对个人及小微企业发放贷款,办理国内外结算及票据、债券、外汇、银行卡等业务。

资料来源:新浪财经,2015 年 1 月 5 日。

第一节 互联网银行概述

互联网银行是新兴的一种以互联网为媒介的银行经营模式,互联网银行可以填补传统银行服务的空白点,有利于普惠金融发展,改进金融资源的配置效益。

一、互联网银行的概念

互联网银行又称网上银行,指没有线下营业网点、完全通过互联网技术向客户提供服务的银行。在国外,互联网银行又被称作"直销银行"。

通俗地说,互联网银行就是把传统银行的业务完全搬到互联网上,实现银行的所有业务操作。互联网银行可以在线实现为客户提供存款、贷款、支付、结算、汇转、电子票证、电子信用、账户管理、货币互换、投资理财、金融信息等全方位服务。

世界最早的互联网银行是1995年10月成立于美国亚特兰大的安全第一网络银行(Security First Network Bank)。1996年年初,美国安全第一网络银行全面在互联网上正式营业和开展银行金融服务,用户可以采用电子方式开出支票和支付账单,可以上网了解货币汇率和升值信息。银行前台业务在互联网上进行,后台处理只集中在一个地点进行。

1998年10月,在成功运营了5年之后,美国安全第一网络银行被加拿大皇家银行金融集团收购。凭借集团强大的资金支持,该银行的金融产品、业务和服务不断发展和扩大,为全世界的银行和金融机构树立了榜样,也为全世界的金融业互联网银行的创建和发展积累了丰富的经验。

目前,国际上声誉较好的互联网银行还有美国的恒久银行(EverBank)、英国的汇丰子行(First Direct)等。

恒久银行的主要业务包括储蓄、在线支付、信用卡、贷款、外汇、理财、企业服务等。其中,储蓄分为支票、货币市场账户和存单(CD)。与美国其他银行相比较,以恒久银行为代表的互联网银行普遍向客户提供较高的储蓄利率。恒久银行的贷款采用的是客户通过电话或网络直接与抵押经理联系以获得一对一服务的模式,这也是"线上与线下结合"的灵活应用。客户可通过网上银行/手机银行转账、电汇、ATM等方式将资金存入自己的恒久银行账户,同时遍布全美的ATM也能满足客户取现的需求,恒久银行还提供有条件减免跨行取现费用的优惠服务。

成立于1989年的汇丰子行是英国本土第一家专业化的为个人提供金融服务的电话银行,原属英国米德兰银行,1992年米德兰银行被汇丰收购后,成为汇丰的子公司。此后,借助汇丰的支持,该行不断发展壮大,成为英国电话与网络银行的领军者。汇丰子行的主要业务包括银行服务(互联网银行/手机银行/电话银行,账户查询、转账等基础服务)、抵押贷款、个人小额信用贷款、信用卡、储蓄、基金及股票买卖、保险、跨境汇款等。

汇丰子行的业务操作过程基本通过网络完成,线下介入很少。作为汇丰银行的子公司,汇丰银行的线下网点能够为汇丰子行的用户提供现金存取服务。

二、互联网银行的特点和性质

互联网银行是传统银行活动各环节的互联网化,其本质还是银行,所代表的仍然是一种货币信用关系,但与传统银行相比较又有着自身特点。

首先,互联网银行与传统银行一样也是银行机构,互联网平台仅是银行机构提供银行产品与服务的渠道,互联网的特性并未改变银行的基本性质。

（1）作为特许金融企业，互联网银行必须依法设立。在我国，互联网银行适用《商业银行法》，其设立的依据是《商业银行法》及《公司法》等有关规定。经中国银监会审核批准设立的互联网银行获得工商营业执照后才能进行经营活动。

（2）作为货币资金存入和贷出的中介，互联网银行一方面通过吸收存款创造负债将社会闲散资金集中到银行，另一方面又通过放贷等业务将债务转化为资产，通过信用中介活动来实现资金融通，并从中赚取利差，获得收益。

（3）作为接受公众存款和提供贷款的金融企业①，互联网银行通过吸收公众（主要是个人及小微企业）存款，并利用存款发放贷款，同样具有商业银行的创造派生存款功能，其吸收存款发放贷款活动的变化也会对货币供应总量产生影响。

其次，与传统实体银行相比较，互联网银行有以下显著特点：

（1）服务范围不受地域空间限制；贷款可以不用财产担保，而是通过人脸识别技术和大数据信用评级发放贷款，降低贷款信用风险。通过大数据征信，小微企业可快速、便捷地申请到贷款，同时放贷的银行也可通过金融风控模型来对借贷人的经营数据进行分析，实现贷后的实时监控，解决对小微企业贷后跟踪难、成本大、风险高的问题。

（2）线上开立电子账户。采用"弱实名制"的做法：用影像识别软件比对开户人上传身份证影像和人脸影像、个人预留公安部照片三者的一致性；依托合作银行绑定银行卡（账户）并完成转账操作；记录客户终生不变的生物特征数据（包括人脸、虹膜、声纹、指纹、掌纹、心率等）。

（3）拥有一个功能强大的互联网平台，存款、贷款、服务、客户信用资料、资金流动状况等各种银行业务都在网络上完成，流程简单，服务方便、快捷、高效、可靠，真正地全天候 24 小时服务。

（4）与传统银行相比，具有成本竞争优势。互联网银行不设物理网点，不需要支付房租，业务操作在网络上进行，人力支出也得到了极大的节省；通过大数据分析预期客户、未来小微客户的经营情况，从而大大降低信贷发放成本。互联网银行的低成本优势，使一些金融服务可以覆盖长尾客户②。

（5）互联网银行注重客户体验、善于运用信息技术，重视客户全方位数据特别是非结构化数据的收集，并据此分析和挖掘客户习惯，预测客户行为，有效进行客户细分，提高业务营销和风险控制的有效性和针对性。互联网行业成功的企业有一个共性，就是都以客户体验为中心，用互联网精神做金融服务，共享、透明、开放，有很强的用户黏性。

---

① 在我国，只有银行类金融机构才可以吸收公众存款；保险公司、信托金融机构以及各类证券公司、财务公司等金融机构不得吸收公众存款。

② 指在统计分布上属于不活跃的 80% 的被传统市场忽略的潜在客户。

> **专栏 2.1**
>
> ### 微信小程序　银行服务新体验
>
> 1月9日凌晨,微信小程序正式上线,瞬间引爆人们对移动互联网全新生态的无限畅想。与此同时,国内首家互联网银行——微众银行,作为首批受邀开发小程序的企业之一,也抢先上线了小程序,以存款产品切入,用户在微信上也能便捷存款。
>
> 据悉,微众银行小程序从存款场景切入,让用户足不出户即可体验完整的存款流程,用户在微信聊天时,也能完成存款,无须再去银行网点排队存取款,微信扫一扫或搜索一下,即可一键存款,改变了以往的存款体验。
>
> 考虑到用户对存款有资金收益、存期灵活性等需求,微众银行小程序包含活期、定期和智能存款三种存款产品。其中,智能存款被称为创新存款,随存随取,智能计息,无任何时间、空间及金额门槛限制,支取时按阶梯选择实际存期内最大化的定期存款利率计息,在保障存款收益的前提下又能确保资金的灵活使用;而整存整取的定期存款则提供令人惊喜的利率,2年期及以上存款利率最高可达5%。
>
> 资料来源:《每日经济新闻》,2017年1月11日。

(6)定位于服务个人消费者和小微企业客户,以重点服务个人消费者和小微企业为特色。吸收公众,主要是个人及小微企业存款;主要针对个人及小微企业发放短期、中期和长期贷款;以"个存小贷"为特色业务品牌,为个人消费者和小微企业客户提供优质的金融服务。

三、互联网银行的地位和作用

互联网银行是真正意义上的互联网金融,而不是仅具形式的互联网+传统金融。大力发展互联网银行,有助于改善小微企业的融资环境,优化金融资源的配置,提高金融体系的包容性,发展普惠金融,促进传统银行的创新和变革。

(1)创新发展普惠金融[①],弥补传统金融服务的不足。我国的普惠金融政策已推行多年,也取得了很大的成绩,但是通过传统的银行金融机构做普惠金融都绕不过高成本、低效率的问题,商业银行参与普惠金融的内在积极性不高。新兴的互联网银行,利用互联网优势进行大数据分析、创新金融服务模式,致力于打造不同场景下的差异化金融服务,降低金融服务门槛,开拓了普惠金融的新模式。

---

① 普惠金融指的是一个能有效地为社会中低收入阶层和群体提供服务的金融体系。自2005年起,联合国率先在推广小额信贷年时开始广泛使用普惠金融这一概念。

互联网银行可以通过无处不在的互联网通信网络把更多的贷款送到小微企业及农村中去,覆盖小微企业、城镇低收入人群、农村低收入及贫困人口等传统金融服务的薄弱领域。

专栏 2.2

微众银行践行普惠金融

2015年5月15日,微众银行推出面向个人的消费贷款产品"微粒贷",并率先登陆手机QQ,同年9月上线微信端页面。

作为一款商业化的互联网金融产品,微粒贷在反应机制、规则制定等方面与传统信贷截然不同。基于微信、手机QQ两大高频社交应用场景,微粒贷着力打造快捷和高频的用户体验,以微粒贷的贷款流程为例,其授信审批时间仅需2.4秒,资金到账时间则只有40秒。

"微粒贷"主动授信客户范围覆盖了全国549个城市,31个省、自治区、直辖市,用户极具"小、微"特征,相当一部分客户群来自制造业、贸易业、物流行业等从业人员,以非传统银行客户群为主要服务对象,致力于满足80%的长尾金融需求。"微粒贷"每笔平均放款约8 000元,远低于传统银行的信贷金额,主要满足客户应急、购物消费等短期资金周转需求,提供小微贷款以及个人消费信贷金融服务,是微众银行坚持普惠金融的重要实践。

从2015年9月开始,"微粒贷"建立"同业合作"模式的联贷平台,联合贷合作金融机构25家,以城市商业银行为主,目前联合贷款客户的20%贷款资金由微众银行发放,80%贷款资金由合作银行发放。在合作中,微粒贷不仅利用差异化定位,与传统金融机构一起满足小额信贷业务需求,也利用自身海量的互联网大数据优势,为合作银行提供技术、风控支持。

资料来源:《中华工商时报》,2016年11月25日。

(2)有利于发挥民间资本作用,引导民间金融走向规范化。扩大民间资本进入银行业,引导民间资本组建互联网银行有助于解决小微企业融资难问题。我国企业体系高度分散,中小微企业占全国企业的99%以上;而金融体系却高度集中,国有大中型银行占据大部分信贷资源。由于受到银行"重大轻小"的规模歧视和"重公轻私"的所有制歧视,大量民营中小微企业面临融资难和融资贵的困境。与此同时,由于投资渠道不畅,民间资本找不到投资出路,大量涌向房地产、高利贷等领域。为了解决这一问题,有必要允许民间资本设立中小金融机构,构建和企业体系"门当户对"的金融体系,让大银行支持大企业,小微金融机构支持小微企业。允许民间资本进入并建立互联网银行,专注于中小微客户,不仅能缓解小微企业的融资困难,也有利于缓解大量民间资本找不到投资渠道的问题。

(3) 有助于降低成本,提升资金配置效率和金融服务质量。例如,我国的首家互联网银行——微众银行利用客户的微信群活动等信息,通过对上千个变量进行大数据分析,对客户进行信用评级和放款。网商银行(全称为浙江网商银行股份有限公司)的申贷无须人工调查,做到了三分钟申贷、一秒钟放款、零人工介入,大幅降低了审贷放贷成本,做到了单笔贷款成本低于一元钱。而传统银行从审查到发放一笔贷款的成本高达2 000元。发展互联网银行可以有效克服传统银行所面临的普惠金融高成本问题。

(4) 可以更好地满足电子商务需求,扩大社会消费;促进金融产品创新,满足客户的多样化需求。互联网银行采用不同于传统商业银行的存贷差商业模式,打造出了全新的平台化业务模式;基于全新的战略布局和数据资源,打破了传统商业银行对信贷业务的垄断。

(5) 推动传统银行业的创新和变革。互联网银行对传统银行业构成了新的竞争压力,但更重要的是,它带来了融合与创新。随着互联网金融的迅速崛起,以银行为代表的传统金融业纷纷开始"触网",在以下四个领域进行创新和变革:一是夯实基础设施建设。互联网技术推动银行革新支付清算手段,升级客户管理、客户服务和运营管理模式,重构风险评估体系。二是拓宽服务渠道。移动互联网的迅猛发展正在推动银行"以客户为中心",创建多元服务渠道:物理网点与电子渠道并存,近场服务与远程服务并进,线上服务与线下服务融合,社交场景与生活场景交互。三是创新产品体系。四是转变商业模式。大数据、物联网等新技术催生了银行在获客模式、风险管控、客户服务方面的变革,推动银行打造整合资源、撮合交易、批量获客的经营平台。

第二节 互联网银行业务流程与模式

一、互联网银行基本流程

互联网银行的基本业务流程与普通商业银行无异,也是吸收存款发生负债,发放贷款形成资产,不同之处在于所有的存贷款业务都通过互联网银行平台进行,所吸收的存款主要来自个人储蓄者,贷款发放对象为中小微企业。互联网银行的基本流程如图2.1所示。

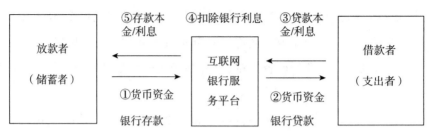

图 2.1　互联网银行的基本流程

图 2.1 刻画了互联网银行吸收存款(发生负债)、发放贷款(形成资产)的典型资产负债活动。该活动包括两个主要业务流程：①从客户即最终放款者/储蓄者——资金闲余的住户、企业——手中吸收存款,再贷放给最终借款者/支出者——资金短缺的住户、企业;②按贷款合约规定,收还贷款本息,在扣除银行因提供服务应得部分利息后,再归还储蓄者的存款本息。通过①、②两个过程,银行完成了一个吸收存款、发放贷款的典型资产负债活动。在此过程中,与普通商业银行一样,互联网银行不仅履行了资金融通的社会职能,也获得了自身经营的利润——利息收入。

二、我国互联网银行业务模式的比较

目前我国互联网银行仍处于探索期,还未形成固定的业务模式。现实中,主要有腾讯的微众银行和阿里的网商银行两种模式。作为首批获批的五家民营银行中唯一的两家互联网民营银行——微众银行和网商银行,同样都是互联网巨头旗下的。

1. 微众银行和网商银行的共同点

(1) 凭借新兴技术及创新精神,通过利用云计算、大数据、移动互联等新兴技术开展创新性银行业务;全网络化运营,提供网络特色、适合网络操作、结构相对简单的金融服务和产品。

(2) 专营小微的服务定位。微众银行的平均贷款规模不到 1 万元,其中近 70%的客户学历为大专及大专以下,50%的客户集中在蓝领服务业和制造业。网商银行的平均贷款规模也不到 2 万元。在农村金融方面,网商银行推出的"村淘合伙人掌柜金"计划累计为 1.6 万名农民提供资金支持。按照规划,网商银行在未来 3—5 年将投入至少 10 亿元为 10 万名村淘合伙人提供电商创业及代购资金。

(3) 无网点的服务覆盖。尽管两家银行没有一家分支机构、没有一个营业网点,但同样实现了服务范围的广覆盖。微众银行的"微粒贷"借款客户遍及 31 个省份、354 座城市。网商银行的营业范围更是覆盖了全国几乎所有的城市,该行的农村金融"旺农贷"已经在全国 28 个省份、330 个县开展业务,为农资农具下乡及农产品进城提供金融服务。

(4) 与外部机构的广泛合作。因不设物理营业网点,吸储能力有限,两者都采取了

通过同业拆借的方式,帮助其他商业银行贷放超额储备。这样,两家银行不但自己扩大了业务,也提高了其他传统银行对小微企业贷款的比例。除此之外,网商银行还与没有金融资质的互联网服务机构合作开展"大数贷"业务。这些合作机构将客户相关数据传输给网商银行,网商银行再结合自身的数据及风控模型为客户计算授信额度,提供融资服务。在农村金融方面,网商银行与中国扶贫基金会的中和农信达成合作意向,共同服务农村贫困地区的个体经营户、小微企业。目前中和农信业务覆盖全国17个省份、147个县,其中81%为国家级或省级贫困县。

2. 微众银行和网商银行的差异

(1)主要目标群体不同。微众银行坚持"个存小贷",网商银行秉承"小存小贷"。网商银行直接继承了阿里小贷的业务模式,小微企业、个人消费者和农村用户是网商银行的目标客户群体。而微众银行主要定位于向用户提供购物、旅行等个人消费金融服务,不设PC端业务网站,更加注重移动端。微众银行利用"大数据",通过"刷脸"①技术进行放款。

微众银行依托腾讯在科技平台、用户基础、数据获取和分析能力上的优势,将互联网作为唯一的服务渠道,将自身定位为"持有银行牌照的互联网平台":向普罗大众和微小企业提供金融产品,向其他银行和非银行金融机构提供经数据模型筛选过的客户。通过分享客户,降低金融业整体营销成本;通过向同业提供风控数据,降低信贷业务坏账成本;通过提供科技支持,降低自身运营成本,推动社会融资成本逐步下降。目前,微众银行已形成零售信贷类"微粒贷"、代销理财类APP、平台金融三大产品线。截至2015年年末,微粒贷累计放贷128亿元,户均贷款余额低于1万元。

网商银行利用互联网技术、数据和渠道创新,形成系统批量化、低成本的流水线式信贷审批放款模式,为线上客户提供"310"金融服务体验。同时,针对农村地区推出小额信贷产品"旺农贷",上线不到半年已覆盖全国4 852个村庄,农民户均贷款4.4万元。

(2)主要业务品种存在差别,具体表现在活期产品、定期产品和贷款业务上。

在活期产品上,网商银行分为真活期和余利宝,真活期的年化收益率为0.42%,而余利宝的年化收益率在2%左右,是天弘基金的一个货币基金;微众银行活期是国金众赢货币基金,年化收益率在3%左右,是国金基金专为微众银行打造的,活期余额可以实时转出,每天限额300万元。活期余额还可以用来投资微众银行的其他产品。网商银行没有活期理财产品;微众银行的短期理财产品主要是一些货币基金,如太平洋增益、广发多添利等。

在定期产品上,网商银行的定活宝3年期利率为3.85%,定活宝提前支取的利率却达

---

① "刷脸"即人脸识别技术,是生物识别技术的一种。生物识别技术还有指纹、声波、虹膜等。

3.2%;微众银行3年定期产品的利率则为4.1%,比定活宝略高,但其提前支取部分按照活期存款利率计息,一般年化利率在0.35%左右。

在贷款业务上,网商银行的信任付是由网商银行提供给小微经营者"先拿货、后付款"的采购后付服务;旺农贷主要针对的则是农村金融的目标群体,需要村淘合伙人的审核;网商贷则是针对创业或小微企业群体。微众银行的微粒贷目前给用户的授信额度为500—300 000元,依据个人综合情况而异;单笔借款为500—40 000元,无须抵押和担保,且不用提交任何纸质材料。此外,微众银行还涉及保险等业务,而网商银行目前还无此业务。

(3)与传统银行的合作关系不同。网商银行的"自营+平台"模式,一头连接着小微企业的资金需求,另一头则有包含一系列传统银行在内的资金供给方。而微众银行已开展与传统银行的同业合作,如与华夏银行等银行签署合作协议,开展包括同业授信、共同发放小额贷款、联名发信用卡、代售理财产品等多项合作。

第三节 互联网银行的行业规范与发展趋势

互联网银行是传统银行的一个拓展,适用于商业银行的法律规范;在未来,我国互联网银行将在规范基础上进一步健康发展。

一、互联网银行的行业规范

在我国,商业银行属于中国银监会监管。中国银监会依据《中华人民共和国商业银行法》[①]、《中华人民共和国银行业监督管理法》[②]等相关法律对商业银行实施监管。

(一)互联网银行的法律适用

互联网银行也是银行,同样适用于银行的法律规范。目前对已经开业的微众银行和网商银行的监管是参照城市商业银行,监管部门对银行业的小微企业贷款优惠政策也同样适用。

1. 市场准入与退出

我国互联网银行的设立(含筹建、开业)、市场退出审批,适用城市商业银行的相应条件。

设立条件包括:①有符合《中华人民共和国商业银行法》和《中华人民共和国公

---

① 1995年5月10日第八届全国人民代表大会常务委员会第十三次会议通过,根据2003年12月27日第十届全国人民代表大会常务委员会第六次会议《关于修改〈中华人民共和国商业银行法〉的决定》修正。

② 2003年12月27日第十届全国人民代表大会常务委员会第六次会议通过,根据2006年10月31日第十届全国人民代表大会常务委员会第二十四次会议《关于修改〈中华人民共和国银行业监督管理法〉的决定》修正。

法》规定的章程;②有符合《中华人民共和国商业银行法》规定的注册资本最低限额(设立互联网银行的注册资本最低限额为1亿元,注册资本应当是实缴资本)①;③有具备任职专业知识和业务工作经验的董事、高级管理人员;④有健全的组织机构和管理制度;⑤有符合要求的营业场所、安全防范措施和与业务有关的其他设施(此条件为传统银行设立要求,对于纯线上的互联网银行应当是有稳健、安全的互联网基础设施和平台)。

开业条件包括:①营运资金足额到位;②有符合任职资格条件的高级管理人员和熟悉银行业务的合格从业人员;③有与业务经营相适应的营业场所(同设立条件⑤括号中说明)、安全防范措施和其他设施;④有与业务发展相适应的组织机构和规章制度;⑤中国银监会规定的其他审慎性条件。

法人机构终止,含解散与破产两种情况。

解散条件包括:①章程规定的营业期限届满或者出现章程规定的其他应当解散的情形;②股东大会决议解散;③因分立、合并需要解散;④中国银监会规定的其他审慎性条件。

破产条件包括:①不能支付到期债务,自愿或应其债权人要求申请破产;②因解散而清算,清算组发现该机构财产不足以清偿债务,应当申请破产;③中国银监会规定的其他审慎性条件。

2. 风险分担机制及存款保险机制

互联网银行在法律上定性为自负盈亏、风险自担的有限责任公司。根据《公司法》的规定,有限责任公司的股东以其出资额为限,"承担有限责任",无论出资人是谁,股东均承担有限的风险。如果银行出现亏损、破产倒闭的风险,也只是承担有限的部分,即损失其原始出资部分,股东自身的其他资产受法律保护不受影响,另外存款人的损失也不是股东来承担的。

在我国,为保护存款者权益,实行存款保险制度。根据《中国存款保险条例》②的规定,凡存款性金融机构应当向国家设立的存款保险基金管理机构交纳存款保险费,存款人的权益由存款保险基金管理机构保护,在一定限额内给予赔付。存款性金融机构向存款保险基金管理机构交纳保费,形成存款保险基金,存款保险基金管理机构依照条例规定向存款人偿付被保险存款,并采取必要措施维护存款以及存款保险基金安全。被保险存款包括投保机构吸收的人民币存款和外币存款。存款保险最高偿付限额为人民币50万元。

---

① 中国银监会行政许可办事指南:城市商业银行及其分支机构设立(含筹建、开业)、市场退出审批。
② 中华人民共和国国务院令第660号。《存款保险条例》经2014年10月29日国务院第67次常务会议通过,于2015年2月17日公布,自2015年5月1日起施行。

3. 网上银行业务的开办

网上银行业务是指银行通过互联网提供的金融服务。互联网银行是以互联网技术为特征的银行,主要业务在网上开展,除须遵守《全国人大常委会关于加强网络信息保护的决定》①、《中华人民共和国电子签名法》②等与互联网金融基础设施建设相关的规范,还须遵守《电子银行业务管理办法》(银监会令2006年第5号)和《电子银行安全评估指引》(银监发〔2006〕9号)等行政规章的直接规范和约束。

根据上述法律与行政规章,银行机构在中华人民共和国境内开办网上银行业务,应在开办前向中国银监会提出申请,经中国银监会审查同意后方可开办。

开办网上银行业务,应遵守国家有关计算机信息系统安全、商用密码管理、消费者权益保护等方面的法律、法规和规章。银行应制定并实施充分的物理安全措施,能有效防范外部或内部非授权人员对关键设备的非法接触。

银行机构在申请开办需要审批的网上银行业务之前,应先就拟申请的业务与中国银监会进行沟通,说明拟申请的网上银行业务系统和基础设施设计、建设方案,以及基本业务运营模式等,并根据沟通情况,对有关方案进行调整。

进行监管沟通后,金融机构应根据调整完善后的方案开展电子银行系统建设,并应在申请前完成对相关系统的内部测试工作。

(二) 互联网银行的风险管理与风险指标监测

中国银监会依法对网上银行业务③实施非现场监管、现场检查和安全监测,对网上银行安全评估实施管理。

金融机构应根据网上银行业务特性,建立健全网上银行业务风险管理体系和内部控制体系,设立相应的管理机构,明确网上银行业务管理的责任,有效地识别、评估、监测和控制网上银行业务风险。

由于互联网银行采取"纯线上"模式,发生欺诈风险的概率会高于线下,其风控模式更为关键。"纯线上"的网络贷款,在风险识别上分为两类,一类是伪冒和欺诈,一类是防范信用风险,也就是还款能力。伪冒欺诈主要看客户信息真实性,还款能力看财务状况。

---

① 2012年12月28日第十一届全国人民代表大会常务委员会第三十次会议通过。
② 2004年8月28日第十届全国人民代表大会常务委员会第十一次会议通过,2015年4月24日第十二届全国人民代表大会常务委员会第十四次会议修正。
③ 在我国经济现实中,网上银行业务既包括实体银行的互联网业务,也包括互联网银行业务。根据《电子银行业务管理办法》,电子银行业务包括利用计算机和互联网开展的银行业务,利用电话或声讯设备和电信网络开展的银行业务,利用移动电话和无线网络开展的银行业务,以及其他利用电子服务设备和网络,由客户通过自助服务方式完成金融交易的银行业务。显然,中国银监会的电子银行的概念要大于互联网银行的概念,对电子银行的监管既包括了实体银行网上业务的监管,也包括了对互联网银行的监管。为避免混淆,本节使用"网上银行"的提法,专指对互联网银行业务的监管。

利用大数据进行放款,需要有海量的数据。为此,互联网银行应当利用中国人民银行的征信系统获得最基础的数据来源,并通过合作方补充主要数据来源构建并拓展自己的数据库。

根据中国银监会的监管要求,网上银行应当建立网上银行业务统计体系,并按照相关规定向中国银监会报送统计数据;定期对网上银行业务发展与管理情况进行自我评估,并应每年编制网上银行年度评估报告。年度评估报告应至少包括以下内容:①本年度网上银行业务的发展计划与实际发展情况,以及对本年度网上银行发展状况的分析评价;②本年度网上银行业务经营效益的分析、比较与评价,以及主要业务收入和主要业务的服务价格;③网上银行业务风险管理状况的分析与评估,以及本年度网上银行面临的主要风险;④其他需要说明的重要事项。

互联网银行的风险监测指标参照商业银行监管指标执行,资本充足率、拨备、杠杆率、流动性等监管指标都要满足监管部门的要求。风险监测指标是对商业银行实施风险监管的基准,是评价、监测和预警商业银行风险的参照体系,分为三个层次,即风险水平、风险迁徙和风险抵补。各类指标的分解及其解释详见专栏2.3。

专栏2.3

风险监管核心指标与解释

一、风险水平类指标

风险水平类指标包括流动性风险指标、信用风险指标、市场风险指标和操作风险指标,以时点数据为基础,属于静态指标。

流动性风险指标衡量商业银行流动性状况及其波动性,包括流动性比例、核心负债比例和流动性缺口率。其中,流动性比例为流动性资产余额与流动性负债余额之比,衡量商业银行流动性的总体水平,不应低于25%;核心负债比例为核心负债与负债总额之比,不应低于60%;流动性缺口率为90天内表内外流动性缺口与90天内到期表内外流动性资产之比,不应低于-10%。

信用风险指标包括不良资产率、单一集团客户授信集中度、全部关联度三类指标。其中,不良资产率为不良资产与资产总额之比,不应高于4%。不良贷款率为不良贷款与贷款总额之比,不应高于5%;单一集团客户授信集中度为最大一家集团客户授信总额与资本净额之比,不应高于15%;全部关联度为全部关联授信与资本净额之比,不应高于50%。

市场风险指标衡量商业银行因汇率和利率变化而面临的风险,包括累计外汇敞口头寸比例和利率风险敏感度。其中,累计外汇敞口头寸比例为累计外汇敞口头寸与资本净额之比,不应高于20%;利率风险敏感度为利率上升200个基点对银行净值的影响与资本净额之比。

操作风险指标衡量由于内部程序不完善、操作人员差错或舞弊以及外部事件造成的风险,表示为操作风险损失率,即操作造成的损失与前三期净利息收入加上非利息收入平均值之比。

二、风险迁徙类指标

风险迁徙类指标衡量商业银行风险变化的程度,表示为资产质量从前期到本期变化的比率,属于动态指标。风险迁徙类指标包括正常贷款迁徙率和不良贷款迁徙率。

正常贷款迁徙率为正常贷款中变为不良贷款的金额与正常贷款之比,正常贷款包括正常类和关注类贷款。该项指标为一级指标,包括正常类贷款迁徙率和关注类贷款迁徙率两个二级指标。正常类贷款迁徙率为正常类贷款中变为后四类贷款(即关注类贷款、次级类贷款、可疑类贷款与损失类贷款)的金额与正常类贷款之比,关注类贷款迁徙率为关注类贷款中变为不良贷款的金额与关注类贷款之比。

不良贷款迁徙率包括次级类贷款迁徙率和可疑类贷款迁徙率。次级类贷款迁徙率为次级类贷款中变为可疑类贷款和损失类贷款的金额与次级类贷款之比,可疑类贷款迁徙率为可疑类贷款中变为损失类贷款的金额与可疑类贷款之比。

三、风险抵补类指标

风险抵补类指标衡量商业银行抵补风险损失的能力,包括盈利能力、准备金充足程度和资本充足程度三个方面。

盈利能力指标包括成本收入比、资产利润率和资本利润率。成本收入比为营业费用加折旧与营业收入之比,不应高于45%;资产利润率为税后净利润与平均资产总额之比,不应低于0.6%;资本利润率为税后净利润与平均净资产之比,不应低于11%。

准备金充足程度指标包括资产损失准备充足率和贷款损失准备充足率。资产损失准备充足率为一级指标,为信用风险资产实际计提准备与应提准备之比,不应低于100%;贷款损失准备充足率为贷款实际计提准备与应提准备之比,不应低于100%,属二级指标。

资本充足程度指标包括核心资本充足率和资本充足率,核心资本充足率为核心资本与风险加权资产之比,不应低于4%;资本充足率为核心资本加附属资本与风险加权资产之比,不应低于8%。

资料来源:中国银监会关于印发《商业银行风险监管核心指标(试行)》的通知。

网上银行应建立与上述相适应的统计与信息系统,准确反映风险水平、风险迁徙和风险抵补能力,并接受中国银监会的相关非现场监管与现场检查。

二、互联网银行的发展趋势

互联网银行的出现,给中国金融深化和金融改革带来了新的活力和动力。与传统银行相比较,互联网银行具有明显的成本优势:一方面,可以转化为高额的利润,为股东谋利;另一方面,也可以转化为更高的存款利息,为储户造福。得益于这一成本优势,互联网银行将获得更大规模的新发展。

第一,更多的互联网银行将从民营银行中产生。2016年至今,已经有17家民营银行获准筹建,部分银行已开业。在获准筹建的民营银行方案中,近半数都定位在互联网银行。继2015年微众银行、网商银行相继获准筹建开业之后,新近设立的四川新网银行、福建华通银行也是定位于互联网银行,业务模式是线上为主,线下为辅,通过移动互联网媒介为客户提供金融服务,客群定位于小微企业、三农、社区居民和广大消费者。随着更多的民营银行获准筹建,将有更多的互联网银行出现。

第二,将有更多的直销银行面世。直销银行也是互联网银行,在直销银行模式下,银行也不设物理营业网点,不发放实体银行卡,客户主要通过电脑、电子邮件、手机、电话等电子渠道获取银行产品和服务。

面对互联网金融科技的飞速发展,客户消费习惯的转变以及银行利率市场化步伐的加快,国内直销银行发展迅速。直销银行有两种形式,一是传统银行的下属全资子公司;二是具有独立法人资格的持有牌照的直销银行。

2014年2月28日,国内首家直销银行——民生银行直销银行正式上线。2014年3月,兴业银行推出直销银行。作为商业银行应对互联网金融跨界竞争的抗衡利器,直销银行呈爆发式增长,2014年6月至10月又有7家直销银行上线。截至目前,国内已有20多家银行开展了直销银行业务。

2017年1月,中信银行与百度联合发起的中信百信银行股份有限公司(以下简称"百信银行")获准筹建,国内首家独立法人模式的直销银行问世。随着百信银行的获批,多家银行正计划申请直销银行牌照,如北京银行与荷兰ING集团已向中国银监会申请;包商银行董事会已通过申请独立法人资格的决议;光大银行、民生银行等也计划申请直销银行牌照。

因没有网点经营管理费用,直销银行可以为客户提供更有竞争力的存贷款价格及更低的手续费率,大幅度拉升零售业务,在未来,直销银行模式将在广度和深度上获得进一步的发展,独立法人持牌直销银行数量也会增加。

第三,基于云计算和大数据构建可靠的小微企业信贷模型,将是互联网银行的投入重点。大数据风控成功的前提有二:一是获取关于信贷个体的海量数据且真实可靠;二是大数据风控模型可靠度和有效性经过多行业、跨周期的校准验证。建立可靠的大数据风控模型需要互联网银行加大投入,在人力、资金和技术支持上提供保证。

第四,传统商业银行互联网化将进一步加速发展。互联网对于银行业的创新发展提供了更多的可能性,网上银行业务大大削减了柜台人员的压力,减少了人员成本,银行业开展互联网金融创新是大势所趋。"十三五"期间,借助新兴互联网金融发展模式,商业银行将不断进行互联网化发展探索和创新,发挥自身资金雄厚、风控完善、信誉度高等优势,从流程、数据、平台和产品等层面系统推进信息化银行建设,从而构建面向未来的、可持续的发展模式。随着银行业的转型,包括银行业务与电子商务的结合、个人银行业务的定制化服务以及中间业务的网络营销在内的银行业务互联网化将进一步向纵深发展。通过和金融科技企业开展合作,体现移动化、智能化和社交化的账户管理模式,可能成为传统商业银行向互联网银行转型的便捷之路。

第五,互联网银行监管方式将更加科学。发展互联网银行需要对金融政策法规进行相应调整。国务院十部委《关于促进互联网金融健康发展的指导意见》已经明确了互联网金融的监管原则,伴随着银行业互联网转型的纵深发展,监管部门还会出台对互联网银行的相关监管细则,解决互联网银行发展的政策不确定性。从长远看,互联网银行的稳健发展更需要创新监管,其重心应放在以市场导向为基础的监管法律规则的完善上面。

具体到监管方式上,政策制定将适应互联网发展的要求。监管部门将根据网络银行特点,补充新的法律法规,使原有监管规则适用于网络电子环境。在监管政策、执照申请、金融消费者保护等方面,强调网络和交易安全,维护银行经营稳健和对银行客户的保护,监管的目标是提供一个清晰、透明的法律环境。

面对新的金融模式和新技术的应用,监管方面也会保持规范和维护创新的平衡,推动网络银行围绕服务于实体经济、解决融资难融资贵问题开展创新,推动银行业加强技术储备持续创新。在市场准入上,过去的监管是对注册资本、办公场所等提出要求,而对互联网金融,则是设定技术条件,比如有没有分析技术、有没有风险管理的人员和风险管理的系统等。在监管手段上也会更多地采用互联网技术。传统监管金融机构的手段,如查看报表等方式,已不太适用互联网金融快速发展的现状。通过互联网技术,可以实现实时监控。同时,在监管方式上,也会出现透明化的全社会监管方式,即发动大众来监管。

第六,互联网银行发展的担保信用环境将趋于完善。包括建立商业性和政策性相结合的保险体系,推动银行、保险共同探索小微贷款保险机制,深化银行、保险与企业合作。扩大小额贷款保证保险、信用保险覆盖面,创新适合小微企业的组合保险产品,发挥保单对贷款的增信作用。建立政府性金融业发展基金,完善风险补偿机制,为风险分担、补偿提供保障。推进地方社会信用体系建设。建立守信激励、失信惩戒机制。

本章小结

1. 互联网银行是新兴的一种以互联网为媒介的银行经营模式,其可以填补传统银行服务的空白点,有利于普惠金融的发展,改进金融资源的配置效益。

2. 互联网银行与传统银行一样也是银行机构,互联网平台仅是银行机构提供银行产品与服务的渠道,互联网的特性并未改变银行的基本性质。

3. 互联网银行定位于服务个人消费者和小微企业客户,以重点服务个人消费者和小微企业为特色。

4. 大力发展互联网银行,有助于改善小微企业的融资环境,优化金融资源配置,提高金融体系的包容性,发展普惠金融,促进传统银行的创新和变革。

5. 互联网银行所有的存贷款业务都通过互联网银行平台进行,所吸收的存款主要来自个人储蓄者,贷款发放对象为中小微企业。

6. 目前我国互联网银行主要有腾讯的微众银行和阿里的网商银行(浙江网商银行股份有限公司)两种模式。

7. 互联网银行适用于商业银行的法律规范;在未来,我国互联网银行将在规范的基础上得到进一步的健康发展。

关键概念

互联网银行	普惠金融
微众银行	网商银行
流动性风险指标	信用风险指标
市场风险指标	操作风险指标
盈利能力指标	准备金充足程度指标
资本充足程度指标	

复习思考题

1. 什么是互联网银行?
2. 与传统实体银行相比较,互联网银行有哪些特点?
3. 互联网银行服务对象的目标定位是什么?
4. 我国互联网银行的设立(含筹建、开业)、市场退出审批,要满足哪些条件?

课后练习题

1. 我国国家政策为何要支持互联网银行的发展?
2. 试述互联网银行的基本业务流程。
3. 试比较微众银行与网商银行的异同。
4. 简述合投模式的运作流程。

数据资料与相关链接

1. http://www.cbrc.gov.cn/index.html（中国银监会）。
2. http://www.miit.gov.cn/（中华人民共和国工业和信息化部）。
3. http://www.china-cba.net/（中国银行业协会）。

延伸阅读

1. 中国银监会：《电子银行业务管理办法》，2006。
2. 中国银监会：《电子银行安全评估指引》，2006。
3. 王永红：《中国网络银行发展模式》，《中国金融》，2014年第23期。
4. 廖理、钱婧：《互联网银行2.0：典型案例与思考》，《清华金融评论》，2016年第4期。
5. Abdou, H., John E. and Paul A., An investigation of risk management practices in electronic banking: The case of the UK banks eprints.hud.ac.uk, University of Huddersfield, July 22, 2014.

第三章

互联网证券

本章导论

作为新兴的业务模式,互联网证券的出现将深刻影响中国证券业的发展路径。与其他互联网金融一样,互联网证券也需要法律政策规范。

主要内容

本章首先讨论互联网证券的概念,其次介绍互联网证券的业务模式,最后讨论互联网证券行业规范与未来趋势。

知识与技能目标

通过本章学习,学生应当理解互联网证券的概念;掌握互联网证券的业务流程;清楚互联网证券发展的未来趋势。

引导案例

海通证券成为最"互联网"证券公司

案例导读：证券交易互联网化是证券业发展的必然趋势，互联网以其方便快捷、低成本与广阔的覆盖范围，吸引着实体证券公司的加速互联网化。本案例提供了一个我国证券公司在互联网金融大背景下，布局互联网证券业务的排名结果，有助于我们了解我国证券公司的互联网化布局动态进程中的一个截面概况。

2014年以来，大小证券公司对互联网证券业务的投入都十分积极，同行间的竞争也愈演愈烈。如同其他传统业务一样，证券公司互联网证券业务的发展情况也是可以拿来排排队的。

经过近一个月的筹备，耗时两周的调查统计，《证券日报·证券业周刊》经过独家研究，在广泛征求业内专业人员意见后，推出"证券公司互联网证券业务测评"标准。测评对象是目前获得互联网证券业务试点资格的24家证券公司。

本次测评包含企业战略支持、网络基础服务、网络金融服务、产品研发支持四大板块，每个板块又分为若干子板块，满分为100分。评分结果显示，冠军花落海通证券，得分68分，与排名垫底的试点证券公司相差41分。

目前，证券公司"亲近"互联网已演变出多种方式，一部分证券公司着手自建理财平台完善服务体系，也有一部分外靠互联网公司拓展客流，当然也有一些证券公司"双管齐下"，左右开弓，力求打造一个完整的服务链。海通证券就是第三种证券公司，其开展互联网证券业务的特色是内生组网、外联平台、整合线上线下业务，这种模式给海通证券在评分过程中增分不少。

具体来看几大板块的测评情况。"网络基础服务"测评板块华泰证券以37分夺得第一（该板块总分为43分），比第二名超出4分，优势较为明显。华泰证券在网络基础服务方面的优势是，网络开户业务全面展开且宣传力度强、提供低佣金支持、微信公众号提供在线咨询，使用便利。

在"网络金融服务"板块，海通证券拔得头筹，以17分领先（该板块总分为26分）。海通证券的得分点在于与91金融展开的一系列深入合作。除此之外，其自建的金融平台"e海通财"也在业内享有知名度。

在"产品研发支持"板块，海通证券、国泰君安、银河证券都取得14分的好成绩（该板块总分19分），并列第一。从三家证券公司并列第一也可以看出，一方面，证券公司在产品研发竞争方面不容易拉开差距；另一方面，作为发展互联网金融的后台支持，证券公司对于产品研发都相当重视。以银河证券为例，2014年以来银河证券发力移动端产品研发的消息很多,如基金通、私募汇、慧通 FOF 等移动 APP。另外,由于证券公司 OTC 产品结合互联网发售会成为互联网金融的趋势,所以 24 家证券公司中,多数证券公司都有 OTC 产品资质。具有这项资质也可以在本次测评中获得加分。

虽然上述证券公司或在总分上领先,或在各项业务板块领先,但也存在各自的缺陷。以海通证券为例,其微信公众号缺少针对客户的沟通板块,既没有提供在线相应的股票问诊服务,也没有像广发证券那样提供在线问询支持,而国泰君安的"君弘一户通"则相对较为完备。值得一提的是,海通证券在本次评分中,获得险胜。评分结果显示,排名第二的证券公司与海通证券仅相差 1 分。可见在这项新业务上,证券公司间的竞争有多么激烈。

资料来源:李文,《海通证券总分第一,成为最"互联网"券商》,《证券日报》,2014 年 12 月 17 日。

第一节　互联网证券概述

互联网证券是以互联网为媒介的证券经营模式,互联网证券可以降低交易成本、扩大客户资源、活跃市场交易,因而可以改进金融资源的配置效益。

一、互联网证券的概念

互联网证券,是指金融机构通过互联网平台开展网络证券业务。[1] 互联网证券也称网络证券或网上证券。

定义所称的金融机构是指以经营证券业务为主的金融机构[2],即证券公司(俗称"券商")。在我国,证券公司是指依照公司法的规定,经国务院证券监督管理机构审查批准,从事证券经营业务的有限责任公司或者股份有限公司。根据证券公司的功能,可分为证券经纪商、证券自营商和证券承销商。①证券经纪商是代理买卖证券的证券机构,接受投资人委托、代为买卖证券,并收取一定手续费即佣金;②证券自营商是自行买卖证券的证券机构,其资金雄厚,可直接进入交易所为自己买卖股票;③证券承销商是以包销或代销形式帮助发行人发售证券的机构。实际上,许多证券公司是兼营这三种业务的。我国的证券公司大多是集承销、经纪、自营三种业务于一身的综合性经营机构。以下将不加区别地使用"证券公司"一词来指代综合性证券公司或专营性证券公司。

网上证券业务有广义和狭义之分,广义上包括证券公司的有偿证券投资资讯、网上

---

[1] 参见《关于促进互联网金融健康发展的指导意见》。
[2] 在美国,经营证券业务的金融机构一般称为投资银行;在中国、日本等亚洲国家称为证券公司;在欧洲称为商人银行。

证券投资顾问,以及股票网上发行、买卖与推广等多种投资理财服务;狭义上专指证券公司的证券经纪业务,包括网上开户、网上交易、网上资金收付、网上销户等内容。

证券,是指资本证券及其衍生产品,包括股票、债券、股票期货、期权,利率期货等。

二、互联网证券的特点和性质

互联网证券是证券公司通过互联网平台开展证券业务,其内容还是证券的代理发行[①]与买卖,所代表的仍然是一种投融资关系,但与证券公司的传统业务模式相比较又有着自身特点。

1. 互联网证券的性质

互联网证券所代表的仍然是一种投融资关系,互联网平台仅是证券公司提供证券产品与服务的渠道,互联网的特性并未改变证券公司的基本性质。

(1) 作为特许金融企业,证券公司必须依法设立。在我国,证券公司的设立必须经中国证监会依照法定的程序审查批准,未经中国证监会批准,不得经营证券业务。而且,如果证券公司需要设立或撤销分支机构、变更业务范围或者注册资本、变更公司章程、合并、分立、变更公司形式或解散,也必须经中国证监会批准。

(2) 作为证券市场的中介机构,证券公司充当着社会资金流动的桥梁和渠道,通过证券的代理发行,自营与经纪业务,发现证券的价格,使资金从盈余者一方流往需求者一方,实现储蓄向投资的转化;与此同时,证券公司也在其中获取自身的服务与自营收益。

2. 互联网证券的特点

与证券公司的传统业务模式相比较,互联网证券又有着自身特点。

(1) 通过互联网技术,可以突破对传统营业网点的依赖,以极低的成本为更多的中小客户提供金融证券产品;同时,信息的可获得性明显提升,证券交易信息快速匹配,极大地提高了效率。

(2) 证券交易互联网化、移动化。互联网证券不设物理网点,业务操作在网络进行,不需要支付房租,人力支出也得到了极大的节省。移动互联网使金融产品随时随地交易,大大降低了交易成本。

(3) 流程简单便捷。网上开户与交易、点对点的投资咨询服务、网上路演与证券发行等证券业务都在互联网平台上完成,这不仅有利于提高传统证券业务的效率,也有利

---

① 也称证券承销,证券承销是证券经营机构代理证券发行人发行证券的行为。当一家发行人通过证券市场筹集资金时,就要聘请证券经营机构来帮助它销售证券。证券经营机构借助自己在证券市场上的信誉和营业网络,在规定的发行有效期限内将证券销售出去,这一过程称为承销。它是证券经营机构最基础的业务活动之一。参见《证券发行与承销管理办法》(中国证监会令第37号)。

于推动资管产品①的销售,服务以往无暇顾及的大众市场。

(4)互联网证券以客户体验和客户需求为中心,延伸和拓展客户理财、交易、投融资的账户功能,整合场内和场外的产品交易能力,为客户提供一站式、多元化的金融解决方案。互联网的低成本优势,使一些传统上仅对中高端投资者提供的专业投资咨询服务覆盖到长尾客户,赢得广泛的客户基础。

(5)互联网证券借助强大的金融数据分析加强风险控制、进行量化投资②、支持精细化管理和服务创新;利用大数据分析深度挖掘客户价值、提高客户转化率,开发出不同的产品与服务,满足不同客户的市场需求,实现差异化竞争。

三、互联网证券的地位、作用和影响

互联网证券是真正意义上的互联网金融,在互联网金融中占据前沿的位置;发展互联网证券,有助于活跃市场交易,降低直接融资成本,促进传统证券业务的创新和变革,助力证券业的跨越式发展。

(一)互联网证券的地位与作用

1. 互联网证券的地位

互联网证券是互联网金融的重要组成部分。在我国互联网金融发展进程中,与其他形式的互联网金融相比较,证券行业是互联网化最早的行业,并且一直在跟随着行业的发展。互联网证券模式不仅限于传统证券经纪业务,也可以包容其他证券业务。证券公司作为资本市场的重要支撑力量,在互联网金融时代,不断革新业务模式和业务流程,形成成熟的互联网证券模式,将与其他互联网金融模式共同推进我国互联网金融的健康发展。

2. 互联网证券的作用

互联网证券的基本作用是完善资本资产的价格发现机制。证券市场的核心功能是发现资本资产的价格,为企业资产合理定价,其通行的原则是优质优价,低质低价。由此原则支配形成的资本价格信号作用于投资者行为,引导资金流向,实现资本的优化配置。而实现这一原则的基础是信息的公开、透明和及时。一个市场的信息越是充分及时披露,就越能形成合理的资本价格。与传统的线下实体网点相比较,互联网证券具有明显的信息优势。互联网证券平台为客户提供一键即得的、实时的价格信息,不断向公众投资者报出某些特定证券的双向买卖报价,加速订单接收和交易执行;依托大数据、社交网

---

① 资管产品,是获得监管机构批准的公募基金管理公司或证券公司,向特定客户募集资金或者接受特定客户财产委托担任资产管理人,由托管机构担任资产托管人,为资产委托人的利益,运用委托财产进行投资的一种标准化金融产品。
② 指通过数量化方式及计算机程序化发出买卖指令,以获取稳定收益为目的的交易方式。

络、云计算等,促使投融资双方在线上直接对接。这大大降低了交易双方的信息不对称程度,对提高市场流动性和完善价格发现机制起到了重要作用。

（二）互联网证券的影响

互联网证券大大降低了业务成本,提升了业务效率和客户体验,同时也使得证券行业竞争加剧。具体而言,互联网证券对证券公司的影响主要集中在以下几个方面:

第一,促进证券公司拓宽营销渠道,改进服务。相较以前的实体网点,网络平台在传播速度以及影响范围方面具有较大的优势,证券公司对产品的销售可借助互联网的优势,缩小地域限制,扩大和拓宽其营销空间和营销渠道。证券公司将传统业务互联网化,充分发挥网络运营方便、快捷、成本低的优势,借助互联网和移动平台为客户提供更有效的服务,保证客户能在任何时间、任何地点进行开户、交易,获得专业咨询等综合金融服务。

第二,互联网证券重塑了证券公司的营运模式。"客户临柜—柜员受理"传统的业务流程模式,将向"客户网络申请—总部集中受理模式"或客户自助模式转变。营业部单纯从事客户招揽的业务将会减少,而更多地将转移至增强客户的体验这一领域。与此同时,证券公司总部客户服务中心、业务咨询、业务办理的量将增加,这将对证券公司的传统组织架构、业务架构、人才建设等产生一定的影响。

第三,加强同业竞争,提高行业集中度。互联网可以促使证券经营机构业务和产品创新,推进传统业务转型升级,完善全面风险管理,提升行业核心竞争力;打破传统证券业务的实体营业部限制,变线下推广为线上竞争,提高行业集中度,改进行业规模效应。

第二节　互联网证券业务流程与类型

一、互联网证券基本流程

互联网证券与传统营业部实体网点买卖证券并无本质差异,不过是交易渠道变成了证券公司的互联网金融平台,上市证券①交易的基本流程如图3.1所示。

图3.1刻画了互联网证券买卖的基本业务流程:①证券的买方投资者通过互联网证券平台支付一定款项获得所购证券;②证券的卖方投资者通过互联网证券平台交付一定证券以获得相应价款。通过①、②两个过程,证券公司通过网上证券平台完成了证券买卖的中介活动,也获得了自身经营的利润——佣金收入。

---

① 上市证券又称"挂牌证券",指经证券主管机关批准,并向证券交易所注册登记,获得资格在交易所内进行公开买卖的有价证券。

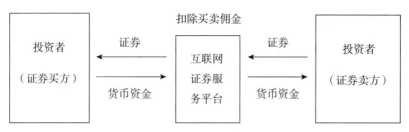

图 3.1 互联网证券基本流程

二、网上证券的发行流程

(一) 网上证券发行的概念与类型

网上证券发行,是指利用证券交易所的交易网络,证券发行主承销商在证券交易所挂牌销售,投资者通过证券营业部交易系统申购的发行方式。网上证券发行主要有网上竞价发行、网上定价发行和网上定价市值配售等三种方式。

网上竞价发行,是指主承销商利用证券交易所的交易系统,以自己作为唯一的"卖方",按照发行人确定的底价将公开发行股票的数量输入其在交易所的股票发行专户,投资者作为"买方"在指定时间通过交易所会员交易柜台以不低于发行底价的价格及限购数量,进行竞价认购的一种发行方式。

网上定价发行,是发行价格固定,采用证券交易所先进的交易系统来发行股票的发行方式。网上定价发行具有新股网上竞价发行的优点,不同之处有两点:一是发行价格的确定方式不同。定价发行方式事先确定价格;而竞价发行方式是事先确定发行底价,发行时竞价决定发行价。二是认购成功者的确认方式不同。定价发行按抽签确定;竞价发行按价格优先、同等价位时间优先的原则确定。

市值配售,是指在网上发行时,将发行总量中的一定比例的新股向二级市场投资者配售。投资者根据其持有上市流通证券的市值和折算的申购限量,自愿申购新股。

(二) 网上发行的申购程序

1. 网上竞价发行的申购程序

(1) 新股竞价发行,须由主承销商持中国证监会的批复文件向证券交易所提出申请,经审核后组织实施。发行人至少应在竞价实施前 2—5 个工作日在中国证监会指定的报刊及当地报刊上按规定要求公布招股说明书及发行公告。

(2) 除法律、法规明确禁止买卖股票者外,凡持有证券交易所股票账户的个人或者机构投资者均可参与新股竞买,尚未办理股票账户的投资者可通过交易所证券登记结算机构及各地登记代理机构预先办理登记,开立股票账户,并在委托竞价申购前在经批准开办股票交易业务的证券营业部存入足够的申购资金。

(3) 投资者在规定的竞价发行日的营业时间办理新股竞价申购的委托买入,其办法类似普通的股票委托买入办法,申购价格不得低于公司确定的发行底价,申购量不得超过发行公告中规定的限额,且每一股票账户只能申报一次。

(4) 新股竞价发行申报时,主承销商为唯一的卖方,其申报数为新股实际发行数,卖出价格为发行底价。

(5) 新股竞价发行的成交(即认购确定)原则为集合竞价方式①。累计有效申报数量未达到新股实际发行数量时,则所有有效申报均按发行底价成交。申报认购的余数,按主承销商与发行人订立的承销协议中的规定处理。

(6) 电脑主机撮合成交产生实际发行价格后,即刻通过行情传输系统向社会公布,并即时向各证券营业部发送成交(认购)回报数据。

(7) 新股竞价发行结束后的资金交收,纳入日常清算交割系统,由交易所证券登记结算机构将认购款项从各证券公司的清算账户划入主承销商的清算账户;同时,各证券营业部根据成交回报打印"成交过户交割凭单"同投资者(认购者)办理交割手续。

(8) 竞价发行完成后的新股股权登记由电脑主机在竞价结束后自动完成,并由交易所证券登记结算机构以软盘形式交与主承销商和发行人。投资者如有疑义,可持有效证件及有关单据向证券登记结算机构及其代理机构查询。

(9) 采用新股竞价发行,投资人仅按规定交付委托手续费,不必支付佣金、过户费、印花税等其他任何费用。

(10) 参与新股竞价发行的证券营业部,可按实际成交(认购额)的3.5‰的比例向主承销商收取承销手续费,由交易所证券登记结算机构每日负责拨付。

2. 网上定价发行的申购程序

网上定价发行的具体处理原则为:当有效申购总量等于该次股票发行量时,投资者按其有效申购量认购股票;当有效申购总量小于该次股票发行量时,投资者按其有效申购量认购股票后,余额部分按承销协议办理;当有效申购总量大于该次股票发行量时,由证券交易所主机自动按每1 000股确定一个申报号,连序排号,然后通过摇号抽签,每一中签号认购1 000股。

(1) 投资者应在申购委托前把申购款全额存入与办理该次发行的证券交易所联网的证券营业部指定账户。

申购当日(T+0日),投资者申购,并由证券交易所反馈受理。上网申购期内,投资者按委托买入股票的方式,以发行价格填写委托单,一经申报,不得撤单,投资者多次申购

---

① 即对买入申报按价格优先、同价位时间优先原则排列,当某申报买入价位以上的累计有效申购量达到申报卖出数量(即新股实际发行数)时,此价位即为发行价。当该申报价位的买入申报不能全部满足时,按时间优先原则成交。

的,除第一次申购外均视作无效申购。

每一账户申购委托不少于1 000股,超过1 000股的必须是1 000股的整数倍。每一股票账户申购股票数量上限为当次社会公众股发行数量的千分之一。

(2) 申购日后的第一天(T+1日),由证券交易所的登记结算机构将申购资金冻结在申购专户中,确因银行结算制度而造成申购资金不能及时入账的,须在T+1日提供通过中国人民银行电子联行系统汇划的划款凭证,并确保T+2日上午申购资金入账。所有申购资金一律集中冻结在指定清算银行的申购专户中。

(3) 申购日后的第二天(T+2日),证券交易所的登记结算机构应配合主承销商和会计师事务所对申购资金进行验资,并由会计师事务所出具验资报告,以实际到位资金(包括按规定提供中国人民银行已划款凭证部分)作为有效申购进行连续配号。证券交易所将配号传送至各证券营业部,并通过交易网络公布中签率。

(4) 申购日后的第三天(T+3日),由主承销商负责组织摇号抽签,并于次日(T+4日)公布中签结果。证券交易所根据抽签结果进行清算交割和股东登记。

(5) 申购日后的第四天(T+4日),对未中签部分的申购款予以解冻。①

3. 网上定价市值配售的申购程序

(1) 有效申购的确认。证券交易所负责确认投资者的有效申购,并对超额申购、重复申购等无效申购予以剔除。投资者申购新股时,无须预先缴纳申购款;但申购一经确认,不得撤销。有效申购须符合下列条件:

第一,投资者有申购权的上市流通证券仅限为上市流通股票、证券投资基金和可转换债券三种(不含其他品种的流通证券及未挂牌的可流通证券),其中包含已流通但被冻结的高级管理人员持股。

第二,上市流通证券的市值,按《招股说明书概要》刊登前一个交易日收盘价计算的三种证券市值的总和确定。投资者同时持有上海证券交易所、深圳证券交易所上市流通证券的,分别计算市值;各证券交易所的交易系统只根据持有本所上市流通证券的市值配售新股。

第三,投资者每持有上市流通证券市值10 000元限购新股1 000股,市值不足10 000元的部分不赋予申购权,申购新股的数量应为1 000股的整倍数;每一股票账户最高申购量不得超过发行公司公开发行总量的千分之一;每一股票账户只能申购一次,重复的申购无效。

(2) 新股配售。有效申购量确认后,按以下办法配售新股配售:①当有效申购总量

---

① 申购新股后,所申购新股额度的资金被冻结,即该部分资金不能动用;如果不中签。第四日会重新回到原账户上,这一天就叫资金解冻日,意思就是解除冻结,可自由动用。

等于拟向二级市场投资者配售的总量时,按投资者的实际申购量配售。②当有效申购总量小于拟向二级市场投资者配售的总量时,按投资者实际申购量配售后,余额按照承销协议由承销商包销。③当有效申购总量大于投向二级市场投资者配售的总量时,证券交易所按1 000股有效申购量配一个号的规则,对有效申购量连续配号。主承销商组织摇号抽签,投资者每中签一个号配售新股1 000股。

(3) 缴纳股款。中签的投资者认购新股应缴纳的股款,由证券营业部直接从其资金账户中扣缴;因投资者认购资金不足而不能认购的新股,视同放弃认购,由主承销商包销,证券营业部或其他投资者不得代为认购。

三、网上证券交易

网上证券交易是通过互联网在证券交易市场买进或者卖出证券,其主要步骤如图3.2所示。

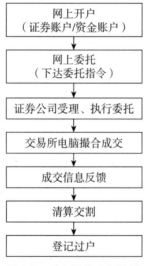

图3.2 网上证券交易流程

(一) 网上开户

1. 网上开户的概念

网上开户,是指证券公司通过数字证书验证客户身份,并通过互联网为客户办理账户开立手续。

证券开户指开立证券账户和资金账户。投资者欲进行证券交易,首先要开设证券账户和资金账户。证券账户用来记载投资者所持有的证券种类、数量和相应的变动情况;资金账户则用来记载和反映投资者买卖证券的货币收付和结存数额。

资金账户又分现金账户和保证金账户两种:现金账户,是指客户通过证券公司买入或卖出证券时,必须在清算日或清算日之前交清全部价款或将证券交割给证券公司的资金账户;保证金账户,是指客户按账户规定的保证金比例支付所购买证券的价款,余款由证券公司提供贷款垫支,贷款利息以证券公司的借款成本为基础折算的资金账户。

开立证券账户和资金账户后,投资者买卖证券所涉及的证券、资金变化就会从相应的账户中得到反映。例如,某投资者买入某股票 1 000 股,包括股票价格和交易税费的总额为 10 000 元,则投资者的证券账户上就会增加某股票 1 000 股,资金账户上就会减少 10 000 元。

2. 网上开户流程

客户通过证券公司网上开户系统操作并经证券公司审核、回访确认后完成账户开立的开户方式。客户须凭借证券公司认可的合法机构颁发的个人数字证书,并拥有与证券公司建立了第三方存管关系的银行储蓄卡后方可进行网上开户。

(1)开户前准备。必备本人的身份证原件、本人的银行卡、手机以及配备有摄像头、能够上网的电脑。

(2)打开拟开户证券公司网上开户页面。在浏览器中输入"××证券"进入××证券官网首页,单击页面"网上开户"图标,安装数字证书助手。

(3)身份认证。

第一,自动检测系统程序。登录公司网上自助开户系统,正确填写手机号码、获取短信验证码后输入验证码,点击"申请开户"。系统会自动判断客户的电脑是否已安装开户助手,如检测未安装,则系统会提示客户下载。如已安装开户助手,则直接进入录入个人信息界面。

第二,录入个人信息。正确录入第二代身份证的姓名、身份证号码,开户营业部选择"××证券××证券营业部"。选择网页提示供选择的存管银行[①]。投资者可任选一家银行,使用本人借记卡开通第三方存管业务。

第三,影像采集。客户使用摄像头或本地上传图片,按要求分别拍摄或上传:本人头像照(要求正面面向镜头、头部正直、能看到肩膀,影像清晰,头部正面照占照片尺寸的 2/3 以上)、身份证正面、身份证反面、第三方存管银行卡正面(要求白纸为底,摆放正规,能清楚看到身份证与银行卡各文字)。要求图像光线适中、关键信息清晰可见。影像采集完毕后,进入下一步视频见证,系统将自动检测影像质量。

第四,视频见证。点击开始见证,等待 1—2 分钟,页面提示是否接收视频,点"是"与工作人员视频。

第五,下载数字证书[②]。见证人与客户完成视频见证后,系统自动提醒客户下载数字

---

① 指按照《证券法》的要求,接受证券公司及其客户的委托,提供客户证券交易保证金存管服务的商业银行。
② 数字证书是每个投资者专属的,证书中包含有本人的身份信息,是投资者在后续开户操作中的身份认证工具。

证书。系统将自动检测必须完成视频及公安校验结果一致,才允许进入下载数字证书的步骤。申请后数字证书将安装到电脑上,投资者后续开户操作必须在安装了其本人数字证书的电脑上完成。

(4)签署开户协议。数字证书安装成功后,进入开户协议签署环节,对客户进行投资者教育,揭示投资风险。客户阅读《拓展关系确认书》《证券交易风险提示书》《买者自负承诺函》《证券交易委托代理协议》《客户交易结算资金第三方存管协议》和《客户须知》等经纪客户开户文件资料,同意并接受后,勾选网页提示"我已阅读并同意以上所有协议",系统便自动使用客户电脑本地安装的中国证券登记结算有限公司数字证书电子签署开户申请材料。

(5)开立资金账户。填写并提交开立资金账户申请表、仔细阅读相关协议,确认后投资者即可立即获得申请开立的证券公司资金账户,并得到相应的短信通知。办理人民币资金第三方存管业务投资者选择已开设借记卡的银行,按照页面提示输入该银行的账号等相关信息。

(6)开立证券账户。投资者本人的资金账户开通银证转账关系后,可选择在线开设上海A股股东账户、深圳A股股东账户和基金账户,经审核确认合格后,证券公司会给投资者办理开立股东账户等相关手续。

(7)新开户回访。审核通过并开户成功后,营业部后台人员通过电话回访方式完成账户开通使用前的新开户回访工作,妥善保留回访录音文件。回访不成功的,拒绝开通权限。回访成功后方可进行证券交易。

(二)网上证券交易

1. 网上证券交易的概念

网上开户后便可使用电脑、手机等信息终端进行网上证券交易。网上证券交易是指投资者通过互联网拨号上网,进行信息查询和委托下单,实现实时交易。互联网交易系统为客户提供网上证券交易的实际环境,使得投资者能够通过互联网进行方便快捷的在线交易、管理及其行情查询。

网上交易内容主要包括查询上市公司历史资料、查询证券公司提供的咨询信息、查询证券交易所公告、进行资金划转、网上实时委托下单、电子邮件委托下单、电子邮件对账单、公告板、双向交流等。

2. 网上证券交易流程

(1)投资者在进行网上交易前,不仅要开立账户,而且要申请开通网上交易功能,签署相应的协议,方能进行网上委托。

(2)登录证券公司网上交易系统,正确填写客户号、账号代码、交易密码、认证方式、通信密码、附加码。

（3）委托买卖。投资者买卖证券必须通过证券经纪商的代理才能在证券交易所买卖证券。投资者向证券营业部下达买进或者卖出证券的指令，称为"委托"。委托指令（委托单）包括证券账号、日期、买进或卖出（即交易方向）、品种、数量、价格、时间、签名、其他内容。

委托方式，有柜台、自助以及客户与证券公司约定的其他合法委托方式。其中，自助方式包括网上委托、电话委托、热键委托①等，具体委托方式以实际开通为准。网上委托可以选择以下两种方式之一：一是专业版交易软件。将专业版交易软件下载到桌面，其优势是交易速度快，安全性高；具备功能超强的行情分析工具、操作界面友好、支持各种上网代理服务器；稳定性好、可靠性强、能支持交易高峰期高并发流量。此方式特别适合有专属电脑的投资者及专业投资者。二是快速交易通道。直接从所开户证券公司登陆，不需要下载安装、不受代理服务器限制、可以穿越防火墙在局域网②内使用。证券公司的"快速交易通道"能够提供全面交易服务，包括开放式基金的开户、申购、赎回等功能。缺点是行情分析功能弱，操作时交互性差。此方式特别适合临时使用电脑的用户。

（4）受理委托。证券经营机构在收到投资者委托后，应对委托人身份、委托内容、委托卖出的实际证券数量及委托买入的实际资金数额进行审查，经审查符合要求后，才能接受委托。

（5）委托执行。接受委托后，经纪商要将投资者委托指令的内容传送到证券交易所进行撮合。这一过程称为"委托的执行"，也称为"申报"或"报盘"。

我国通过证券交易所进行的证券交易均采用电脑报价方式。电脑报价是指证券公司通过计算机交易系统进行证券买卖申报，其做法是：证券公司将买卖指令输入计算机终端，并通过计算机系统传给证券交易所的交易系统，交易系统接收后即进行配对处理。

在委托未成交之前，委托人有权变更和撤销委托，冻结的资金或证券及时解冻。而一旦竞价成交，成交部分便不得撤单。

（6）成交。若买卖双方有合适的价格和数量，交易系统便自动撮合成交。买卖成交后，应当按规定制作买卖成交报告单交付客户。

（7）清算交割。证券公司根据成交结果完成其与客户的证券和资金的交收，并承担相应的交收责任；客户应当同意集中交易结束后，由证券公司委托证券登记结算机构办理其证券账户与证券公司证券交收账户之间的证券划付；卖出证券者的资金账户中增加

---

① 指使用计算机热键的委托方式：委托者先按下 F12 键，就会出现一个窗口，按提示输入本人资金账号和密码后，会出现一个供选择的功能菜单，包括买卖委托、撤单、当日资料及历史资料查询、银行转账、修改密码等。

② 局域网（local area network，LAN），是一种在有限的地理范围内将大量 PC 机及各种设备互连在一起实现数据传输和资源共享的计算机网络。

款项,证券账户中减少证券数量;买入证券者的证券账户中增加证券,资金账户中减少款项。

(8) 登记过户。证券交易所验证变更证券过户手续,完成证券的原所有者向新所有者转移有关证券全部权利的登记记录,证券交易过程结束。

3. 网上证券交易的投资者注意事项

(1) 投资者必须保管好自己的交易密码和通信密码,以防泄密,应定期修改密码,必要时应随时修改密码。

(2) 必须使用证券公司提供的软件或从证券公司指定站点下载的软件,否则会出现不可预料的错误。

(3) 必须开通其他的远程委托方式,如电话委托等,多种委托方式互为补充,降低交易的技术风险。若投资者账户受到某种形式的攻击,证券公司会冻结投资者网上交易方式,这时投资者可以用其他替代方式进行交易,事后再申请解冻。

(三) 网上资金收付

1. 网上资金收付的概念

网上资金收付,是指通过互联网实现投资者资金账户证券交易的资金交收与资金划拨。

在证券交易过程中,买卖双方达成交易后,应根据证券清算的结果,在事先约定的时间内履行合约。买方需交付一定款项获得所购证券,卖方需交付一定证券获得相应价款。在这一钱券两清的过程中,证券的收付称为交割,资金的收付称为交收。

1998年5月,我国即已实现了交易的存管系统、清算系统、交收系统与会员的证券托管系统及交收系统、银行的电子资金划拨系统之间的连接,做到了证券存管结算全程全网数据化,证券资金的收付通过网络完成。

目前,中国证券市场通过结算公司指定的结算银行进行资金结算。结算公司在结算银行开立结算备付金专用存款银行账户,结算参与人①可根据需要将款项汇入任一银行账户;同时,结算公司在其内部设立结算备付金账户,用于记录各结算参与人的资金余额和划付情况。

2. 相关资金结算流程

(1) T日收市后,结算公司根据证券交易成交结果及其他业务处理数据,计算出各结算参与人结算备付金账户T+1日的应收应付资金净额,并向结算参与人发送清算数据文件。

---

① 指经审核同意,在中国结算公司设立和管理的电子化证券登记结算系统内,直接参与结算业务的证券公司及经中国证监会批准的其他机构。

(2) T+1 日 16:00 前,结算参与人根据 T 日清算数据及结算备付金账户余额情况,做好相关资金划拨工作。若结算备付金余额不足,结算参与人需从其存管银行划付资金到结算公司的备付金银行账户,并通过结算公司的专用系统查询资金到账情况。若结算备付金账户余额足以完成当日交收,结算参与人可通过结算公司的专用系统发送划款指令,将多余资金划回其指定的收款银行账户。

(3) 按照中国证监会多银行第三方存管模式的要求,证券公司客户资金均直接存在存管银行,并且证券公司与结算公司的资金往来一般只能通过主办银行①划付,因此部分资金的划入需要从协办银行②到主办银行再到结算公司的结算银行,部分资金的划出需要从结算公司的结算银行到主办银行再到协办银行。

(四) 网上销户

网上销户,是指通过互联网而不是到证券公司营业部现场结清开立的证券、资金等账户。

根据 2015 年 4 月发布的《中国证券登记结算有限责任公司证券账户业务指南》以及 2016 年 10 月发布的修订指南:开户代理机构可根据中国结算有关规定采取临柜、见证、网络或中国结算公司认可的其他非现场方式为投资者办理证券账户注销业务。据此,虽然国家暂时没有网上销户的规定,但销户与开户一样也可以通过网络办理。

网上销户所需手续和程序与网上开户相类似,不同之处在于:投资者销户前应首先将账户内股票清空,且将证券公司资金账户内资金转移至银行存管账户,即保证股东账户内无股票及资金账户内无资金;然后,再向原开户营业部提交销户申请,办理销户。

第三节 互联网证券的行业规范与发展趋势

互联网证券是证券业务的互联网化,同样适用于证券的法律规范;在未来,我国互联网证券将在规范的基础上得到进一步的健康发展。

一、互联网证券的行业规范

在我国,证券业行业规范是在一个以中国证监会为主、行业自律为辅助的监管体系内进行。

(一) 互联网证券的监管自律机构

目前,我国已经形成了集中监管与自律管理相结合,全方位、多层次的中国证券行业

---

① 指证券公司在其开立自有资金专用存款账户的存管银行。
② 考虑到客户的不同银行偏好,证券公司选择多家实现数据集中或具备业务集中处理能力的商业银行作为存管银行供客户挑选,但其中主办银行只有一家,其余为协办银行。

监管体系。

中国证监会依据《中华人民共和国证券法》[①]、《中华人民共和国证券投资基金法》[②]等相关法律对互联网证券实施监管,对互联网证券发行与交易过程中的各参与主体按法律要求规范其行为,维护证券市场的正常秩序。

证券交易所、证券登记结算机构、中国证券业协会依据法律、行政法规和中国证监会的规定,对证券行业实行规范有序的自律管理和行业指导,促进证券市场的公开、公平、公正,推动证券市场的健康稳定发展。

(二)互联网证券监管原则

互联网证券业务是我国多层次资本市场的重要补充,是信息技术、电子商务和金融创新发展的必然结果。根据国务院"促进互联网金融健康发展,提高证券期货服务业竞争力"[③]的总体要求,作为我国多层次资本市场的重要补充,互联网证券业务应按照"适度监管、分类监管、协同监管、创新监管"的原则,促进互联网金融的健康发展。

首先,适度监管。发展互联网证券要有基本的监管原则,不能缺位,也不能越位。既要适度监管,又不能一管就死,扼杀行为主体的创新动力。在做好对创新业务的跟踪分析基础上,及时总结经验、发现问题,逐步形成业务规则,推动证券公司互联网证券业务规范发展。

其次,分类监管。要根据我国分业监管的制度安排,严格执行行业分类监管的原则,按照法律和国务院的授权和监管主体的职责分工、对证券监管对象实行专业监管。

再次,协同监管。因为互联网证券涉及网络安全、电信,开展业务过程中又涉及与金融产品的交叉,"一行三会"[④]、工信部[⑤]、公安部等,因此要形成一种协调监管机制。

最后,创新监管。要以创新的思维去监管,而不是按照原来传统的监管理念和模式。既要支持证券经营机构利用互联网等现代技术改造传统业务,又要统一线上线下业务的监管标准,适应互联网证券的动态监管要求。

在上述原则基础上,互联网证券的监管还必须坚持创新与风险控制的平衡。产品创

[①] 1998年12月29日第九届全国人民代表大会常务委员会第六次会议通过,2014年8月31日第十二届全国人民代表大会常务委员会第十次会议修订。

[②] 2003年10月28日第十届全国人民代表大会常务委员会第五次会议通过,2012年12月28日第十一届全国人民代表大会常务委员会第三十次会议修订。

[③] 参见《国务院关于进一步促进资本市场健康发展的若干意见》(国发〔2014〕17号)。

[④] "一行三会"是国内金融界对中国人民银行、中国银监会、中国证监会和中国保监会这四家中国金融监管部门的简称,此叫法最早起源于2003年,"一行三会"构成了中国金融业分业监管的格局。"一行三会"均实行垂直管理。资料来自搜狗百科。

[⑤] 工信部,中华人民共和国工业和信息化部的简称,是根据2008年3月11日公布的国务院机构改革方案组建的国务院直属部门。

新往往伴随着风险的出现,创新过快,很容易出现监管滞后,此时,风险防范滞后所引发的矛盾便悄然而至。因此,互联网证券在发展中也需要稳中求进,加强对创新风险的把控。互联网创新风险控制主要包括:账户与资金管理,保证客户资金和信息安全;信息技术系统建设,防范网络安全漏洞;强化信息披露与风险揭示,落实投资者教育,投资者适当性管理等。

(三)互联网证券的行业规制与自律规章适用

互联网证券也是证券,同样适用于证券的法律规范。除适用于证券业的一般法律规范外,就互联网证券本身,中国证监会与中国证券业协会[①]自 2000 年以来,相继颁发了与网上证券直接相关的多部行政规章与业务规则指引,具体如下:

1. 市场准入方面

(1)《网上证券委托暂行管理办法》(证监信息字〔2000〕5 号),明确对证券公司利用互联网络开展证券委托业务的管理,并从监管层面正式首次肯定了我国证券交易的互联网化。

(2)《证券公司网上委托业务核准程序》(证监信息字〔2000〕6 号),明确证券公司开展网上委托业务须经中国证监会核准。予以核准的,出具同意开展网上委托业务的文件;不予核准的,出具书面意见说明理由。并明确:因重大违规事件、重大技术事故等因素导致整体质量差、风险隐患大的公司,不予核准开展网上委托业务。其为互联网证券的市场准入建立了初步标准。

2. 网上开户方面

(1)《关于证券公司开展网上开户业务的建议》(2012 年 5 月,中国证券业协会发布),明确指出证券公司在建立健全相关的业务流程和内部控制措施的前提下,可以开展网上开户业务。

(2)《证券公司客户资金账户开立指引》(2014 年 1 月,中国证券业协会发布),明确规定:证券公司可以在经营场所内为投资者现场开立账户,也可以按照相关规定,通过见证、网上及中国证监会认可的其他方式为投资者开立账户。

3. 业务扩展与合作方面

(1)《关于修改〈证券公司客户资产管理业务管理办法〉的决定》(2013 年 6 月,中国证监会发布),明确:①证券公司从事客户资产管理业务,须向中国证监会申请客户资产管理业务资格;未取得客户资产管理业务资格的证券公司,不得从事客户资产管理业务。

---

① 中国证券业协会成立于 1991 年 8 月 28 日,是依据《中华人民共和国证券法》和《社会团体登记管理条例》的有关规定设立的证券业自律性组织,属于非营利性社会团体法人,接受中国证监会和国家民政部的业务指导和监督管理。

②中国证监会及其派出机构依照审慎监管原则,采取有效措施,促进证券公司资产管理的创新活动规范、有序进行。

(2)《关于规范证券公司与银行合作开展定向资产管理业务有关事项的通知》(中证协发〔2013〕124号),对合作银行的范围进行明确,对合作银行资产规模要求进行调整。文件明确:证券公司聘用第三方机构为集合资产管理计划提供投资策略、研究咨询和投资建议等专业服务的,应当严格遵守《关于规范证券公司聘用第三方机构为集合资产管理计划提供投资决策相关专业服务的通知》(中证协发〔2013〕104号)的要求。同时,还应当符合其他相关要求。

4. 推进业务创新与监管转型方面

《关于进一步推进证券经营机构创新发展的意见》(证监发〔2014〕37号),从建设现代投资银行、支持业务产品创新和推进监管转型三个方面明确了推进证券经营机构创新发展的主要任务和具体措施。

二、互联网证券的发展趋势

作为后发市场,我国证券业在发展之初就带有较强的互联网属性,互联网技术的快速发展已经使得传统的证券业务发生了深刻变化。随着我国证券行业创新的逐步深化及与国际接轨,由监管层面政策推动的网上证券业务的快速发展将成为不可逆转的趋势。

(一)我国互联网证券的发展概况

我国的证券市场虽然起步较晚,但却是世界上第一个实现交易所核心业务系统采用微机局域网,第一个实现发行、交易、清算全程无纸化的国家,这为其后网上证券的发展提供了技术支持基础。

在我国,最早开始尝试开办网上交易业务是在1997年,当年中国华融信托投资公司湛江营业部推出多媒体公众信息网上交易系统。随后,网上交易逐步兴起。2000年3月30日,中国证监会颁布《网上证券委托暂行管理办法》,对网上交易的业务资格和运作方式做出明确规定,网上交易加快了发展速度。截至2001年3月末,104家证券公司中,正式开通网上交易业务的约有71家,占证券公司总数的68.27%。通过中国证监会网上业务资格核准的已达到45家。到2001年10月底时,我国网上证券委托交易量占沪深交易所的比例已上升到5.74%;网上开户数319万户,占证券市场总开户数的比例已经达到9.7%。

但为了保证入市资金的合法性,我国长期实现的只是网上交易、网上资金收付这两个环节,互联网证券功能是残缺的。直到2012年5月,在行业创新大会上,网上开户政策有所松动。2013年3月,《证券账户非现场开户实施暂行办法》等文件发布,进一步规范了网上开户流程,互联网证券公司的经纪业务得以实现真正意义上的线上化。在政策鼓励下,互联网金融在2013年异军突起,尤其是天弘基金与阿里巴巴合作的余额宝上线,使众多中小券商看到了互联网时代弯道超车的机会,纷纷开始互联网证券的尝试。"互联网证券""互联网基金"的提法应运而生。

2014年5月,国务院发布的《关于进一步促进资本市场健康发展的若干意见》明确指出,要"引导证券期货互联网业务有序发展。建立健全证券期货互联网业务监管规则。支持证券期货服务业、各类资产管理机构利用网络信息技术创新产品、业务和交易方式。支持有条件的互联网企业参与资本市场,促进互联网金融健康发展,扩大资本市场服务的覆盖面",这为互联网证券发展指明了方向。

在政策推动下,2014年证券公司互联网证券业务试点正式启动。截至2015年3月,共有4批55家公司开展该项业务试点,已有5家公司实现理财账户的开户和产品的购买,累计开立注册类账户和理财类账户达432 748个(其中,理财类账户272 533个)。这标志着互联网证券已由此前简单的触网模式进入构建账户、打造平台和整合产品三位一体的综合业务重构模式。

2015年开年,"互联网+"概念正式提出,中国的互联网证券领域开始了加速布局。一方面,多项支持政策出台,为互联网证券提供了良好的发展环境;另一方面,证券公司继续推进传统业务互联网改造,加快了互联网证券尤其是移动证券的发展步伐;同时,互联网等其他机构也在加紧布局证券业务链,互联网证券发展进入深度融合阶段。

截至目前,我国证券网上开户与交易、点对点的投资咨询服务、网上路演与证券发行等已经成为现实。网上证券交易量占比超过全部成交量的90%。互联网证券已经占领了市场份额的绝对统治地位。

(二)我国互联网证券的发展趋势

随着我国资本市场的进一步改革开放,"互联网+"战略的深化践行,国内互联网证券的未来发展将为客户提供更多的交易品种、更便捷的交易方式和更好的交易体验。

1. 交易品种更加丰富

未来行业内涌现更多的创新型产品,业务种类多样化是行业的发展趋势。

随着国内居民的财富逐步增加,其投资理念也日趋成熟。对于金融产品创新的需求逐步增加,创新性金融产品的出现将进一步触发用户需求多元化、差异化的发展趋势。

用户需求的变化将推动行业服务产品的不断创新和完善。随着行业的发展,除股票、基金外,互联网证券还将纳入债券、期权、融资融券、股指期货,新资管产品,境外证券等金融产品,并为投资者提供数据整理、决策分析和行情交易等全方位的综合服务。

在中国资本市场不断开放的背景下,个人投资者也会不断有全球资产配置的需要。

因此,为客户打造投资国际证券市场的互联网通道和产品也会迎来更大的发展空间。

2. 金融科技推动行业发展

(1) 移动证券。移动证券是指客户通过手机或其他具备无线数据通信能力的移动设备,经无线公众网络获取证券公司提供的行情信息、资讯信息服务或进行交易、转账、查询等证券自助业务。

随着通信网络技术不断革新,手机等无线终端将突破移动上网速度等技术瓶颈。移动终端证券数据服务作为计算机终端证券数据服务的最佳互补,将随时随地地满足用户关于证券信息及数据的需求,不断增强用户体验,提升用户黏性和依赖度。移动终端数据服务将可能实现大规模普及和爆发式增长,是互联网证券信息服务行业极具潜力的利润增长点。

(2) 智能投顾。互联网技术的应用还有被延展至辅助交易决策环节的可能性,其中智能投顾正是该类业务的发展方向。智能投顾是一种新兴的在线财富管理服务,根据个人投资者提供的风险承受水平、收益目标以及风险偏好等要求,运用智能算法和数据处理能力,为用户提供投资参考。

随着证券信息的丰富化,单纯的人力越来越难以处理复杂的经济环境和市场变化,特别是在信息—交易反馈周期不断被缩短、宏微观证券信息加速扩容的背景下,引入基于大数据的机器学习技术,参与投资决策必然将成为买方工具进化的趋势。

智能投顾依托现代科技手段实现了标准资产产品的组合化和智能化,带来产品层面的创新。通过智能投顾技术,客户得以享受全新的风险和收益组合,本质上已经是一种新的投资产品。相较于互联网理财对传统资管行业的影响,智能投顾的影响更为深远,将在产品创新、业务模式、销售策略等各方面给传统资管行业带来深远的影响。

(3) 区块链技术应用。区块链技术的本质是去中心化且寓于分布式结构的数据存储、传输和证明的方法,用数据区块(block)取代了目前互联网对中心服务器的依赖,理论上实现了数据传输中对数据的自我证明,这超越了传统和常规意义上需要依赖中心的信息验证范式。由于可以克服互联网信息真伪的验证识别困难,这项技术可以被应用于数字货币、资产交易、资产登记、数字化管理等广泛领域。

迄今为止,互联网证券更多体现在业务前端,包含资金归集(产品销售)、客户推介(账户开立)、在线交易三个维度;然而除了一些平台化运作的基金销售机构外,在登记结算、账户信息储存等后台领域中,互联网技术的应用尚待拓展。随着区块链技术在我国金融领域的逐步推广应用,互联网证券业务向后台突破将成为现实可能。

3. 行业竞争格局变化

占据相对优势的企业将对行业内其他中小型企业进行并购重组,或与其他大型互联网企业展开合作,实现优势互补的可能性。

互联网证券对于用户的获取将是制胜的关键。券商不管是自建还是联合第三方、并购等方式转型互联网金融模式,更重要的是获得入口与流量,从而锁定客户。因此,有资本优势的券商可能自建或者选择并购的方式;中小型券商则会选择更加经济的联合电商模式导入流量。券商参与互联网金融,还需要将互联网基因融入自身,全方位推动证券公司组织架构、管理模式、部门凝聚力和业务流程再造。在业务方面,更多地强调差异化定位,加强提供综合服务的能力,增强客户黏性。中产阶级与高净值客户财富管理将成为证券公司的业务重点,在高端理财产品销售的对象上,重点向中高净值客户倾斜。

4. 线下线上模式将成主流

在金融互联网时代的背景下,互联网与金融的合作是避免风险的有效途径。从国际经验看,互联网证券的发展不会替代传统的线下模式,线上与线下的结合可以优势互补。未来我国证券公司将更多采取O2O(online and offline)的模式,推进证券业的互联网进程。

5. 法律政策环境更加明确

2015年10月,我国互联网金融开始步入规范和整治阶段。以2016年4月14日国务院召开电视电话会议统一部署整治行动为标志,互联网金融的政策环境和监管环境发生了重要的变化。未来我国互联网证券的政策环境仍将鼓励创新,但证券期货经营机构将遵循新的规范,主要是法不禁则可,具体如下:

(1)证券期货经营机构不应借助互联网平台或技术手段而改变证券、基金、期货业务实质。互联网证券、基金、期货业务需遵循现有法律法规。

(2)证券、基金、期货业务主体应持有相应牌照,并在持牌机构内部开展业务,任何外部机构不得介入持牌业务。

(3)证券期货经营机构与互联网企业合作开展要求满足三项规定:一是在经营许可范围内开展业务,不得与未取得相应业务资质的互联网金融从业机构开展合作;二是与互联网企业合作不得违反相关法律法规规定;三是不得通过互联网企业跨界开展金融活动,进行监管套利。

本章小结

1. 互联网证券是指金融机构通过互联网平台开展网络证券业务。互联网证券也称网络证券或网上证券。

2. 互联网证券可以降低交易成本、扩大客户资源、活跃市场交易,改进金融资源的配置效益。

3. 网上证券业务有广义和狭义之分,广义上包括证券公司的有偿证券投资资讯、网上证券投资顾问、股票网上发行、买卖与推广等多种投资理财服务;狭义上专指证券公司的证券经纪业务,包括网上开户、网上交易、网上资金收付、网上销户等内容。

4. 互联网证券所代表的仍然是一种投融资关系,互联网的特性并未改变证券公司的基本性质;与证券公司的传统业务模式相比较,互联网证券又有着自身特点。

5. 互联网证券大大降低了业务成本,提升了业务效率和客户体验,同时也使得证券公司行业竞争加剧。

6. 网上证券发行是指利用证券交易所的交易网络,证券发行主承销商在证券交易所挂牌销售,投资者通过证券营业部交易系统申购的发行方式。

7. 网上证券交易,是通过互联网在证券交易市场买进或者卖出证券,主要分开户、委托、成交、交割和过户等步骤。

8. 网上交易内容主要包括查询上市公司历史资料、查询证券公司提供的资讯、查询证券交易所公告、进行资金划转、网上实时委托下单、电子邮件委托下单、电子邮件对账单、公告板、电子讨论、双向交流等。

9. 在我国,证券业行业规范是在一个以中国证监会为主,行业自律为辅的监管体系内进行。

10. 互联网证券监管应遵循"适度监管、分类监管、协同监管、创新监管"的原则,促进互联网金融的健康发展。

11. 随着我国证券行业创新的逐步深化及与国际接轨,由监管层面政策推动的网上证券业务的快速发展将成为不可逆转的趋势。

关键概念

互联网证券	网上发行
网上开户	网上交易
网上资金收付	网上销户
证券账户	资金账户
保证金账户	数字证书
网上委托	委托执行

复习思考题

1. 什么是互联网证券?网上证券业务广义上包含哪些内容?狭义上呢?
2. 网上证券发行的主要步骤有哪些?
3. 网上证券交易的主要步骤有哪些?
4. 网上证券开户的主要步骤有哪些?

5. 网上证券委托的主要步骤有哪些？

课后练习题

1. 简述互联网证券的特点和性质。

2. 试述您对智能投顾发展前景的看法。

3. 试用问卷调查与微信朋友圈关系，调查你的同学、亲朋好友对网上申购、网上开户、网上证券交易的看法；买卖股票的方式：传统实体营业部炒股、固定电脑炒股、移动通讯端炒股；以及他们对网上证券有何新的需求。对上述调查给出简要的统计分析结论。

数据资料与相关链接

1. http://www.csrc.gov.cn/（中国证监会）。

2. http://www.sac.net.cn/（中国证券业协会）。

3. http://www.sse.com.cn/（上海证券交易所）。

4. http://www.szse.cn/（深圳证券交易所）。

5. http://www.chinaclear.cn/（中国证券登记结算有限责任公司）。

延伸阅读

1. 中国证券业协会：《中国证券业发展报告（2016）》，http://www.sac.net.cn/yjcbw/zqhyfzbg/fzbg2016/。

2. 券业星球：《2017中国互联网证券年度报告》，http://www.ljzforum.com/article/439414.html。

3. 中国证券登记结算有限责任公司：《证券账户业务指南》，http://www.chinaclear.cn/zdjs/editor_file/20161014170750786.pdf。

第四章

互联网基金销售

本章导论

互联网基金销售拓宽了传统基金销售的渠道,有利于第三方电子商务平台与证券基金的融合发展;与其他互联网金融一样,互联网基金销售也需要在规范的基础上发展。

主要内容

本章首先界定互联网基金销售的概念,其次介绍互联网基金销售的业务流程与运营模式,最后讨论互联网基金销售的行业规范与未来趋势。

知识与技能目标

通过本章学习,学生应当了解互联网基金销售的发展概况;理解互联网基金销售的构成要素、业务流程;清楚互联网基金销售发展的未来趋势。

第四章 互联网基金销售

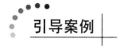

引导案例

淘宝上线基金销售平台

案例导读：互联网基金销售，是指基金销售机构通过第三方电子商务平台开展基金销售业务。淘宝上线基金销售平台是阿里互联网金融之路的继续延伸，代表着互联网企业与传统金融之———证券基金的联姻。拥有巨大流量的淘宝成为基金公司的重要销售渠道，降低了投资者尤其是初级投资者的市场进入门槛。

阿里巴巴的互联网金融之路再次向前延伸。2013年11月1日，该公司旗下淘宝网上线了基金销售平台，首批合作伙伴多达17家基金公司，包括广发基金、华夏基金、工银瑞信等。

虽有不少媒体报道淘宝基金销售平台已提供货币型基金、债券型基金、股票型基金、混合型基金，但经过实际查看，发现该网站目前仅提供债券型基金。用户可享受开户、下单、支付等全流程一站式服务。

10月31日，淘宝网在其官方微博宣布，据《证券投资基金销售机构通过第三方电子商务平台开展业务管理暂行规定》，淘宝网获得了中国证监会出具的无异议函，成为互联网首家为基金销售机构提供服务，开展业务的第三方电子商务平台。支付宝作为拥有基金第三方支付牌照的支付机构提供基金支付服务。

在线购买基金无疑降低了消费者尤其是初级消费者的市场进入门槛，而拥有巨大流量的淘宝有望成为基金公司的重要销售渠道；另外，淘宝的大数据处理技术也可以为基金公司及用户提供匹配、咨询服务。

阿里巴巴在互联网金融领域的举动颇受外界关注，2013年6月13日上线的余额宝已经对基金业甚至银行业带来了"冲击"，其背后的天弘增利宝货币基金规模近日已达556.53亿元，成为目前市场上规模最大的基金。

资料来源：http://www.tuicool.com。

第一节 互联网基金销售概述

互联网基金销售，作为一种新型的基金销售模式，降低了基金的营销成本，打破了传统上以银行为单一销售渠道的格局；互联网平台的兴起，为货币市场基金带来了爆发式的增长，而基金销售渠道也加速"触网"，线上销售规模不断扩大，行业发展也日渐规范。

一、互联网基金销售的概念与行为主体

互联网基金销售,是指基金销售机构通过第三方电子商务平台开展基金销售业务。①

基金,是证券投资基金的简称,是指通过公开发售基金份额募集资金,由基金托管人托管,由基金管理人管理和运作资金,为基金份额持有人的利益,以资产组合方式进行证券投资的一种利益共享、风险共担的集合投资方式。

基金份额,是指基金发起人向投资者公开发行的,表示持有人按其所持份额对基金财产享有收益分配权、清算后剩余财产取得权和其他相关权利,并承担相应义务的凭证。

基金销售,包括基金销售机构宣传推介基金,发售基金份额,办理基金份额申购、赎回等活动。我国现有的基金销售相关业务包括基金销售、基金销售支付、第三方电子商务平台等业务类别。

基金销售机构,是指依法办理基金份额的认购、申购和赎回的基金管理人以及取得基金代销业务资格的其他机构。

基金销售机构与第三方电子商务平台合作开展的互联网基金销售业务合作模式中,投资人交易账户开户、申赎交易、资金支付清算以及后续客户服务等各个基金销售业务环节均由基金销售机构完成,第三方电子商务平台仅起到流量导入的作用,不参与基金销售业务。

第三方电子商务平台,是指在通过互联网开展的基金销售活动中,为基金投资人和基金销售机构之间的基金交易活动提供辅助服务的信息系统。

二、互联网基金销售的性质

根据定义,互联网基金销售既非基金销售机构的直销行为也非代销行为,也不是第三方独立销售行为,而仅是指基金销售机构通过第三方电子商务平台开展基金销售业务。

基金直销,是指通过基金公司或基金公司网站进行买卖基金的一种方式,申购和赎回直接在基金公司或基金公司网站进行,不通过银行或证券公司的网点。

对于基金公司而言,直销则指基金公司直接向客户销售自己的基金产品。例如,博时快 e 通②网上交易系统即为博时基金③的网上直销系统。

---

① 中国证监会:《证券投资基金销售机构通过第三方电子商务平台开展业务管理暂行规定》〔2013〕18 号,2013 年 3 月 15 日。

② 博时快 e 通,是博时基金管理有限公司和银行、支付机构紧密合作,为用户提供的开放式基金网上直销业务平台。

③ 博时基金,是博时基金管理有限公司的简称,成立于 1998 年 7 月 13 日,是中国内地首批成立的五家基金管理公司之一,总部设在深圳。资料来自 360 百科。

基金代销,是金融机构的一项投资业务,全称为开放式基金[①]代销业务,该业务是指金融机构接受基金管理人的委托,签订书面代销协议,代理基金管理人销售开放式基金,受理投资者开放式基金认购、申购和赎回等业务申请,同时提供配套服务的一项中间业务。

基金代销机构,是指接受基金管理公司的委托代为办理该基金管理公司旗下的基金销售业务的机构。基金代销机构为金融机构,包括具有代销开放式基金资格的商业银行、经中国证监会批准设立的合法的证券营业部。

第三方独立销售,指的是由独立基金销售机构进行的基金销售。独立基金销售机构,是指以基金代销为主要业务的独立的金融销售机构。从发达国家的实践来看,有两种主要类型:一是从基金管理机构中独立出来,以销售其母公司管理的基金产品为主,同时也可代销其他基金管理公司的基金产品的专业基金销售机构;二是与任何基金管理公司无直接关联,完全独立地销售全部或部分基金管理公司的基金产品的专业基金销售公司。在我国,独立基金销售机构是指经过中国证监会批准取得独立基金销售牌照的机构。

第三方独立销售渠道是第三方基金销售平台。如天天盈、好买基金、数米基金[②]等都属于第三方基金销售平台。这些平台在提供基金代销服务的同时,也提供较多的财经金融信息。

综上可见,普通的互联网企业并非具有基金销售资格的机构;第三方电子商务平台也不同于第三方基金销售平台,其仅仅是一个信息服务系统,业务范围仅仅是为基金销售业务提供辅助服务,平台本身并无前述基金直销或代销的金融资质。但第三方电子商务平台为基金销售机构的销售业务提供辅助服务的,其经营者应当按照中国证监会的规定进行备案;未报中国证监会备案的,第三方电子商务平台经营者不得开展相关业务。[③] 第三方电子商务平台经营者直接从事基金销售活动的,应当取得基金销售业务资格。

因此,互联网基金销售属于基金销售业务的一种新的业务类型。[④] 在互联网基金销售中,基金销售主体仍然是基金销售机构,享有基金销售的权利,同时也要承担相应的义务,第三方电子商务平台并非基金销售机构或第三方基金销售平台,而仅仅是一种基金

---

① 开放式基金(封闭式基金的对称),是指基金发起人在设立基金时,基金单位或者股份总规模不固定,可视投资者的需求,随时向投资者出售基金单位或者股份,并可以应投资者的要求赎回发行在外的基金单位或者股份的一种基金运作方式。投资者既可以通过基金销售机构购买基金使得基金资产和规模由此相应地增加,也可以将所持有的基金份额卖给基金并收回现金使得基金资产和规模相应地减少。

② 天天盈,是在国内首家获得监管机构备案,获准开展基金网上直接支付结算服务的资金账户。

③ 中国证监会:《证券投资基金销售机构通过第三方电子商务平台开展业务管理暂行规定》〔2013〕18号,2013年3月15日。

④ 《证监会详解互联网基金销售》,证券时报网,2013年11月14日。

销售的信息渠道和服务平台,其本身没有基金销售的权利和义务,仅能提供与基金销售相关的信息服务。

三、互联网基金销售的地位和作用

互联网基金销售是互联网金融的又一主要业务模式,拥有巨大流量的第三方电子商务平台成为基金公司的重要销售渠道,降低了投资者尤其是初级投资者的市场进入门槛,有利于第三方电子商务平台与证券基金的融合发展。

一方面,经过多年发展,我国证券投资基金销售市场形成了以商业银行销售为主,基金管理公司、证券公司、证券投资咨询机构和独立基金销售机构销售为辅的多渠道销售模式。但是,各渠道间发展很不平衡,独立基金销售机构发展缓慢,基金销售市场的良性竞争格局尚未形成。近十年来电子商务已经广泛渗透金融产品消费等领域,但是基金管理公司等基金销售机构自有网络平台受制于多种因素,业务发展缓慢,便产生了利用第三方电子商务平台的用户群和用户体验优势,提升自身的网上基金销售业务能力的需求。

另一方面,中国基金销售市场从初始阶段即伴随电子商务业务的发展,电子商务的应用为基金销售机构突破传统物理网点的局限创造了极为有利的条件。网络平台相对物理网点具有效率高、成本低、影响面广、方便专业信息展示等优势,使得基金销售机构与投资人可以通过网络平台实现即时"面对面"的沟通。

因此,基金公司、第三方销售机构等直接到淘宝、京东等电子商务平台开店可以利用电子商务平台所拥有的巨大潜在客户量,对基金产品、销售渠道乃至整个销售市场带来巨大变革。以淘宝网为例,其注册用户在2010年年底就达到了3.7亿。淘宝网用户数量庞大,根据这些客户的消费数据可以分析出客户的消费特点,就可以判断出这部分用户需要什么样的基金产品,精准营销;同时,通过和第三方支付、第三方销售的合作,提高基金销售的效率。这样一来,不仅可以突破基金销售渠道狭窄的传统格局,扩大基金销售规模,有利于基金公司自身发展,也有利于第三方电子商务平台通过为基金销售提供多方面的信息服务获得新的收入来源。

在线购买基金无疑降低了投资者尤其是初级投资者的市场进入门槛,而拥有巨大流量的以淘宝为代表的电子商务平台成为基金公司的重要销售渠道,其所拥有的大数据处理技术也可以为基金公司及用户提供匹配、咨询服务。

总之,互联网基金销售不仅是有利的,也是可行的。基金销售机构与第三方电子商务平台的联姻不仅有利于共同基金市场的发展,也有利于金融加互联网的融合发展。

第二节 互联网基金销售业务流程

一、互联网基金销售基本流程

互联网基金销售业务流程与普通基金销售并无大异,也要通过开户、客服咨询到支付各个环节,所不同的是投资者只需在第三方电子商务平台完成全部交易环节。其基本流程如图4.1所示。

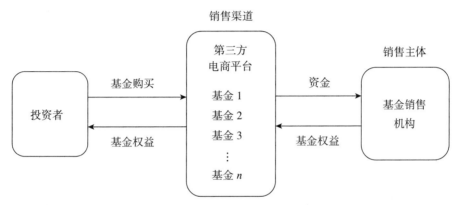

图4.1 互联网基金销售基本流程

(1) 基金购买,包括认购和申购。认购指在基金设立募集期内,投资者申请购买基金份额的行为;申购指在基金成立后投资者申请购买基金份额的行为。

(2) 资金,指本金加认购、申购费。本金指购买基金付出的对价,如购买100份基金,每份1元,本金即为100元;认购费是指投资者在基金发行募集期内因发生申请购买基金单位的行为时产生的费用;申购费是指投资者在基金存续期间因向基金管理人提出申请购买基金单位的行为而产生的费用。

(3) 基金权益,等于本金加收益减去赎回费。基金收益是基金资产在运作过程中所产生的超过自身价值的部分,在形式上,基金收益包括基金投资所得红利、股息、债券利息、买卖证券价差、存款利息和其他收入;赎回费,是指基金份额持有人按一定价格,要求基金管理人购回其所持有的开放式基金的基金份额所支付的费用。

基金不同于银行储蓄和债券等能够提供固定收益预期的金融工具,投资人购买基金,既可能按其持有份额分享基金投资所产生的收益,也可能承担基金投资所带来的损失。因此,基金净收益可能为正,也可能为负。

由图4.1可见,在互联网基金销售中,第三方电子商务平台仅提供基金展销,具体的基金销售业务仍由基金公司自行开展。只不过投资者进行基金买卖是在第三方交易平台进行。基金销售机构将自己待销售的基金品种投放在第三方平台上进行展销,投资者则在第三方电子商务平台浏览基金产品简介,也可以向平台咨询,之后下单、付款购买基金。

二、投资者互联网基金买卖流程

事实上,投资者不仅可以通过第三方平台购买基金,也可以经由第三方平台卖出基金。投资者经第三方平台买卖基金的流程可以京东理财平台①为例进行说明(下面所用图片均为京东金融主页界面截图)。

(一)基金购买及开户

第1步,登录京东金融主页 jr.jd.com,点击【理财】—【基金超市】。

基金超市,就是将发行的开放式基金集合在一起的网页列表,由投资者根据需要自由选择。基金超市提供开放式基金的全面资讯,包含基金名称/代码、最新净值、涨跌幅、基金曲线、基金的业绩排行和估值排行,以及投资者操作选项等内容。

基金超市的优势在于提升投资者用户体验,降低基金流通费用。传统基金销售模式是金融机构各自销售,基金公司只卖自家基金产品,银行多推自己托管或代销产品,券商多推自己合作机构产品,而基金超市是个更广泛的基金申购平台。投资者无须在多家基金公司开户或券商柜台开户,且可以通过互联网平台得到更好的投资咨询服务。

第2步,进入【基金超市】页面,选取自己所希望购买的某只基金。

---

① 2014年3月20日京东获基金销售第三方电商平台资质,成为第二家为基金销售机构提供第三方电子商务平台服务的机构,此前淘宝已经获得该资质,但淘宝已于2016年5月18日下线淘宝基金理财平台,将相关业务转移至蚂蚁金服旗下。为简明起见,故以京东理财为例进行说明。

第四章 互联网基金销售

基金名称/代码	最新净值(元)	近一个月涨幅	近三个月涨幅	近六个月涨幅	近一年涨幅	今年以来涨幅	操作
国泰浓益灵活配置混合C 002059	2.46 2017-01-16	0.2%	-0.97%	-1.48%	93.09%	0.2%	立即抢购
国泰安康养老定期支付混合C 002061	2.324 2017-01-16	-0.26%	-1.19%	-1.36%	90.8%	-0.21%	立即抢购
上投摩根全球天然资源 378546	0.687 2017-01-13	3.31%	16.05%	16.05%	68.8%	5.21%	立即抢购
华宝兴业油气 162411	0.694 2017-01-13	-6.34%	8.78%	18.03%	64.85%	-2.8%	立即抢购
光大欣鑫A	1.535	0.85%	-2.42%	-0.76%	42.15%	0.59%	立即抢购

如以上界面所示,基金超市中产品比较丰富,页面直接展示的是主题基金和当下热门基金,对普通投资者选择基金有实际参考意义。

如果投资者选择购买,可直接输入基金代号,也可从推荐的基金里选购。

第3步,点击【立即抢购】进入【基金详情页】。在【基金详情页】中点击【立即申购】,确认交易单信息。

第4步,在【确认交易单信息页】中,点击【立即投资】,进入支付页面。

第5步,选择支付方式并填写支付密码。

确定购买后，便是选择支付方式并输入支付密码。在京东理财购买基金，用户可以选择借记卡或京东小金库进行支付。

京东小金库是京东金融为个人用户打造的个人资产增值服务，资金转入京东小金库即为向基金公司购买货币基金理财产品，京东小金库内的资金可随时转出或用于在京东金融购买理财产品和在京东商城消费使用。

用户购买基金会产生费用，主要是支付申购费和赎回费，基金发行时费用标准会予以公布，不同类型的基金其收费标准不同。

第6步，支付成功等待基金公司确认。

成功购买后，还需要基金公司确认，待基金公司确认后，就完成了基金的购买过程。

基金公司确认份额时间正常需要1—3个交易日，待份额确认后，投资者购买的基金产品状态就会由"处理中"变成"已持有"。状态显示如下：

购买时：

份额确认成功后：

(二) 基金赎回流程

基金的赎回,就是卖出。上市的封闭式基金,卖出方法同一般股票。开放式基金是以手上持有基金的全部或一部分,申请按公布的价格卖给基金公司并收回现金。投资者经第三方平台卖出基金同样可以京东理财平台为例说明。

第1步,登录京东金融主页 jr.jd.com,选择【我的资产】—【我的理财】。

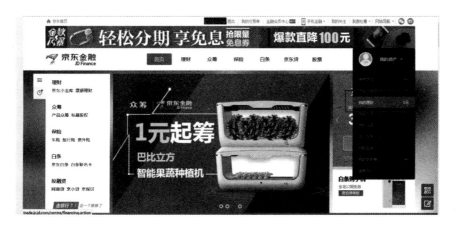

第2步，选择【我的理财】后，点击需要卖出（赎回）的基金的【详细信息】。

第3步，在基金详情页点击【赎回】按钮，进行赎回申请操作。

第4步，进入理财赎回申请页面，填写赎回份额，点击"提交申请"（用户须注意该页面提示的赎回金额到账时间，赎回资金将充值到用户的原支付账户中）。

第5步，赎回申请提交成功。

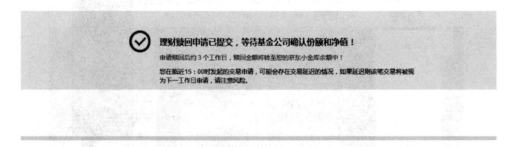

第6步，基金赎回后，基金公司需要进行份额确认。

基金赎回后,不同基金到账时间有所不同,一般货币基金 1 个工作日到账,债券型和股票型基金 3 个工作日到账,遇到周末、法定节假日顺延。① 每款基金在申购页面上会有预计到账时间提示。工作日指上海证券交易所和深圳证券交易所的正常交易日。

(三)基金买卖的撤销

对于当日在基金业务办理时间内提交的申购(赎回)申请,可以在当日 15:00 前提交撤销申请,予以撤销。15:00 后则无法撤销申请。如果撤单成功,申购款一般情况下将于 T+1 日划出,但如有转账手续费,将不予返还;如果是在基金发行期间(也就是认购期内),认购申请是不能被撤销的。

第三节　互联网基金销售的行业规范与发展趋势

互联网基金销售是传统基金销售渠道的一个拓展,在鼓励发展的同时也需要对其进行严格的行业规范。在未来,我国互联网基金销售将在规范的基础上得到进一步的健康发展。

一、我国互联网基金销售的行业规范

在我国,互联网基金销售由中国证监会监管。伴随互联网基金销售的发展,中国证监会在原有基金监管基础上对互联网基金销售进行了进一步的规范。

(一)互联网基金销售的行业规范背景与进程

2013 年下半年以来,借助互联网平台的销售延伸,我国互联网销售货币市场基金加速发展。截至 2014 年 6 月,货币市场基金总规模已达 1.9 万亿元,占行业总规模接近 1/2,且规模还在不断扩大。在"互联网+"的新业务发展模式上,基金管理公司持续加强与互联网企业合作,拓宽基金销售渠道,创新基金销售服务模式。一方面,基金管理公司与第三方支付机构合作推出以货币市场基金产品为基础的业务创新,截至 2015 年 6 月底,余额宝②和理财通③对接的 5 只货币市场基金规模合计约 7 000 亿元,有效客户数突破 8 000 万。另一方面,基金销售机构在第三方电子商务平台开设基金销售店铺,直接面向

---

①　货币基金,主要是指投资范围为短期(一年以内)的货币工具,如国债、商业票据、银行定期存单、金融债、政府短期债券、企业债券等短期有价证券的基金;债券型基金,指投资于各类长短期债券的基金;股票型基金,指投资于股票的基金。

②　余额宝是支付宝打造的余额理财服务。把钱转入余额宝即购买了由天弘基金提供的天弘余额宝货币市场基金,可获得收益。

③　理财通是腾讯官方理财平台,为用户提供多样化的理财服务,包括精选货币基金、保险理财、指数基金等多款理财产品。

第三方电子商务平台用户销售基金。目前,淘宝网、京东商城、百度以及数字王府井等四家电子商务平台上,近50家基金销售机构累计上线超过1 500只基金产品。在市场规模高速扩张的同时,互联网基金销售违法违规现象也有所增多,个别机构在互联网销售货币市场基金过程中出现了承诺收益、风险提示缺失、有奖销售等违法违规问题。货币市场基金也面临投资标的集中度高、市场环境与社会舆论压力较大、外围监管政策不确定性强、极端市场条件下应对流动性风险能力有待提高等问题。

针对上述问题,2013年下半年以来,中国证监会通过机构座谈会、新闻发布会、官方微博等多种形式向基金管理公司、基金销售机构和互联网机构等各方明确了互联网基金销售的基本监管原则。同时,对于个别机构在互联网销售货币市场基金过程中出现的承诺收益、风险提示缺失、有奖销售等违法违规问题,中国证监会及时指导派出机构对相关机构及负责人采取了行政监管措施,向市场明确了严肃执法以保护投资人权益和维护市场正常秩序的决心,有效遏制了货币市场基金互联网销售违法违规现象的蔓延。

2015年7月18日,中国人民银行等十部委联合印发的《关于促进互联网金融健康发展的指导意见》明确了互联网金融的形态、方式、要求等内容。根据该指导意见的精神,为促进互联网基金销售的规范发展,按照"鼓励创新、防范风险、趋利避害、健康发展"的总体要求,中国证监会会同中国人民银行适时启动了《货币市场基金管理暂行规定》的修订工作,并于2015年5月就《货币市场基金监督管理办法(征求意见稿)》及其配套规则公开征求了意见。征求意见稿根据货币市场基金与互联网深度融合发展的新业态,对货币市场基金的销售活动与披露提出了针对性要求。中国证监会将认真梳理吸收相关意见建议,尽快发布实施《货币市场基金监督管理办法》及其配套规则。

(二)我国互联网基金销售监管规范的原则框架

互联网基金销售属于基金销售业务的一种业态类型,应遵循现有基金销售业务规范,中国证监会根据已有基金销售业务监管法律法规要求对其予以监督和规范。

在我国,中国证监会对基金销售业务的基本监管原则有三:一是要确保投资人资金安全,防止投资人资金被挪用或者侵占;二是要防止欺诈、误导投资人行为的发生;三是要严格落实销售适用性原则,充分关注投资人风险承受能力与基金产品风险收益特征的匹配。基金销售机构在销售基金和相关产品的过程中,应当根据基金投资人的风险承受能力销售不同风险等级的产品,把合适的产品卖给合适的基金投资人。

为规范基金销售业务、维护投资者合法权益,中国证监会先后制定完善了《证券投资基金销售管理办法》《证券投资基金销售结算资金管理暂行规定》《证券投资基金销售机构内部控制指导意见》《证券投资基金销售适用性指导意见》《证券投资基金销售业务信息管理平台管理规定》和《开放式证券投资基金销售费用管理规定》等法规体系。在上述法规中,对基金销售机构通过互联网开展基金销售业务的行为规范、信息技术要求等进行了规范,对从事基金销售第三方支付业务机构的资格条件、业务规范、资金安全保障等也予以明确。主要内容包括:

(1) 基金销售机构与其他机构通过互联网合作销售基金等理财产品的,要切实履行风险披露义务,不得通过违规承诺收益方式吸引客户;基金管理人应当采取有效措施防范资产配置中的期限错配和流动性风险;基金销售机构及其合作机构通过其他活动为投资人提供收益的,应当对收益构成、先决条件、适用情形等进行全面、真实、准确的表述和列示,不得与基金产品收益混同。

(2) 第三方支付机构在开展基金互联网销售支付服务过程中,应当遵守中国人民银行、中国证监会关于客户备付金及基金销售结算资金的相关监管要求。第三方支付机构的客户备付金只能用于办理客户委托的支付业务,不得用于垫付基金和其他理财产品的资金赎回。互联网基金销售业务由中国证监会负责监管。

(3) 基金销售机构可以选择商业银行或者支付机构从事基金销售支付结算业务。从事基金销售支付结算业务的商业银行应当取得基金销售业务资格;从事基金销售支付结算业务的支付机构应当取得中国人民银行颁发的《支付业务许可证》。

(4) 基金管理人可以办理其募集的基金产品的销售业务。商业银行(含在华外资法人银行)、证券公司、期货公司、保险机构(包括保险公司、保险经纪公司和保险代理公司)、证券投资咨询机构、独立基金销售机构以及中国证监会认定的其他机构从事基金销售业务的,应向工商注册登记所在地的中国证监会派出机构进行注册并取得相应资格。

同时,为推动基金销售机构借助成熟互联网机构及电子商务平台开展网上基金销售业务,制定了《证券投资基金销售机构通过第三方电子商务平台开展业务管理暂行规定》,明确规定了第三方电子商务平台和基金销售机构的备案要求、服务责任、信息展示、投资人权益保护、第三方电子商务平台经营者责任、账户管理、投资人资料及交易信息的安全保密、违规行为处罚等内容。

此外,行业自律组织——中国证券业协会还制定发布了《网上基金销售信息系统技术指引》,明确了网上基金销售业务信息系统的相应技术规范,等等。

总的看来,我国对互联网基金销售业务监管的相关法律法规和机制已基本建立,投资人权益可以得到有效保护。同时,监管部门也充分认识到互联网模式下的基金销售业务是新生事物,原有的监管模式和思路需要不断调整,以适应其创新发展。监管部门表示将进一步加强对各种新业务模式的跟踪和研究,适时完善监管机制、改进监管措施,坚持保障基金销售结算资金安全、防止销售欺诈误导、保护投资人权益等基本原则,尊重互联网业务的自身发展规律,为市场创新发展提供制度保障、创造良好环境。①

二、我国互联网基金销售的发展趋势

我国互联网基金销售发展至今,大致经历了两个阶段:第一个阶段是产生初期的爆炸性增长期,主要表现在迅速积累的用户数量上;第二个阶段是在爆炸性增长过后的平稳期,主要表现为用户数量增速的放缓。在新的政策框架下,互联网基金销售可能呈现以下几个趋势:

第一,互联网基金销售将在规范化基础上稳健发展。随着互联网金融监管意见的颁布,对互联网基金的营销更加规范化,销售机构及其合作机构不仅需要严格备案,还要对自身经营状况、产品构成、产品收益、产品风险等关键要素进行如实披露。规范化的营销对投资者来说,无疑更好地保证了自身的权益。在新的规范基础上,一方面由于投资者日益旺盛的多渠道投资需求,另一方面也将得益于互联网较强的平台流量和用户导入能力,互联网基金销售仍会获得进一步的发展。

第二,基金销售渠道加速"触网","产品+平台"是发展的核心。目前,互联网基金销售发展更多的是金融企业和第三方企业的联合。未来"互联网+基金"模式的发展,主要是从基金公司和互联网公司双向展开。基金公司通过基金官网、手机 APP 等自建平台,或者和第三方互联网平台合作,来实现基金互联网化。而互联网公司销售的产品主要来自金融公司。但双方在发展过程中,受限于流量、产品、销售费用等多方面原因,都无法进行充分发展。互联网基金销售的发展,"产品+平台"是发展的核心。一方面,金融企业充分发挥金融产品和服务的优势,加大技术投入;另一方面,互联网企业发挥流量和用户体验优势,增加金融产品开发投入。

互联网营销时代竞争成败的关键取决于客户喜好,这是基金公司在打造自身直销平台之外,更愿意与一些第三方销售合作的重要原因,因为这些第三方基金销售平台更符合互联网销售的特点。这使得基金公司的基金产品布局向互联网营销调整,除了产品端的完善,部分基金公司在营销端也更加倚重互联网。随着基金公司与第三方平台的合作增多,整个基金公司的前台、中台和后台团队也加速向互联网靠拢。第三方网络销售平台凭借低廉的申购费用和高效的营销团队表现强劲,在与传统银行、券商等机构的竞争中获得了更多基金公司的青睐。

第三,以客户为中心的业务创新,交互式营销加速发展。以客户为中心的业务创新将是互联网基金销售成功的关键。投资者可以通过各种方式购买基金,代销基金产品齐全只是基金销售平台的基础优势。银行渠道和证券公司渠道也在推广"基金超市",代理

---

① 《加强互联网基金的监管》,中国网,2013 年 8 月 20 日。

基金品种同样可以非常齐全。能够提供基于客户需求的、有别于其他基金产品销售平台的差异化服务,才能让第三方销售平台脱颖而出。

在互联网社会,交互是最重要的特征。财经网站用户有较高的专业度,但电商网站的网购客户对于基金比较陌生,资金量更碎片化,如何适应这部分客户的需求和进行投资者教育是新的课题,因此新的营销方式更强调交互式,内容需要更浅显易懂,在对客户的需求响应方面也要更高效。

第四,个性化、专业化营销。随着互联网金融的发展,用户市场上出现了一个明显的趋势:无论是高净值投资用户还是大众投资用户,对产品和服务的需求越来越趋向个性化和多样化。对互联网投资用户数据进行挖掘和分析,能方便企业掌握投资者和潜在投资者的家庭收入、可支配收入、投资需求、风险偏好等有用数据,一方面帮助企业识别用户特征,推送相关金融产品和服务;另一方面,用户的特殊需求也能很好地帮助企业进行金融产品的设计和研发。基金产品要突破同质化的瓶颈,就必须深度挖掘和分析用户数据,根据用户需求设计和推送产品。

预计未来互联网基金的销售不再是在网上单一销售基金产品,提供在线投资顾问服务是基金线上销售的下一个着力点,以客户为导向,提供一站式的解决方案,通过移动互联网服务平台进行资产配置乃至个性化定制,从而让普通投资者接受复杂基金产品。

互联网的透明、开放特性会进一步强化金融行业所特有的专业化优势,基金公司能够快速提供满足细分用户需求的产品,凸显自身品牌和服务的差异化,将有更大的机会赢得更多客户的心,这也是基金公司适应同质化竞争的关键。基金公司在电商销售基础上,引入互联网公司的大数据技术,推出特色指数基金,或者通过基金粉丝网站"黏住"投资者,深度参与行业竞争。

本章小结

1. 互联网基金销售,是指基金销售机构通过第三方电子商务平台开展基金销售业务。

2. 在互联网基金销售中,第三方电子商务平台并非基金销售机构或第三方基金销售平台,而仅仅是一种基金销售的信息渠道和服务平台,其本身没有基金销售的权利和义务,仅能提供与基金销售相关的信息服务。

3. 拥有巨大流量的第三方电子商务平台成为基金公司的重要销售渠道,降低了投资者尤其是初级投资者的市场进入门槛,有利于第三方电子商务平台与证券基金的融合发展。

4. 在互联网基金销售中,投资者在第三方电子商务平台就可以完成全部交易环节。

5. 互联网基金销售是传统基金销售渠道的一个拓展,在鼓励发展的同时也需要对其进行严格的行业规范。

6. 在我国,互联网基金销售由中国证监会监管。中国证监会在原有基金监管基础上对互联网基金销售进行了进一步的规范。

7. 我国互联网基金销售大致经历了两个阶段:第一个阶段是产生初期的爆炸性增长期,主要表现在迅速积累的用户数量上;第二个阶段是在爆炸性增长过后的平稳期,主要表现为用户数量增速的放缓。

8. 在未来,我国互联网基金销售将在规范的基础上得到进一步的健康发展。

关键概念

互联网基金　　　　　　　　基金份额

基金销售　　　　　　　　　基金销售机构

第三方电子商务平台　　　　基金直销

基金代销　　　　　　　　　基金代销机构

第三方独立销售

复习思考题

1. 什么是互联网基金销售?
2. 什么是第三方独立销售?
3. 互联网基金销售涉及哪些行为主体?
4. 第三方电子商务平台在基金销售中起什么作用?

课后练习题

1. 试述互联网基金销售的性质。
2. 试述互联网基金销售的基本流程。
3. 试述投资者互联网基金的买卖流程。

数据资料与相关链接

1. http://www.csrc.gov.cn/(中国证监会)。
2. http://www.sac.net.cn/(中国证券业协会)。
3. http://www.sse.com.cn/(上海证券交易所)。
4. http://www.szse.cn/(深圳证券交易所)。
5. http://www.chinaclear.cn/(中国证券登记结算有限责任公司)。

📖 延伸阅读

1. 中国证监会:《证券投资基金销售机构通过第三方电子商务平台开展业务管理暂行规定》,2013。
2. 中国证券业协会:《网上基金销售信息系统技术指引》,2009。
3. 艾瑞咨询:《2015 中国互联网基金行业研究报告》。

第五章

互联网保险

▨ 本章导论

互联网保险是新兴的一种以互联网为媒介的保险营销模式。有别于传统的保险代理人营销模式，互联网保险极大地拓宽了保险销售的渠道，有利于互联网平台与保险机构的融合发展。与其他互联网金融一样，互联网保险也需要在规范的基础上发展。

▨ 主要内容

本章首先界定互联网保险的概念，其次介绍互联网保险的业务流程与运营模式，然后对不同类型的互联网保险模式进行比较分析，最后讨论互联网保险的发展现状与未来趋势。

▨ 知识与技能目标

通过本章学习，学生应当了解互联网保险的概念；理解互联网保险销售的构成要素、业务流程和交易规则；清楚不同类型互联网保险的主要特征、发展的未来趋势。

第五章 互联网保险

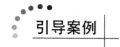

第三方保险网站买保险需谨记核实保单

案例导读：互联网保险省事省力且节省保费，但互联网保险也有风险。本案例显示，购买互联网保险不要一味地追求低价。要避免风险，对个人投资者而言，核实、保存保单最重要。

"从我寄出单据到完成理赔，只用了一个国庆假期的时间，我起初还担心理赔不成功，毕竟是在网上买的"，王焕说。王焕是深圳的资深驴友，美亚的保险产品是他的至爱，前年他刚尝试在慧择网上购买了"美亚驴行天下计划一"，没想到就在梧桐山路上不慎跌倒了，膝盖撞在岩石上，导致髌骨断裂。

这次意外事故王焕埋单3 672元，他按要求将费用单据邮寄到慧择网，半个月后收到理赔金3 672元。"美亚驴行天下"没有免赔额，赔付的比例是100%，即按实际花费金额进行赔付。"像这种旅游意外险，理赔时要注意保险中理赔的赔付比例，以免赔付时出现误解"，慧择网工作人员对记者说，已在公费医疗和社保报销费用部分的医疗费用，就不能进行赔付了。

慧择网是目前国内少数几个独立第三方网络保险平台之一，不属于任何保险公司，主要产品有意外险、旅游险、家财险、货运险等，较少涉及寿险业务，支持网银、银联和支付宝付款。

第三方的保险网站由于给消费者提供了"货比三家"的平台而备受关注，消费者可以进行多家保险公司的保单条款、费率等信息的比较，"一键"完成保险交易。

目前在保险中介和第三方交易平台中优保网和慧择网平分秋色，慧择网以其产品的多选择性突围，优保网背靠美国最大的健康保险网络销售平台 eHealth Insurance，借助其技术和经验在内地推广销售健康保险、人寿保险等。

据记者了解，国内主要的独立第三方保险网站——慧择网、保网、优保网、捷保网、E家保险网、搜保网、车盟——主要的销售品种也限于意外险、旅游险、家财险三种，价格甚至有低至1元的，知名品牌包括中国平安、阳光人寿、太平洋保险等。价格的低廉是这些网站的一个"杀手锏"，据中意人寿一位保险代理人分析，因为节省了中介和代理人这些人力成本，网站上的产品都会比市场价格便宜20%左右。

以慧择网上的平安旅行意外险为例，保险期限为30天，提供意外伤害10万元、医疗保障3万元，包含急性病医疗，付出的价格是9元，也就是说，平均一天花费的价格是0.3元。同时，在网上购买保险还可以在线详细对比各个保险公司产品的优劣，价格上更透明，赢得最优的性价比。

但是,该保险代理人同时也提醒记者,由于理赔的难度和服务的不到位,目前网站难以提供像寿险之类复杂的保险产品,而即便是简单的意外险等产品,网站销售和代理人售卖的保险产品也都会有所差异,他建议消费者根据自身需求进行选择,不要一味地追求低价。

核实、保存保单最重要,避免风险

近日,第三方支付公司"快钱"因为赌博网站提供支付服务而上了公安部黑名单,而早在2005年,广州就出现了全国首个利用假保险网站销售假保单的案件;2009年,海南省查获假保险公司恒亚迪保险股份有限公司在网上销售假保单案件。

第三方支付业务的水很深,蹚水的人哪能不湿脚。网上付费的安全性也同样是网络保险的一大风险。

假保单案件提醒投保人要注意验证和留存电子保单。王焕告诉记者,在网上投保后,投保人都会收到短信和电子保单,保存好这些凭证有利于日后理赔。

大部分旅行意外险并不保障蹦极、滑雪等高风险的项目,下单前需与客服沟通是否可以投保。否则,如果因这些高风险项目导致的风险可能遭遇拒赔。部分险种虽然便宜,但有规定每人限买的份数,过度投保出险后也可能遭遇拒赔。

同时,在网上填写投保信息时,一定要注意区分投保人信息与被保险人信息,联系人信息一定要详细,并确保真实有效,这样才能查收到保险公司寄送的保单。

中意人寿的保险代理人则建议,简单的意外险产品,选择在网上购买可以节省成本;而对于健康险之类的,保险责任和条款都相当复杂,保费也相对高昂,最好还是找业务人员办理,避免损失。

资料来源:林虹:《理财周报》,www.qncye.com,2010年8月17日。

第一节 互联网保险概述

互联网保险是新兴的一种以互联网为媒介的保险营销模式,互联网保险的发展极大地拓宽了保险销售的渠道,有利于互联网平台与保险机构的融合发展。

一、互联网保险的概念

互联网保险,是指保险机构依托互联网和移动通信等技术,通过自营网络平台、第三方网络平台等订立保险合同、提供保险服务的业务。[①]

保险,是指投保人根据合同约定,向保险人支付保险费,保险人对于合同约定的可能

---

① 参见《互联网保险业务监管暂行办法》第一条。

发生的事故因其发生所造成的财产损失承担赔偿保险金责任,或者当被保险人死亡、伤残、疾病或者达到合同约定的年龄、期限时承担给付保险金责任的商业保险行为。①

保险合同,是投保人与保险人约定保险权利义务关系的协议;投保人,是指与保险人订立保险合同,并按照保险合同负有支付保险费义务的人;保险人,是指与投保人订立保险合同,并承担赔偿或者给付保险金责任的保险公司。②

保险机构,是指经保险监督管理机构批准设立,并依法登记注册的保险公司和保险专业中介机构。保险专业中介机构是指经营区域不限于注册地所在省、自治区、直辖市的保险专业代理公司、保险经纪公司和保险评估机构。③

自营网络平台,是指保险机构依法设立的网络平台;第三方网络平台,是指除自营网络平台外,在互联网保险业务活动中,为保险消费者和保险机构提供网络技术支持辅助服务的网络平台。④

综上可见,互联网保险的主体与传统保险一样也是保险机构,互联网平台仅是保险机构提供保险服务的渠道。保险公司或保险中介机构通过互联网直接为客户提供产品和服务,实现网上销售、承保、核保和服务、理赔⑤等业务环节,完成保险产品的在线销售和服务。

渠道网络化是目前互联网保险的集中表现形态。互联网保险就是通过互联网,利用数字化信息和网络媒体的交互性来与客户交流,提供保险各个环节的服务,使保险信息咨询、保障计划设计、投保⑥、核保、缴费、承保、保单信息查询、理赔和给付等保险全过程实现网络化。

二、互联网保险的性质

从上面介绍的互联网保险概念可见,互联网保险仍然是保险,没有改变保险的根本属性。与传统保险一样,互联网保险也具有下述性质:

第一,互联网保险是一种经济行为。保险属于金融服务业,它提供的产品是无形的服务,保险人以营利为目的。

第二,互联网保险是一种金融行为。保险人通过收取保险费聚集大量的社会资金,

---

① 参见《中华人民共和国保险法》(2015年修订版)第二条。
② 参见《中华人民共和国保险法》(2015年修订版)第十条。
③ 参见《互联网保险业务监管暂行办法》第一条。
④ 同上。
⑤ 销售,是指保险商品的推销行为;承保,是指保险人在投保人提出保险请求后,经审核认为符合承保条件并同意接受投保人申请,承担保单合同规定的保险责任的行为;核保,是指保险人对投保申请进行审核,确定承保条件的过程;理赔,是指在保险标的发生保险事故而使被保险人财产受到损失或人身生命受到损害时,或保单约定的其他保险事故出现而需要给付保险金时,保险公司根据合同规定,履行赔偿或给付责任的行为。
⑥ 投保,是指投保人与保险人订立保险合同,以获得保险合同规定的权利和义务的过程。

再对这些资金进行运作,实际上是在社会范围内起到了资金融通的作用。

第三,互联网保险是一种合同行为。保险是保险人和投保人之间的合同行为。保险合同明确规定了保险当事人双方的权利和义务。

第四,互联网保险是一种国民收入再分配机制。保险的运行机制是投保人共同交纳保险费,组成保险基金,当某一个被保险人遭受损失时,他可以从保险基金中得到补偿。因此,从被保险人的角度看,保险在被保险人之间建立了收入再分配的机制。

第五,互联网保险是一种风险损失转移机制。保险转移风险是指投保人在支付一定的保险费后,换取了未来经济上的稳定。也就是说,投保人用确定的支出(保险费)转移了未来不确定的风险损失。比如,投保人在交纳房屋保险费后,即便房屋发生火灾,被保险人在经济上也会得到一定的补偿。

综上所述,互联网保险与传统保险的差异仅是产品和服务提供渠道的不同,其保险本身所固有的金融属性、当事人之间的合同权利与义务关系、国民收入再分配关系、风险损失转移等属性都没有也不会因产品与服务提供渠道的形式变化而改变。

三、互联网保险的地位和作用

互联网保险是新兴的一种以计算机互联网为媒介的保险营销模式,有别于传统的保险代理人营销模式。与传统保险推销的方式相比较,其优势在于:

第一,相比于传统保险推销的方式,互联网保险让客户能自主选择产品。互联网保险的发展,改变了传统的保险代理人渠道。保险行业发展初期,保险营销人员上门推销给公众造成干扰,继而使公众对保险行业产生诸多偏见。而随着网络销售渠道的兴起,保险代理人也进入"E时代"。保险公司电销、网销等新兴渠道直接业务的不断增加,保险代理人或将迎来工作方式的转变。以往代理人与客户往往通过电话联系,而在互联网保险发展模式下,代理人将通过互联网平台与客户直接沟通,正式进入"E时代"。互联网保险客户可以在线比较多家保险公司的产品,保费透明,保障权益也清晰明了,这种方式可让传统保险销售的退保率大大降低。

第二,互联网保险的发展不仅促使保险公司开发了更为丰富的产品线,而且推动了多样化的销售渠道构建。方便的网络保险使得服务方面更便捷。网上在线产品咨询、电子保单发送到邮箱等都可以通过点击鼠标来完成。

第三,理赔更轻松。互联网保险是保险信息咨询、保险计划书设计、投保、交费、核保、承保、保单信息查询、保全变更、续期交费、理赔和给付等保险全过程的网络化。保险业务流程的网络化不仅让投保更简单,信息流通更快,也让客户理赔不再像以前那样困难。

第四,有利于保险公司提高盈利能力。通过网络可以推进传统保险业的加速发展,使险种的选择、保险计划的设计和销售等方面的费用减少,有利于提高保险公司的经营效益。据有关数据统计,通过互联网向客户出售保单或提供服务要比传统营销方式节省58%—71%的费用。

第五,传统保险定价模式是基于历史数据的静态精算模型,而互联网保险公司会更多地基于大数据的动态精算模型,满足客户差异化的需求。只有通过行为数据,动态的精算,才可以最低的价格服务于消费者。传统保险公司在用户行为数据上没有办法像互联网公司那么快掌握。这对整个保险行业来说是好事,有利于促进保险行业的互联网化。

综上所述,互联网与保险的结合使保险业呈现出全新的发展态势,互联网为传统的保险业注入了新元素、新活力,拓展了保险业的发展空间,实现了保险覆盖面的扩大和保险渗透率的提升。互联网技术的运用使得挖掘新的需求更加便利,风险管理手段更加丰富,同时互联网也成为保险业自身提高运营效率、适应市场变化的有力工具,互联网保险的发展对于保险业供给能力的提升具有显著的现实意义。

第二节　互联网保险的业务流程与模式

互联网的进入极大地影响和改变了传统保险企业的整个业务流程,包括保险产品研发、市场销售、核保承保、理赔服务几大环节,而其中切入点最多的是对销售渠道和营销模式的变革,其次是产品研发,这两部分基本囊括了大多数的保险公司。

一、互联网保险的基本业务流程

互联网保险是把传统保险的线下业务移植到线上,传统保险商业模式主要包括三个要素,分别是产品、渠道、客户,在互联网与保险融合以后,数据成为第四个要素;全线上闭环流程优化用户体验,从产品信息浏览、咨询,到产品购买,再到后续产品服务全部在线上完成,提高用户体验。其要素构成与基本业务流程如图5.1和图5.2所示。

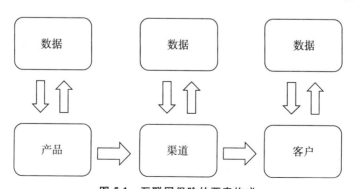

图5.1　互联网保险的要素构成

资料来源:安信证券。

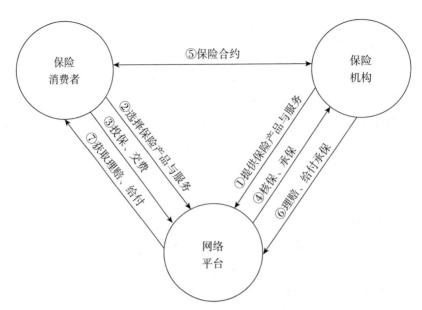

图 5.2 互联网保险的基本业务流程

在图 5.2 中,保险消费者指在互联网平台购买保险产品与服务的投保人;保险机构含保险公司和保险专业中介机构;网络平台含自营网络平台与第三方网络平台。互联网保险的业务步骤为:①保险机构在网络平台上提供保险产品与服务;②保险消费者在网络平台浏览、选择保险产品与服务;③保险消费者选择后决定投保、交费;④保险机构进行核保、承保;⑤投保人与保险公司保险关系确立,签订保险合约;⑥保险机构根据保险合约规定条件进行理赔、给付;⑦保险消费者获得保险合约规定条件的理赔、给付。

保险机构线上提供的主要内容包括数据的收集和分析、保险产品的设计和营销、提供专业的保险需求分析、提供保险产品购买服务、提供在线核保和理赔服务、提供在线交流服务。

二、我国经济中的互联网保险模式

经过十多年的发展,我国互联网保险已建立起以官方网站模式、第三方电子商务平台模式、网络兼业代理模式、专业中介代理模式和专业互联网保险公司模式等五种模式为主导的基本互联网保险商业模式体系。

1. 互联网保险的官网模式

互联网保险的官网模式是指在互联网金融产品的交易平台中,大中型保险企业、保险中介企业等为了更好地展现自身品牌、服务客户和销售产品所建立的自主经营的互联网站。官网模式的主要内容如表 5.1 所示。

表 5.1　互联网保险的官网模式

主要合作伙伴	关键业务	价值主张	客户关系	客户细分
支付处理器	• 市场营销 • 客户获取 • 客户服务支持 • 理赔服务支持	客户： • 购买保险手续简单，流程更快 • 信息透明化 • 无现金支付	• 官方网站 • 客户支持 （在线交流服务、线下核保理赔）	• 线上具有购买保险意愿的人 • 线下原有的沉淀的没有购买保险的人
	核心资源 • 技术平台 • 高度标准化的保险产品 • 自身具有丰富的保险产品库 • 沉淀的客户数量	保险公司： • 节约经营成本 • 摆脱营业网点地理分布和营业时间限制	渠道 • 网站 • APP（ios 系统或安卓系统）	
成本结构 • 技术基础设施 • 永久雇员的薪金 • 推广和营销支出		收入来源 降低营销成本带来的费差		

官方网站模式的运营特点为销售成本低廉、手续简单、流程极快、可以帮助保险公司获得价格优势。网站的客户不受线下销售渠道限制，可以有效拓宽投保群体，发挥大样本配置缓冲风险的作用。销售手续简单，线上出售的产品高度标准化，但赔付和评估依然在线下，而且投保人在赔付过程中承担全部举证责任，保证了保险公司在快速扩张销售的同时控制赔付风险。

目前已有超过 60 家保险公司开通了官网销售保险的功能。实力较强的保险公司（如中国人寿、中国人保、平安保险等）都有自己的官方网站。

官方网站模式的优点是有助于保险公司品牌建设与推广。官网销售注重品牌效应，可以为具有品牌忠诚度的客户提供网上购买渠道，对产品的介绍较专业、集中、详细。

缺点是网站建设和维护的成本高，为了增加流量和获得广告投入，需要企业具有雄厚的资本；而且访问流量有限，客户无法横向对比，销量上无法保障。

2. 第三方电子商务平台模式

第三方电子商务平台，指保险公司利用大型第三方电子商务平台，以店铺的形式组织销售保险产品。第三方电子商务平台模式的主要内容如表 5.2 所示。

表 5.2 第三方商务平台模式

主要合作伙伴	关键业务	价值主张	客户关系	客户细分
• 保险公司 • 支付处理器	• 市场营销 • 客户获取 • 客户服务支持	客户： • 购买保险手续简单，流程更快 • 信息透明化 • 投保人议价能力提高 • 无现金支付 保险公司： • 节约经营成本 • 降低进入门槛 • 摆脱营业网点地理分布和营业时间限制	• 社交媒体 • 客户支持（在线交流服务） 渠道 • 网站 • APP（ios 系统或安卓系统）	• 线上具有购买保险意愿的人 • 保险公司： • 互联网技术能力不够的公司 • 计划通过网络快速增加用户和保费的公司
	核心资源 • 技术平台 • 庞大的线上流量 • 相对独立，网络化程度较高和流程专业的互联网营运能力			
成本结构 • 技术基础设施 • 永久雇员的薪金 • 推广和营销支出			收入来源 • 广告收入 • 信息中介费用	

比较有代表性的是淘宝网，目前已有多家保险公司进驻淘宝网平台开设旗舰店，集中售卖自己的保险产品。此外，像京东商城、网易、和讯等网站也开设了保险频道。

以淘宝网为例，淘宝"保险理财"服务板块，销售车险、意外险、健康险和家财险。每一类目下，又有保险公司、保障类型、保额、期限等子类目。每一种产品的购买页面，有"宝贝详情"和"成交记录"，便于客户对比产品和选择。还有在线客服，方便与商家直接联系。其与一般的生活服务领域网购体验相似。

第三方电子商务平台模式的优点是流量大，用户多；产品全，便于比较；销售成本降低；与目前互联网行业中多数生活服务领域的业务相似，购买体验好，为大众所普遍接受。

缺点是服务流程不完整，后续服务如理赔等仍需落地服务；电子商务平台保险资质的缺失是风险的主要来源之一，需要更到位的监管。

3. 网络兼业代理模式

中国保监会发布的《保险代理、经纪公司互联网保险业务监管办法（试行）》文件规定，只有获得经纪牌照或全国性保险代理牌照的中介机构才可以从事互联网保险业务。大量垂直类的专业网站由于不具备上述监管要求，便以技术服务形式使用兼业代理的资质与保险公司开展合作业务。

网络兼业代理模式，以其门槛低、程序简单、对经营主体规模要求不高等特点而受到普遍欢迎，逐渐成为目前互联网保险公司中介行业最主要的业务模式之一。网络兼业代理模式的主要内容特点与第三方电子商务平台类似（见表 5.2）。

现实中,主要是以银行为代表的保险兼业代理机构在网络上实现的保险销售。通常银行会将投资、理财、保险类产品的销售集成到网络银行中。此外,还有一些网站也兼业销售保险产品,如旅行网、云网、福佑网等,这些网站多数仅销售短期意外保险或卡折式保单,产品种类较为单一。

以银行为代表的网络兼业代理,用户量有一定保障,产品比较丰富,可直接通过网银购买,付款安全便捷。但由于银行网站功能的设置多以银行主业为主,对保险销售不能投入更大精力,因此,受制于网络银行的架构设置,保险用户的体验可能不佳。

其他网络兼业代理平台,多数仅销售短期意外保险或卡折式保单,产品种类较为单一。以上海誉好为例,该公司提供第三方在线平台,提供航班延误险与手机延保服务(在线平台并无销售产品功能,只具有保险介绍,导流和电话理赔功能),上海誉好与几十家大型保险公司合作,成为线上理赔代理,出险后上海誉好直接理赔投保人,但公司自身并不具有保险资质。

4. 专业中介代理模式

由保险专业经纪或代理公司建立的网络销售平台。专业中介代理网站有中民保险网、优保网、慧择网、大童网等。专业中介代理模式的主要内容如表5.3所示。

表5.3 专业中介代理模式

主要合作伙伴	关键业务	价值主张	客户关系	客户细分
• 保险公司 • 支付处理器	• 市场营销 • 客户获取 • 客户理赔支持	客户: • 购买保险手续简单,流程更快 • 信息透明化 • 投保人议价能力提高 • 无现金支付 保险公司: • 节约经营成本 • 降低进入门槛 • 摆脱营业网点地理分布和营业时间限制	• 社交媒体 • 客户支持(网上报案,线下或线上评估理赔)	• 线上具有购买保险意愿的人 • 保险公司: • 互联网技术能力不够的公司 • 计划通过网络快速增加用户和保费的公司
	核心资源 • 技术平台 • 庞大的线上流量 • 相对独立,网络化程度较高和流程专业的互联网营运能力 • 专业的保险产品选择能力 • 数据收集处理能力		渠道 • 网站 • APP(ios系统或安卓系统)	
成本结构 • 技术基础设施 • 永久雇员的薪金 • 推广和营销支出		收入来源 • 导流收益		

注:导流收益指专业中介代理为保险公司引导客户流向所获得的收益。

专业中介代理模式功能类似于保险超市,可以提供多家保险公司的产品和服务,种类丰富,产品对比和筛选比较方便,咨询也更为便捷,用户在这里可以得到全面的一站式在线服务,相对而言专业化程度较高。

专业中介代理除了对资本金、网络系统安全性等多方面提出要求外,还须申请网销保险执照,较网络兼业代理模式更加安全可靠。专业中介代理网站做大做强之后能吸引庞大的客流和现金流,利用保险风险数据、算法模型以及基于大数据的分析进一步加强自身的产品和价格优势,并进一步获得与保险公司深入合作的机会(包括压低成本,截留保费现金和导流收益)。

不过,这一渠道尚未形成规模,广大消费者目前接受度低,主动寻找专业中介机构网站购买保险的欲望不高,因此受众面较窄。另外,上千种保险的线上销售和线上理赔需要专业的互联网保险代理有科学的保险产品选择以及完善的内部风险控制,以此来避免缺乏复杂的风险评估步骤带来的风险。

5. 专业互联网保险公司模式

专业互联网保险公司的经营主体之间存在较大差别,根据经营主体的不同可以将专业互联网保险公司大致分三种:财产与人寿结合的综合性金融互联网平台、专注财险或寿险的互联网营销平台和纯互联网的"众安"模式①。专业互联网保险公司模式的主要内容如表5.4所示。

表5.4 专业互联网保险公司模式

主要合作伙伴	关键业务	价值主张	客户关系	客户细分
●保险公司 ●支付处理器	●市场营销 ●客户获取 ●个性化客户服务 ●客户服务支持 ●客户理赔支持	客户: ●购买保险手续简单,流程更快 ●信息透明化 ●保险产品价格降低 ●投保人议价能力提高 ●无现金支付	●社交媒体 ●客户支持 (在线交流服务,线上核保理赔)	●线上具有购买保险意愿的人
	核心资源: ●技术平台 ●丰富的产品库和创新保险产品 ●丰富的数据库和数据收集处理能力 ●场景化生态体系 ●相对独立,网络化程度较高和流程专业的互联网营运能力	保险公司: ●节约经营成本 ●降低进入门槛 ●摆脱营业网点地理分布和营业时间限制 ●缩短产品研发周期	渠道 ●网站 ●APP(ios系统或安卓系统)	

---

① "众安"模式,指互联网保险公司众安财产保险公司通过"众安在线"开展专业网络保险销售。主要经营:与互联网交易直接相关的企业或家庭财产保险、货运保险、责任保险、信用保证保险、短期健康或意外伤害保险;上述业务的再保险分出业务;国家法律、法规允许的保险资金运用业务;经中国保监会批准的其他业务。

（续表）

成本结构	收入来源
• 技术基础设施 • 永久雇员的薪金 • 推广和营销支出	• 死差、费差和利差，相比传统的线下渠道拥有较好的费差

注：保险盈利来自死差、费差和利差。死差是指预定死亡率与实际死亡率之差（更宽泛可理解为出险率），费差是指附加费用率与实际营业费用率之差，利差是指实际投资回报率与预定利率之差。

专业互联网保险公司的优势在于：数据的收集、整理、分析有先天优势，使得个性化的保险服务成为可能；可利用大数据手段分析消费者行为，挖掘新的需求，开发新的保险产品；引入信用评价机制作为承保标准的参照之一，有效地解决了道德风险问题。

第三节　互联网保险的行业规范与发展趋势

随着信息技术的快速发展与广泛普及，互联网及移动互联已成为保险机构销售和服务的新兴渠道。在鼓励发展互联网保险的同时也需要对其进行严格的行业规范。在未来，我国互联网保险将在规范的基础上得到进一步的健康发展。

一、互联网保险的行业规范背景和进程

在我国，互联网保险由中国保监会监管。伴随互联网保险的发展，中国保监会在原有保险监管基础上对互联网保险进行了新的规范。

1. 互联网保险的行业规范背景

近几年，我国互联网保险行业规模逐年大幅度增加。2010年互联网保险进入了一个快速增长的通道。统计数据显示，2011年，来自互联网渠道的保费仅为32亿元；到2014年，互联网保险累计实现保费收入858.9亿元，足足提升了26倍。2015年更成为互联网保险发展标志性的一年，这一年互联网保费及保单数量增长突飞猛进，保险收入规模大幅翻番。2015年互联网保险业务收入为2 234亿元，比2014年增长了1 375亿元，同比增幅达160%，保费规模比2012年增长了20倍。互联网保险保费在总保费收入中的占比也在迅速提升：2013年，互联网保险累计实现保费收入291亿元，占总保费收入的比例为1.7%；到2014年时，占比提升至4.2%，对全行业保费增长贡献明显，已成为拉动保费增长的重要因素之一；2015年，互联网保险业务收入在中国保险业整体累计实现的保费收入中占比上升到9.2%，互联网保险业务收入增速为保险业业务收入增速的8倍。①

---

① 2015年，中国保险业整体累计实现保费收入24 282.52亿元，比2014年增长了4 047.71亿元，增幅为20%。

在行业业务规模和收入迅猛增长的同时,我国经营互联网保险业务的企业数量同样呈快速增长趋势。互联网保险的发展不仅促使保险公司开发了更为丰富的产品线,而且推动了多样化的销售渠道构建。阿里巴巴、腾讯和京东等一批互联网行业巨头也以不同形式介入保险业务领域。2011年,国内经营互联网保险业务的公司只有28家;2013年,开通互联网业务的保险公司59家,增长率达到最高点76.5%;到2014年时增加到了85家,年均增长达44.8%;截至2015年年底,我国共有110家保险公司经营互联网保险业务,比2014年增加25家,全国保险行业已经有近八成保险公司通过自建网站、与第三方平台合作等不同的经营模式开展了互联网保险业务。

随着区块链、物联网、人工智能、基因治疗等技术的不断涌现,我国保险业积极顺应新形势、加快运用新技术、大胆探索新模式,互联网保险已经走上迅猛发展的快车道。

不过,尽管我国互联网保险获得了极大的发展,为保险业注入了活力,但也存在销售行为触及监管边界、服务体系滞后和风险管控不足等风险和问题,亟须进一步规范。

2. 互联网保险的行业规范进程

在我国,对互联网保险的法律规范是在原有法律框架基础上的延续和拓展。中国保监会根据业态变化监管的需要,对互联网保险监管行政法规进行了适当调整,设立了严格的监管标准,以保证互联网保险的健康稳健发展。

互联网保险的行业规范是通过监管部门的法规政策文件来体现的。互联网保险本质上还是属于保险,既然属于保险,就理应纳入监管。针对保险市场的发展实际,最近几年,中国保监会出台了如下一系列的法规政策文件对市场主体进行规范:

(1) 2011年4月15日,就《互联网保险业务监管规定(征求意见稿)》向社会公开征求意见,以明确保险公司、保险专业中介机构开展互联网保险业务的资质条件和经营规则。

(2) 2011年8月,《中国保险业发展"十二五"规划纲要》明确我国保险业"十二五"期间(2011—2015年)的发展方向、重点任务和政策措施;提出要大力发展保险电子商务,推动电子保单的创新应用。

(3) 2011年9月,《保险代理、经纪公司互联网保险业务监管办法(试行)》规定保险代理、经纪公司开展互联网保险业务应当具备的条件和操作规程,以促进保险代理、经纪公司互联网保险业务的规范健康有序发展,切实保护投保人、被保险人和受益人的合法权益。

(4) 2012年5月,《关于提示互联网保险业务风险的公告》(保监公告〔2012〕7号)规范了互联网保险业,向广大投保人进行了风险提示。公告指出,除保险公司、保险代理公司、保险经纪公司以外,其他单位和个人不得擅自开展互联网保险业务,包括在互联网站上比较和推荐保险产品、为保险合同订立提供其他中介服务等。

第五章　互联网保险

（5）2013年8月，《中国保监会关于专业网络保险公司开业验收有关问题的通知》（保监发〔2013〕66号）补充了专业网络保险公司开业验收条件，进一步规范了互联网保险的发展。

（6）2013年12月，《关于促进人身险公司互联网保险业务规范发展的通知（征求意见稿）》规定保险公司经营区域，认可赠险或服务赠送行为，并强调应严格监管网络销售。

（7）2014年1月，中国保监会印发《加强网络保险监管工作方案》，研究部署网络保险监管工作。强调完善网络保险监管制度，防范化解网络保险创新风险，切实加强保险消费者风险教育工作，加大网络保险犯罪打击力度，着力构建加强网络保险监管工作的长效机制。

（8）2014年4月，《关于规范人身保险公司经营互联网保险有关问题的通知（征求意见稿）》从多个方面对人身险公司经营互联网保险业务进行了规范。

（9）2014年12月，《互联网保险业务监管暂行办法（征求意见稿）》规范了互联网保险经营行为，进一步保护保险消费者的合法权益，促进互联网保险业务的健康持续发展。

（10）2015年7月，中国人民银行等十部门发布《关于促进互联网金融健康发展的指导意见》，正式确立了互联网金融行业监管的基本法律框架，由中国人民银行、中国银监会、中国证监会和中国保监会对互联网金融实施分类监管，明确互联网保险由中国保监会负责。

（11）2015年7月，中国保监会出台了《关于印发〈互联网保险业务监管暂行办法〉的通知》（银发〔2015〕221号，以下简称《办法》），自2015年10月1日起实施。

二、互联网保险业务监管的主要原则与内容

前述《办法》是对互联网保险业务监管做出规定的全面规范性文件，包含规范原则和内容两方面。

1. 互联网保险业务监管的主要原则

《办法》遵循《关于促进互联网金融健康发展的指导意见》所确立的"依法监管、适度监管、分类监管、协同监管、创新监管"的指导原则，进一步明确了互联网保险的监管原则：

（1）促进互联网保险业务健康发展。《办法》坚持发展与规范并重，支持和鼓励互联网保险创新，开展适度监管，促进互联网保险业务健康发展。

（2）切实保护互联网保险消费者的权益。《办法》结合互联网保险自主交易的特点，坚持保护消费者合法权益这一基本原则，强化信息披露、客户服务，重点保护保险消费者的知情权、选择权以及个人信息安全等。

（3）线上与线下监管标准一致。互联网保险没有改变保险的根本属性，互联网保险

业务监管应与传统保险业务监管具有一致性。因此,《办法》在坚持现有监管方向和原则的前提下,根据互联网保险的特性,对现有监管规则进行了适当延伸和细化。

(4) 强化市场退出管理。根据"放开前端、管住后端"的监管思路,《办法》主要是通过明确列明禁止性行为的方式,强化保险机构和第三方网络平台的市场退出管理,为互联网保险业务的发展营造良好的市场环境。

2. 互联网保险业务监管的内容

《办法》共六章30条,主要就参与互联网保险业务的经营主体、经营条件、经营区域、信息披露、监督管理等方面,明确了基本的经营规范和监管要求。其主要内容包括:

第一,明确了互联网保险业务、保险机构、自营网络平台、第三方网络平台等概念的界定,以及保险机构经营互联网保险业务的基本原则要求。

第二,规定了保险机构经营互联网保险业务的集中管理要求,自营网络平台和第三方网络平台的经营条件,以及可扩展经营区域的险种范围等。

第三,规定了保险产品、保险机构以及行业协会分别在信息披露方面的具体内容和要求。

第四,规定了参与互联网保险业务相关机构的职责定位、产品管理、保费收取、交易记录、客户服务、信息安全、异常处理、反洗钱以及相关费用结算与支付方面的具体监管要求。

第五,规定了保险机构、第三方网络平台的禁止性行为及退出管理要求,明确了中国保监会、保监局的监管职责分工与监管方式。

第六,明确了对专业互联网保险公司、再保险业务、通过即时通信工具等方式销售保险产品、保险集团公司依法设立的网络平台的管理要求,以及《办法》的解释权、修订权及施行时间等。

《办法》规定:保险公司或保险集团下属的非保险类子公司或其他子公司、保险资产管理公司、区域性保险专业中介机构、保险兼业代理机构等,都不能经营互联网保险业务;《办法》有条件地放开部分险种的经营区域限制,除《办法》列明的险种外,其他险种不得跨区域经营。

《办法》明确:第三方网站不是保险机构,第三方网络平台开展互联网保险,应当取得资格,将其纳入保险监管。互联网保险业务的销售、承保、理赔、退保、投诉处理及客户服务等保险经营行为,应由保险机构管理和负责。第三方网络平台如经营开展上述保险业务,则应取得代理、经纪等保险业务经营资格。

《办法》突出了对信息安全的具体规范。要求保险机构加强信息安全管理,确保网络保险交易数据及信息安全。同时,《办法》还加大了对保险机构不严格履行信息披露和安全管理职责的惩戒力度。例如,对因内部管理不力造成销售误导、信息丢失或泄露等严重事故的保险机构,保险监管机构可以及时责令停止相关产品的销售,以确保保险机构切实履行信息披露和安全管理义务,更好地保护消费者利益。

《办法》对经营主体履行信息披露和告知义务的内容和方式,做了较为详尽、具体和明确的要求:

第一,要求在相关网络平台的"显著位置",列明一系列必要信息,如承保的保险公司和客户投诉渠道等。保险机构不能刻意隐瞒上述信息,也不能用各种手段诱导消费者忽略这些信息,要能够让消费者注意到、非常方便地找到这些信息,确保消费者能够做出客观、理性的判断。

第二,要求在保险产品的"销售页面"上,列明充分的提示或警示信息,防止销售误导。例如,要求经营主体突出提示和说明免除保险公司责任的条款,并以适当的方式突出提示理赔要求、保险合同中的犹豫期、费用扣除、退保损失、保险单现金价值等重点内容;要求经营主体应向消费者提示其经营区域,以及由消费者对重要保险条款进行确认等关键内容,以最大限度地保障消费者的知情权和自主选择权。

第三,这些信息必须由保险公司统一制作、授权发布,一旦出现问题,保险公司需要承担责任。

总体上看,我国对互联网保险业务有着比较严格的监管,一个比较完整的法律监管政策法规框架已经基本形成。

三、我国互联网保险的发展趋势

互联网保险是保险发展的必然趋势,在未来我国互联网保险将在规模加速扩张的同时,优化结构。"十三五"期间,我国互联网保险可能呈现出以下几个发展趋势:

1. 互联网保险规模、险种将获得新的大发展

2014年8月10日,国务院发布了《国务院关于加快发展现代保险服务业的若干意见》,确定了我国新的保险发展指针,提出到2020年,要建成与我国经济社会发展需求相适应的现代保险服务业。在建设我国现代保险服务业这一过程中,互联网保险以其技术、成本与效率方面的优势,其发展必然处于整个保险业发展的优先领域。在不远的将来,互联网保险将覆盖保险服务的所有险种领域,并带动全行业的创新发展。

目前中国互联网保险尚处于发展的初级阶段,保民需求尚未得到有效释放。近两年互联网保险市场规模发展快速,但从全行业来看,目前总体规模还偏小,互联网保险渗透率仅为5%,还有很大的市场发展空间。据专业机构预测,综合考虑保险行业的正常发展及互联网保险的渗透率,最近两年互联网保险会持续保持一个高速发展态势,年复合增长率在90%以上,到2019年,我国互联网保险保民规模将达5.9亿;到2020年,互联网保险行业规模有望达到4 000亿元到1.75万亿元,较2015年有近十多倍的增长。2011—

2019年中国网民人数、互联网保险用户规模如图5.3所示。

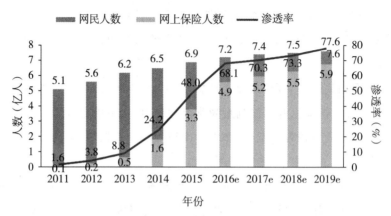

图5.3　2011—2019年中国网民及互联网保险用户规模

注：渗透率为网上保险人数占网民人数的比重。

资料来源：众安保险与艾瑞咨询。

在保费规模及互联网渗透率方面，未来依旧会缓慢提升，预计到2019年，互联网渗透率达到12.5%。2011—2019年中国原保费规模及互联网渗透率如图5.4所示。

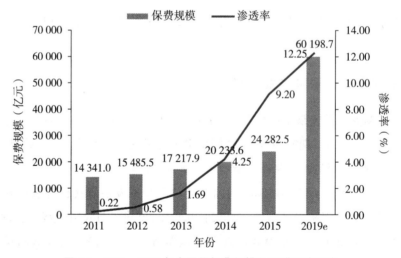

图5.4　2011—2019年中国原保费规模及互联网渗透率

注：渗透率为网上保险规模占保险总规模的比重。

资料来源：众安保险与艾瑞咨询。

从保险品种来看，车险和健康险比较受到互联网保险的关注。车险在产险中占比70%左右，是刚性需求最强、保费空间巨大的险种，主要服务的人群对便捷、高效的服务有着更强烈的需求，且比较标准化，更适合借助互联网平台销售从而扩大规模。健康险在互联网渠道下可以更深入地触及消费者的碎片化、场景化需求，并实现个性化定价，从而节约成本。保障类保险、普通寿险、健康险（纯保障）等险种将在未来扮演愈发重要的角色,成为行业长期增长动力。

2. 技术推动保险行业加速转型与变革

全球范围内,保险行业正处于科技推动变革的阶段。随着技术的更新换代,与可用设备、生物识别、人工智能、基因工程、车联网、大数据等技术相关的创新保险将陆续出现,原有保险模式也将改变。技术革新将带来产品设计、承保、风控、客户服务等全流程的变化,客户将会得到更好的保险体验。以商业车险为例,在技术驱动下,驾驶习惯好的人就可以获得更低折扣费率。

在所有新技术中,大数据对保险行业的影响最具颠覆性。随着云计算、大数据等技术的发展,渠道的多元化将引发保险公司经营理念的改变和业务结构的变化:一是产品开发设计由"以产品为核心"开始真正向"以客户为核心"转变。在大数据时代,保险公司对风险需求的分析更为细化和科学,有利于其开发出更为多样化的产品,也使得其针对客户特殊风险保障需求推出个性化定制产品具有现实基础。二是销售服务模式由"销售导向型"开始向"需求导向型"转变。传统保险更多采纳的是人海战术,成本高、效率低,而依靠互联网、大数据等技术能够实现对客户行为、习惯的深入分析从而准确预测消费者的购买和服务需求,使精准保险营销成为现实,切实改善客户体验。三是保险公司经营管理流程和组织架构也将适应互联网大数据时代的新特点而进行适应性的调整优化以及彻底变革,乃至重新构造股东、企业、客户等整个价值链的运作逻辑。

此外,区块链、物联网、人工智能、基因诊疗等新技术不断涌现,技术变革有望推动保险业产生全新的业务模式。通过人工智能,全面提升营销、服务、运营及风控流程;基于区块链技术,实现互联网保险"去中心化",打造更加透明、公平、互信的新兴保险形态;基于云计算和大数据平台,实现丰富且精准的用户画像能力,打造互联网保险的承保能力,强大的系统及开放式的平台也能够为规模化打下基础。

3. 产业生态圈建设成重点

构建基于互联网场景的广泛应用,整合大数据、保险、服务商等多方资源,构建多方位跨界融合的互联网保险产业生态圈,是当前互联网保险公司生存与发展的关键。互联网保险的生态包含用户、产品、场景、保险企业以及合作伙伴。在这一生态体系下,保险可以通过互联网创新不断突破时间、地域、行业的各种界限。电商、手机、航旅、医疗健康、物流、金融等客户和数据聚集的行业都是互联网保险发挥作用的重要领域,加之互联网保险有着更加开放的平台以及更为标准化、碎片化、可复制化的产品,这将激发并挖掘社会消费中的各类新型保险需求。

在不久的将来,一个以互联网保险为核心布局的,由消费者、保险中介、第三方电商平台、保险公司和监管机构构成的互联网保险"共同体"的良性循环发展生态圈可望得以建立和完善。在这个大生态圈中,互联网保险作为高效的服务方联结个人、企业及各产业,在为庞大的用户群提供保障服务的业务基础之上,针对电商、物流、商旅、企业财产、投资理财和消费金融等不同行业企业的潜在风险提出企业级风险管理解决方案。

总之,在规模扩大、险种增加的基础上,构建互联网生态链、技术驱动以及将传统保险全面互联网化,是互联网保险下一步发展的趋势,这三个领域既各自为主线,又互有交叉,场景化、创新型和体验式的理念将贯穿其中。而互联网保险未来发展的核心目标只有一个,就是回归保险本源,使保险的普惠价值得到提升。

本章小结

1. 互联网保险是新兴的一种以互联网为媒介的保险营销模式,互联网保险的发展极大地拓宽了保险销售的渠道,有利于互联网平台与保险机构的融合发展。

2. 互联网保险与传统保险的差异仅是产品和服务提供渠道的不同。

3. 互联网为传统的保险业注入了新元素、新活力,拓展了保险业的发展空间,实现了保险覆盖面的扩大和保险渗透率的提升。

4. 互联网的进入极大地影响和改变了传统保险企业的整个业务流程。

5. 我国互联网保险包括官方网站模式、第三方电子商务平台模式、网络兼业代理模式、专业中介代理模式和专业互联网保险公司模式等五种模式。

6. 在鼓励发展互联网保险的同时也需要对其进行严格的行业规范。在未来,我国互联网保险将在规范的基础上得到进一步的健康发展。

关键概念

互联网保险	保险
保险合同	保险机构
投保人	保险人
投保	销售
承保	核保
理赔	

复习思考题

1. 什么是互联网保险?
2. 什么是保险机构?
3. 互联网保险由哪四大要素构成?
4. 我国经济实际中有哪些互联网保险模式?

课后练习题

1. 试述互联网保险的性质。
2. 简述互联网保险的基本业务流程。
3. 试比较不同互联网保险模式的特点。

数据资料与相关链接

1. http://www.circ.gov.cn/（中国银监会）。
2. http://www.iachina.cn/（中国保险行业协会）。
3. http://www.mps.gov.cn/（中华人民共和国公安部）。
4. http://www.cac.gov.cn/（中共中央网络安全和信息化领导小组办公室）。

延伸阅读

1. 《互联网保险业务监管暂行办法》,2015。
2. 《保险代理、经纪公司互联网保险业务监管办法（试行）》,2011。
3. 中国保险行业协会:《2016中国互联网保险行业发展报告》。

第六章

互联网信托

本章导论

互联网信托是新兴的一种以互联网为媒介的信托模式。有别于传统的信托模式，互联网信托极大地拓宽了信托销售的渠道，有利于信托业的未来发展。与其他互联网金融一样，互联网信托也需要法律政策规范。

主要内容

本章首先讨论互联网信托的概念，其次介绍互联网信托的业务模式，然后对不同类型的互联网信托模式进行比较分析，最后讨论互联网信托的发展现状与未来趋势。

知识与技能目标

通过本章学习，学生应当了解互联网信托的概念；理解互联网信托的构成要素、业务流程；清楚互联网信托发展的未来趋势。

第六章　互联网信托

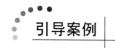
引导案例

互联网信托——冬天里的一把火？

案例导读：信托计划属于非公募性质，信托管理办法中明确规定信托公司不得进行公开宣传和营销，而互联网却是一个没有边界的海洋，任何人都可以进入，两者之间似乎并不兼容。然而，本案例显示，在我国，传统信托业陷入低迷之际，互联网信托却似"冬天里的一把火"，来势凶猛。那么，信托与互联网的关系究竟如何？互联网信托是否已经改变了信托的本质？属于小众的信托产品可否经由互联网大众化？其未来前景又会走向何方？引导案例所涉及的这些问题正是本章所关注并力求解答的。

向来以稳健著称的信托业，2015年第三季度出现了自2010年以来的首次负增长。规模降低、收益下滑、通道瓶颈，传统信托业"冬天"的脚步声已在耳边。

传统信托正在接受隆冬的洗礼，互联网信托却"风景这边独好"，逆势增长。在金融创新大潮汹涌澎湃、互联网金融风起云涌之时，传统信托业遇到了什么瓶颈？互联网信托业又何以脱颖而出？市场在选择，业界在思考，投资者在等待。

一边"水深"，一边"火热"

中国信托业协会日前披露的数据显示，受实体经济融资需求下降、经营景气度持续下滑、优质资产难寻等因素影响，信托资产自2010年第一季度以来首次出现环比负增长。

数据显示，2015年第三季度，信托规模环比下降1.58%。第三季度末，证券投资信托规模为2.67万亿元，相比第二季度末减少11.59%。信托产品收益受其连累，一路下滑，信托业开始进入"漫漫寒冬"。

和传统信托业形成鲜明对比的是，互联网信托等创新产品却蓬勃发展。由于定义尚不明确，目前还没有互联网信托的具体数据，但业内人士普遍认为，互联网信托逆势走强的格局已定，互联网信托是整个信托业"冬天里的一把火"。

以金融创新最为活跃的深圳市为例，日前，深圳市公布的《战略性新兴产业发展专项资金支持名单》中，除了华为、中兴、泰康等一批行业翘楚外，在互联网金融领域，互联网信托公司高搜易也名列其中，其产品"信托宝"已成为深圳金融创新的一张名片。

数据显示，高搜易公司旗下的"信托宝"等互联网信托产品，自2015年6月起，交易量明显提升，第三季度完成5.6亿元交易额，月增幅均超过120%。

信托业的收益，互联网的门槛

作为投资产品中的"贵族"，信托一方面具有稳健和较高收益，深得投资者青睐；另一方面，其百万元以上的投资门槛又将大量中小投资者拒之门外。能不能既保留信托产品

107

的高收益,又打破其"贵族"的门槛,让普通投资者也能分享信托红利呢?

资料来源:新华网,2015年11月29日。

第一节 互联网信托概述

互联网信托是新兴的一种以互联网为媒介的信托营销模式,互联网信托的发展极大地拓宽了信托销售的渠道,有利于互联网平台与信托机构的融合发展。

一、互联网信托的概念

互联网信托是一个从属于信托的概念。所谓信托,是指由委托人依照信托合同,将自己的财产权利转给受托人,受托人按规定条件和范围,占有、管理、使用信托财产,并依照信托合同向受益人处分收益。互联网信托,则是指信托机构通过互联网进行产品销售及开展其他信托业务。[①] 信托机构是指从事信托业务,充当受托人的法人机构。在我国,目前有两种形式:一是国家开办的信托机构;二是地方或主管部门开办的信托机构。国际上,信托机构一般称为信托公司,在我国称信托投资公司。

互联网信托业务一般涉及三个方面当事人,即投入信用的委托人,受信于人的受托人,以及受益于人的受益人。其中,委托人是指具有完全民事行为能力的自然人、法人和依法成立的其他组织;受托人通常是指接受委托人委托,管理和运用信托财产的人,即上文所指的信托机构;受益人是在信托中享有受益权的自然人、法人和依法成立的其他组织。受益人可以是委托人自己,也可是委托人指定的自然人、法人和依法成立的其他组织。

因此,互联网信托,就是指委托方通过信托机构提供的网络平台,签订信托合同、转让信托产品、查询信托财产以及有关交易情况的信托业务运作方式。

在互联网信托中,委托方是信托产品的需求方与资金提供方;信托机构扮演着信托产品供给与委托方所提供的资金运作的关键角色,在整个互联网信托中起着首要作用;互联网平台则起着交易平台的作用,信托产品的供求对接在平台上实现。

以上可见,互联网信托的主体与传统信托一样也是信托机构,互联网平台仅是信托机构提供信托产品与服务的渠道。信托机构通过互联网直接为客户提供产品和服务,完成信托产品的在线销售和服务。

二、互联网信托的性质

互联网信托是传统信托活动各环节的互联网化,其本质还是信托,所代表的仍然是

---

① 参见《关于促进互联网金融健康发展的指导意见》(十二)。

一种信托关系,但与传统信托相比较又有着自身特点。

(一)互联网信托代表的仍然是一种信托关系

信托关系是指信托活动中牵涉到的委托人、受托人、受益人三方之间的关系,也就是三者之间进行权利义务的分配与经济利益的平衡关系。

信托关系的实质是特定当事人之间的一种不对等关系,通常产生在缔约双方当事人的谈判优势不平等时,一方因知识或专业方面的原因而在某种程度上必须信赖于另一方。信托法上的受托人与委托人的关系是信托关系的最典型形态,在这种信托关系下受托人对受益人的义务被称为特殊的或非传统的信托义务。

信托关系可以由当事人之间的合同所创设,特别是在一方当事人认为对方在特定领域更具有专业知识和经验时,可以通过合同明确创设双方之间的信义关系。信托关系也可以基于法律的默示而产生。

由合同所创设的信义关系暗含了双方当事人之间的交易能力、地位与势力相对平等和均衡;而基于法律而产生的信义关系,是指在当事人之间的地位与实力具有明显不对等性时,法律给予某一方以特殊的保护或救济。此时单靠受益人自己的力量难以对受信人的行为实行有效的监督和制约,受益人通常需求助于法律的特殊保护。因为受信人处于一种优势地位,拥有对他人财产的支配与控制权,而且受信人的行为将对受益人(或委托人本人)产生约束力。然而,受信人如何行使权利,委托人或受益人无法完全控制或严密地监督,他们只有信任受信人,相信他们会以善意及适当注意的方式为自己的最佳利益从事相关活动。

为了保护处于弱势地位的受益人的利益,防止受信人滥用权利以保护双方的信任关系,法律必须要求受信人对受益人(或受托人)承担相应的法律义务,即信托义务。如果在当事人之间建立起了一种信托关系,受信人就必须对另一方负有一种特殊的"信托义务"。

就互联网信托而言,交易渠道的变化并没有对信托关系带来任何改变,这种信托关系贯穿于信托行为、信托目的、信托主体(信托当事人)、信托客体、信托报酬等每一个信托构成要素之中。

信托关系的构成要素包括:①信托行为,是指以信托为目的的法律行为,或者说是合法地设定信托的行为;②信托目的,是指委托人通过信托行为所要达到的目的;③信托主体(信托当事人),是指完成信托行为的行为主体,即委托人、受托人以及受益人;④信托客体,是指信托关系的标的物,即信托财产;⑤信托报酬,是指受托人承办信托业务所取得的报酬,通常是按信托财产或信托收益的一定比率计算的;⑥信托结束,是指信托行为的终止。

（二）互联网信托具有不同于传统信托的特点

互联网信托秉承的是用户至上、体验为王、免费的商业模式和颠覆式创新的互联网思维。与传统信托相比，互联网信托的突出优势是：

（1）委托人通过网络信托平台比较和选择不同的信托机构，不仅扩大了选择的范围，还减少了选择和签订信托合同的成本。

（2）通过网络信托平台，委托人可以随时查看信托财产的详细情况，包括投资的种类、数量、价值、所在地点，以及有关收益情况和交易记录。

（3）通过互联网信托，信托机构可以方便地向委托人提供税收、财务等方面的专业意见。

（4）互联网信托使得信托产品的转让更容易进行，从而增加了投资者资金的流动性，也使信托产品更具有吸引力，促进了信托业的发展。

总之，互联网信托突破了传统信托纯线下运营模式所固有的时间、空间、地域的限制，以及管理流程复杂、反应速度迟缓、很难及时调整服务以满足不断变化的客户需求的局限，实现了以客户需求为导向，能够借助平台天然的优势与客户形成互动，随时随地满足客户需求。这就极大地提高了信托产品的吸引力，拓展了信托市场的发展空间。

三、互联网信托的地位和作用

大力发展互联网信托，加大对传统信托业务的互联网改造，不仅可以帮助盘活信托存量资产，更代表着我国信托业发展的必然趋势。

（一）互联网信托代表着传统信托转型的未来发展方向

2015年7月18日，国务院十部委联合发布的《关于促进互联网金融健康发展的指导意见》，明确指出互联网信托是互联网金融的主要业态之一，为我国互联网信托的未来发展指明了方向。

互联网与金融深度融合是大势所趋，信托作为现代金融体系中非常重要的一部分，非常有必要依托互联网技术和思维，实现传统业务与服务的转型升级。互联网信托是运用互联网思维，将互联网的创新成果与信托业务发展深度融合，推动信托产品创新、信托经营模式变革，促进信托行业竞争力提升，形成更为有效的服务实体经济和实现普惠金融的新型金融业务模式。

信托充分满足委托人需求的经营理念与互联网用户体验至上的思维非常契合，互联网信托肩负着发挥信托制度和互联网特性双重优势的责任，要使受托人更精准地完成受人之托、忠人之事的信托职责。

（二）盘活存量信托资产

互联网信托可以克服传统信托门槛高、期限长、流动性较弱的缺陷，盘活数以万亿计流通渠道不畅的存量信托资产。

我国目前巨额存量信托资产需要加速流转。数据显示，截至目前，信托全行业管理的信托资产规模已逾18万亿元，其中待转让资产最低估计不下万亿元。在传统信托的框架内，除证券类等少量信托产品可以中途赎回外，大部分存续期为1—3年的集合类信托产品不可以提前赎回，这就导致旺盛的信托流动性需求与低效率、长时间的受益权转让机制的矛盾，造成资金错配和大量资源的浪费，突破"缺乏流动性"这个信托业的软肋成为当务之急。

互联网信托有望解决存量信托资产转让这一难题。通过为市场和信托投资者搭建一个高效、灵活、跨机构的交易模式，信托公司可以在互联网平台上进行自有产品的一级发售，也可以发布二级转让信息，使之具备信托受益权转让功能，可以为存量信托资产转让的供求双方提供交易的便利，有助于存量信托资产的盘活变现。

固然，信托和互联网也存在一定的矛盾。比如，信托是私募性质，它只能向特定对象宣传，而互联网是面向不特定对象的。根据现有监管法规，信托产品不可以在网上募集、路演等，也不可以通过第三方机构出售。再如，互联网产品的特征是标准化，而信托的一个典型特征就是个性化量身定制，它是各类业务类型的集合；互联网的核心精神是去中心化、分权化、开放化、分享化，而信托的核心首先是中心化，信托机构强化自身信誉的过程就是强化自身的中心化和主体化；互联网产品有公开透明化的特质，而信托却十分注重保护客户隐私。

尽管互联网与信托存在不一致的地方，信托的互联网改造、融合仍然大有空间。在融合的过程当中，信托行业在很多领域是可以借助互联网优势的，比如互联网产品的宣传介绍、互联网的验证面签、开户和期间的服务管理，都能够利用互联网扁平的无边界特性有效地提升客户体验和客户效率。

应当看到，互联网与金融两者本身是有本质区别的。互联网金融和传统金融并不是对立面，传统金融仍将发挥根基作用，而互联网金融将改变用户行为，但金融的本质是不变的。互联网金融实际上是基于传统的金融模式，只不过利用了互联网工具来对自己的业务进行种种改造，其目的主要还是突破一些区域限制、交易限制，从而为金融带来活力。更重要的是，互联网信托的存在，已经获得国家经济管理部门的正式认可，在未来的法律法规、监管政策方面也会跟进调整，为互联网信托的发展提供适当的规范运行框架。

第二节 互联网信托业务流程与模式

一、互联网信托基本流程

互联网信托的业务流程大致可分为两部分内容：第一，客户通过互联网信托平台认购信托产品，与信托机构签订信托合同，并通过网上转账将信托资金汇入机构账户；客户通过互联网信托平台随时了解信托资金的运用情况，可以查询投资的详细情况和节余现金的动态信息，以及通过互联网平台转让信托产品。第二，信托机构通过互联网信托平台提供信托产品与服务，并按照客户的要求出具相关投资报告，处分收益。互联网信托的基本流程如图6.1所示。

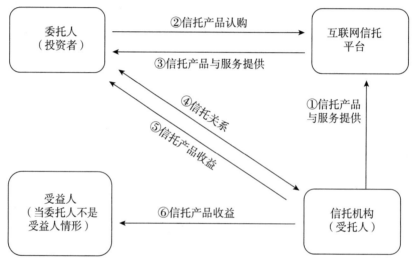

图6.1 互联网信托基本流程

如图6.1所示，互联网信托流程进一步可以分为以下几个步骤：

（1）信托机构（受托人）研制信托产品投放自建互联网平台或与第三方合作的互联网信托平台，供委托人（投资者）选择认购。

信托产品的研发在信托公司后台进行，其步骤包括：①信托产品立项；②尽职调查，出具尽职调查报告；③内部评审；④文件制作与事前报告；⑤账户开立与合同管理；⑥产品推介与募集；⑦信托产品的成立。

（2）信托产品认购。信托产品认购步骤如下：第一，进入信托公司官网或是第三方理财机构了解信托产品详细情况，选择自己比较满意的信托产品；第二，电话实名预约信托产品，与信托公司沟通后了解信托产品和认购时的要求；第三，在信托公司通知划款后，投资者将资金划入信托公司的信托资金专户；第四，与认购产品的信托公司签订合同,信托公司可将合同邮寄客户签署(或者上门面签合同);第五,信托公司在核对无误后在信托合同上加盖公章并寄回给投资者,完成认购过程。

签约时委托人须提供以下材料:银行转账或汇款凭证原件;信托利益划付账户;身份证明文件。委托人为自然人,需持委托人本人有效身份证件;确认函,信托成立后,一个月至三个月会收到确认函。

另外,须要注意,在现行法律规范下,对于信托产品来说,一般的推介地为发行地,本地客户可以直接到信托公司购买,异地的客户也可以参与认购。在信托产品未经银行代理即由信托公司自主营销时,异地客户认购的,程序大致如下:①电话预约,与信托公司沟通了解信托产品和认购要求;②在信托公司通知划款后,投资者将资金划入信托公司的信托资金专户;③信托公司在款项进账后与投资者确认,并将空白信托合同快递至投资者指定地点;④投资者按信托公司指导自行填写合同后,将合同在规定时间内快递至信托公司;⑤信托公司核对信托合同,确认无误后在其上加盖公章并寄给投资者,至此完成认购过程。对于信托公司请银行代理的产品,信托公司会请银行全权处理信托产品的推介与认购,此时异地客户认购的具体操作程序须与代理银行联系获知。

(3)信托公司通过互联网平台向委托人提供信托产品与服务。

(4)委托人与信托公司的信托关系确立。

(5)在委托人为受益人的情形,信托机构向委托人转交信托产品收益。

(6)在委托人不是受益人的情形,信托机构向信托合同指定的受益人转交信托产品收益。

收益分配时,信托机构将信托产品所取得的收益以现金形式直接分配给投资者。在信托存续期到期后,信托未分配的收益和信托本金会一次性分配给投资者。所有资金直接回款到投资者银行账户上。

二、互联网信托的业务模式

目前我国互联网信托尚处探索期,还未形成固定的业务模式。现实中,主要有信托机构自建平台模式、信托 APP 模式以及与互联网大型企业合作模式等三种形式。

(一)自建平台模式

自建平台模式,是指信托机构自己设立网络平台,目的是融合渠道、盘活存量,以期实现传统业务与服务的转型升级。

信托公司通过下属公司自建平台,将其掌握的资产端融资企业或项目放到平台直接融资,或者允许持有本公司信托产品的投资人将信托受益权质押给平台或者某些第三方机构后,到平台上进行融资,实现信托产品的流转。在这种模式中,信托公司占据主导地位,客户、资产、交易过程及风险控制基本在信托公司控制之下。不过这种平台一般提供给消费者投资的不是信托产品本身,而是基于信托产品衍生的"非标准化"产品。

中融信托①与平安信托②即是自建互联网金融平台模式。其中,中融信托依托旗下的中融金服③互联网金融平台,推出了颇具信托特色的"金融产品增信项目";平安信托则依托旗下的平安财富宝互联网金融平台,为高端客户提供投资理财、融资贷款、资产管理等服务。

（二）信托 APP 模式

利用移动客户端搭建平台也是信托公司"触网"的方式,这一理念体现在多家信托公司成立的财富管理品牌中。例如,中信信托有限责任公司(简称"中信信托")推出的手机 APP 客户端,便是集信托产品预约、信托账户查询、信惠现金交易申请与管理、客户经理专属服务、信托投资交易指南等几大功能(详见专栏 6.1)于一身的综合移动信托服务平台,是中信信托尊贵客户的移动信托管家。

此外,还有信托公司推出 O2O 性质的互联网平台,如山西信托的"托富盈"平台,可为当地中小企业提供资金支持,同时为中小投资人提供风险系数低、收益适中、保障性高的理财产品。

在这一类 APP 中,除了常规的理财产品推介和预约以及查询已购买产品的持有、交易、收益分配情况外,部分信托公司还为已办理电子交易的客户提供了旗下现金管理型产品的申购赎回申请功能。

专栏 6.1

中信信托手机 APP 客户端主要功能

1. 信托产品预约与账户查询

中信信托手机 APP 客户端实现了信托产品预约、账户查询、信惠现金交易申请等电子自助服务功能,具体如下:

- 信托产品播报:时时查询中信信托发布的热销信托产品信息、信惠现金产品净值等。
- 热销产品预约:手机预约信托产品、预约交易管理,打造信托绿色交易服务通道。
- 信托账户查询:查询集合信托、阳光私募、信惠现金产品的账户信息,对账单服务。

---

① 中融国际信托有限公司的简称,经中国银监会批准设立的金融机构,成立于 1987 年。
② 平安信托有限责任公司的简称,是中国平安保险(集团)股份有限公司投资控股的独立法人机构,是国内第一批获准重新登记的 38 家信托投资公司之一。
③ 深圳中融融易通互联网金融服务有限公司的简称。

2. 信惠现金交易

● 信惠现金产品：安全性好、流动性好、收益较好，每个交易日开放申购赎回，T+1个工作日资金划出。

● 信惠现金交易：提供现金理财服务，客户通过手机可以预约信惠现金产品，已经办理中信信托信惠现金电子交易的客户可以查询每日现金理财收益，提交信惠现金产品申购申请、赎回申请，自助进行现金交易管理。

3. 随身客户经理

为客户量身定制各种综合金融解决方案，一键联通您的专属贵宾客户经理，第一时间获得财富管理团队的贴身专业服务。

资料来源：中信信托。

（三）与互联网大型企业合作模式

信托公司依托互联网公司的渠道开展业务，更多的是起到互联网金融产品中的主线或者通道作用。

典型代表是中信信托与百度合作。作为信托行业的龙头老大，2014年中信信托与百度联合开发"百发有戏"，主要面向消费金融互联网信托领域。消费者投资之后即获得相关消费信托受益权，由信托公司对消费信托权益进行集中管理，包括投向融资企业。在这类模式中，信托公司只是产品的参与者，不仅客户、交易过程等都要由互联网平台公司来提供，甚至资产、风控等都可能由互联网公司来负责筛选、推荐，信托公司扮演的是一个通道角色。

此外，还有一类较为传统的业务即信托公司在平台为投资人提供预约，投资人预约之后，信托公司派出业务员进行线下沟通推荐。

除上述信托机构的互联网化模式外，在前两年我国的互联网金融发展中还存在第三方金融或互联网公司为主体的不同形式的互联网信托模式。第三方机构通过互联网渠道提供信托产品的方式一般是转让其持有的信托受益权份额，或允许其他信托持有人转让其持有份额。但第三方公司因其自身实力有限、抗风险能力弱、缺乏专业性等原因，在拓展互联网信托业务方面存在一定的问题和困难。伴随互联网信托发展方针的明确，上述互联网信托模式都将归入信托机构的互联网信托模式轨道统一发展。

基于信托本身的法律性质，目前的互联网模式均不完善，如何进一步完善产品，需要信托公司和互联网公司乃至行业协会及监管部门的进一步努力。

第三节 互联网信托的行业规范与发展趋势

互联网信托是传统信托的一个拓展,在鼓励发展的同时也需要对其进行严格的行业规范。在未来,我国互联网信托将在规范的基础上得到进一步的健康发展。

一、互联网信托的行业规范

在我国,互联网信托由中国银监会监管。伴随互联网信托的发展,中国银监会将在原有监管基础上对互联网信托进行新的规范。

(一) 互联网信托适用于信托的法律规范

互联网信托也是信托,同样适用于信托的法律规范。

我国信托业历史不长,中国最早的信托公司出现于1921年的上海。中华人民共和国成立初期,由于高度的计划经济,信托业在制度上遭到废弃,1979年正式恢复发展,到1998年最多曾有1 000余家信托公司,后经数次清理整顿(详见专栏6.2),目前全国共68家信托公司,主营业务也从粗放的类信贷业务转向了全面资产管理。① 信托公司与商业银行同属中国银监会监管。

目前,信托已经发展成为金融行业的第二大子行业。截至2016年11月末,信托公司管理的信托资产余额已达18.91万亿元,仅次于银行业;直接为超过43万名自然人投资者、近7万家机构投资者提供了信托服务;资金主要投向工商企业、证券市场、金融机构、基础产业、房地产业,为服务实体经济做出了重要贡献。

专栏 6.2

我国信托行业的历次整顿

第一次清理整顿:1982年,国务院针对各地基建规模过大影响信贷收支平衡的情形,决定清理信托业,开始严格限定信托公司的成立权限,并将计划外的信托业务统一纳入国家信贷计划和固定资产投资计划,进行综合平衡。

第二次清理整顿:1985年,国务院针对1984年全国信贷失控、货币发行量过多的情况,要求停止办理信托贷款和信托投资业务,已办理业务要加以清理收缩,次年又对信托业的资金来源加以限定。

第三次清理整顿:1988年,中共中央、国务院发出清理整顿信托投资公司的文件,同

---

① 中国信托业协会:《信托业从业人员培训教材——信托基础》,北京:中国金融出版社,2012年版。

年10月,中国人民银行开始整顿信托投资公司。1989年,国务院针对各种信托投资公司发展过快(高峰时共有1 000多家)、管理较乱的情况,对信托投资公司进行了进一步的清理整顿。

第四次清理整顿:1993年,国务院为治理金融系统存在的秩序混乱问题,开始全面清理各级人民银行越权批设的信托投资公司;1995年,人民银行总行对全国非银行金融机构进行了重新审核登记,并要求国有商业银行与所办的信托投资公司脱钩。

第五次清理整顿:1999年,为防范和化解金融风险,人民银行总行决定对现有的239家信托投资公司进行全面的整顿撤并,按照"信托为本,分业管理,规模经营,严格监督"的原则,重新规范信托投资业务范围,把银行业和证券业从信托业中分离出去,同时制定出严格的信托投资公司设立条件。

第六次清理整顿:从2007年起,实施"信托新政",压缩信托公司的固有业务,突出信托主业,规定信托公司不得开展除同业拆入以外的其他负债业务,固有财产原则上不得进行实业投资。

资料来源:百度百科。

作为我国现代金融体系的重要组成部分,信托业自然成为国家法律的规范对象。自2001年以来,国家相继发布了相关法律与行政法规对信托业进行规范。截至目前,我国已经初步形成了以《中华人民共和国信托法》为核心、《信托公司管理办法》《信托公司集合资金信托计划管理办法》和《信托公司净资本管理办法》等行政法规为配套补充的信托法律监管框架(简称"一法三规"),为调整信托当事人之间权利义务关系,国家对信托业和信托市场实施监督管理提供了基本的法律依据和当事人行为规范准则。

在"一法三规"的框架之下,监管部门针对信托公司的经营情况,制定了专门的行政规章。信托公司所需要遵守的行为规范,并不限于直接监管部门(中国银监会)的相关规定,相关政府部门或者对信托公司具体事务有监管权限部门的相关规定也需要遵守。例如,国务院、财政部等行政部门制定的相关规定,中国证监会这类平级部门的规章,在不同的业务品种中,信托公司也要遵守相应约束。

信托投资公司运营的现行法规依据是2007年3月1日实施的中国银监会发布的《信托公司管理办法》和《信托公司集合资金信托计划管理办法》。

根据现行法规,在中华人民共和国境内设立信托公司,须经中国银监会批准,并领取金融许可证。信托投资公司可从事以下业务:①动产、不动产、知识产权信托;②资金信托业务;③投资基金业务;④企业资产的重组、购并,以及项目融资、公司理财、企业财务顾问等中介业务;⑤国债、政策性银行债券、企业债券等承销业务;⑥代理财产的管理、运用和处分;⑦代保管业务;⑧信用见证、资信调查及经济咨询业务;⑨以自有资产为他人提供担保;⑩受托经营公益信托;⑪法律法规规定或中国银监会批准的其他业务。信托公司出现流动性风险时,股东给予必要的流动性支持。信托公司经营损失侵蚀资本的,应在净资本中全额扣减,并相应压缩业务规模,或由股东及时补充资本。

信托计划仅适宜有闲置资金以及对风险有承受能力的人群选择。信托产品的适用对象为合格投资人。合格投资人是指:①投资一个信托计划的最低金额不少于100万元的自然人、法人或者依法成立的其他组织;②个人或家庭金融资产总计在其认购时超过100万元,且能提供相关财产证明的自然人;③个人收入在最近三年内每年收入超过20万元或者夫妻双方合计收入在最近三年内每年收入超过30万元,且能提供相关收入证明的自然人。

如果信托受益人要转让受益权,受让人必须也是合格投资者,而且信托受益权进行拆分转让的,受让人不得为自然人。机构所持有的信托受益权,不得向自然人转让或拆分转让。

(二) 互联网信托的特定规范

互联网信托属于信托业务的互联网衍生产品,在此前的政策规范中,没有互联网信托的提法,以致一度处于监管缺失状态。2015年7月18日,国务院十部委联合印发《关于促进互联网金融健康发展的指导意见》(下称《指导意见》),《指导意见》从国家层面正式肯定了互联网信托的合法地位,并明确了互联网信托的监管归属与业务边界。

第一,《指导意见》明确表示支持包含信托业在内的传统金融的互联网创新。要根据"鼓励创新、防范风险、趋利避害、健康发展"的总体要求,坚持以市场为导向发展互联网金融,遵循服务好实体经济、服从宏观调控和维护金融稳定的总体目标,为互联网信托的发展树立纲领性框架。《指导意见》表示,支持包含信托业在内的传统金融的互联网创新;支持有条件的金融机构建设创新型互联网平台,开展网络信托、网络银行等业务;支持信托、消费金融、期货机构与互联网企业开展合作,拓宽金融产品销售渠道,创新财富管理模式。

第二,《指导意见》提出,要遵循"依法监管、适度监管、分类监管、协同监管、创新监管"的原则,科学合理地界定各业态的业务边界及准入条件,落实监管责任,明确风险底线,保护合法经营,坚决打击违法和违规行为。

第三,《指导意见》明确信托公司通过互联网开展业务的,要严格遵循监管规定,加强风险管理,确保交易合法合规,并保守客户信息;信托公司通过互联网进行产品销售及开展其他信托业务的,要遵循合格投资者监管规定,审慎甄别客户身份和评估客户风险承受能力,不能将产品销售给与风险承受能力不相配的客户。信托公司要制定、完善产品文件签署制度,保证交易过程合法合规,安全规范。《指导意见》明确互联网信托业务由中国银监会负责监管。

《指导意见》为互联网信托的发展指明了方向,也为互联网信托的监管提供了总体原则框架。伴随着信托业互联网转型的纵深发展,监管部门还会出台对互联网信托的相关监管细则,保证互联网信托业务在规范的基础上健康发展。

二、未来发展趋势

相对于其他互联网金融业态,互联网信托在我国的发展尚处于初级阶段,代表着信托转型的必然趋势。未来互联网信托将呈现以下趋势:

(一) 互联网信托发展前景广阔

"十三五"期间,互联网信托资产规模将获得巨大增长。从对国际信托业发展指标的比较来看,我国信托业差距明显。2015 年,日本和美国信托资产规模与国内生产总值之比约为 2,我国该指标仅为 0.32,与日本、美国的成熟信托业发展情况相比,我国信托发展深度存在较大差距。与我国金融业的其他子行业相比较也存在较大差异,我国银行业、证券业、保险业市场竞争格局已逐步形成,业务技术更加规范,行业发展已处于成长期阶段,而信托行业仍处于行业发展初期,这意味着信托行业仍有较大的成长和发展空间。而互联网信托以信息技术为手段,代表着信托发展的先进生产力,必将在未来信托的大发展中获得领先的地位,将获得最大的发展空间。

(二) 互联网信托将有新的细则规范

信托产品并非一般消费者可以投资的理财产品,发展互联网信托需要政策法规进行相应调整。《关于促进互联网金融健康发展的指导意见》已经明确了互联网金融的监管原则,估计监管部门将会针对互联网信托在近期出台新的监管细则,解决互联网信托发展的政策不确定性。从长远看,互联网信托的稳健发展更需要创新监管,其重心应放在以市场导向为基础的监管法律规则的完善上,依法保护"产业 + 互联网 + 信托"的新兴信托业态。

新的监管细则估计会包括:明确现实中存在的各类互联网信托平台合法合规性地位;互联网平台销售信托产品的宣传性质;互联网信托产品合格投资者限定及投资门槛标准;信托产品流转模式的合法性。

与监管细则相匹配,在制度建设上还会建立信托产品登记机制,建设利于信托产品上线交易和流转的信托产品评级体系。

总体来看,当前的互联网信托政策框架仍然是开放式的,包括监管细则在内的若干政策法规将会得到进一步的细化。监管层将会在兼顾市场需求和监管合规原则基础上,完善相关法律法规,加强对风险控制方面的指导和规范。对互联网信托的监管,需要重新审视合格投资者标准的制定。突出窗口指导、信息披露和风险提示,依法保护投资人利益,维护好互联网信托的市场秩序。

（三）信托公司互联网化将会提速

互联网对于信托行业的创新,无论是业务发展还是公司发展都提供了更多的可能性,信托业开展互联网金融创新已是大势所趋,越来越多的信托公司将把信托"触网"视为转型、创新的一大方向。

一是信托公司将积极布局互联网金融。信托公司在业务创新和转型过程中,也在积极布局互联网金融,已出现许多与互联网结合的成果。信托作为传统金融行业,在互联网金融的后端有一定的优势。随着客户需求的多元化发展,信托和其他传统金融一样通过互联网化来寻求创新发展,逐步向互联网金融的前端延伸。未来,信托业可以在"产业+互联网+金融"的发展模式中寻找创新机会,或是寻找第三方、构建金融超市等,从而在发展中整合互联网思维,推动业务创新与转型。

二是建立综合化、开放化的一站式金融信托服务平台。在互联网上开展信托产品就要使信息对称,因此必须要有一个开放式互联网平台。信托毕竟是一个私募产品,且门槛较高,因此互联网化确实存在一定的阻力,信息无法透明化,投资者就很难付诸信任。在销售上比较成功的互联网金融案例就是银行的网上银行业务。各大银行通过自己的客户端,大大减轻了柜台人员的压力,降低了人员成本。未来,随着信托业的转型,很可能做到像公募产品一样信息对称。

随着金融科技的推进,互联网金融销售渠道将朝着更加综合化、开放化的方向发展。目前,由信托公司开发的初具形态的互联网金融平台,均不是单独针对集合信托产品的营销展开,而是专注于信托产品的流动性、消费信托以及构建开放式平台,从而最大化地利用互联网"流量为王"的特性为信托业务的创新服务。

三是基于大数据技术和移动互联的私人定制。目前,互联网金融销售渠道的发展趋势已初步显现。移动互联网、大数据、云计算的综合运用将是互联网金融平台的未来。通过移动互联网终端可以连接互联网,汇集并掌控客户大量的电商交易数据、搜索产生的行为数据、社交软件的人际关系数据等。通过大数据与云计算的运用对以上数据进行深入处理分析,从而准确地判断客户的金融服务需求。展望未来,每个投资者及其家庭都需要一个无缝的、整合的、私人定制的综合金融解决方案,而移动互联技术的发展,大数据与云计算等科技手段的全面运用,将有望使之成为现实。因此,未来的资产管理行业必将更加依赖于科技,与互联网金融销售渠道的联系将更加紧密。

四是涌现一批互联网信托的领军企业。现在互联网+信托已经进入商业模式竞争阶段。无论是互联网巨头在互联网+信托领域的投资布局,上市企业的互联网转型,还是创业公司的创业发展,无不着眼于投资项目的商业模式创新。而在商业模式创新上做出成就的企业,均会迅速崛起,成为互联网+信托行业中的领军企业。

本章小结

1. 互联网信托,是指信托机构通过互联网进行产品销售及开展其他信托业务。

2. 互联网信托使得信托产品的转让更容易进行,互联网信托的发展极大地拓宽了信托销售的渠道,有利于互联网平台与信托机构的融合发展。

3. 互联网信托代表的仍然是一种信托关系,交易渠道的变化并没有给信托关系带来任何改变。

4. 互联网信托使得信托产品的转让更容易进行,从而增加了投资者资金的流动性,也使信托产品更具有吸引力,促进了信托业的发展。

5. 目前我国互联网信托主要有信托机构自建平台模式、信托 APP 模式以及与互联网大型企业联合等三种形式。

6. 互联网信托适用于信托的法律规范。在我国,互联网信托由中国银监会监管。

7. 未来我国互联网信托发展将获得巨大发展空间;互联网信托将有新的细则规范;信托公司互联网化将会提速。

关键概念

互联网信托	信托机构
信托关系	信托主体
委托人	受托人
受益人	信托行为
信托目的	信托客体
信托报酬	信托结束
信托产品认购	互联网信托模式
自建平台模式	APP 模式
合作模式	

复习思考题

1. 什么是互联网信托?

2. 与传统信托相比较,互联网信托有哪些特点?

3. 什么是信托产品的合格投资人？监管部门为何要限定信托产品的投资人资格？

4. 互联网信托有哪几种业务模式？

课后练习题

1. 为什么说互联网信托代表的仍然是一种信托关系？试予以说明。

2. 试述互联网信托的地位和作用。

3. 试述互联网信托的基本业务流程。

数据资料与相关链接

1. http://www.cbrc.gov.cn/index.html（中国银监会）。

2. http://www.miit.gov.cn/（中华人民共和国工业和信息化部）。

3. http://www.china-cba.net/（中国银行业协会）。

延伸阅读

1. 国务院十部委:《关于促进互联网金融健康发展的指导意见》,2015。

2. 中国银监会:《信托公司管理办法》《信托公司集合资金信托计划管理办法》,2007。

3. 中国信托业协会:《中国信托业发展报告 2014—2015》,2015。

4. 中投在线:《2016 年中国信托业发展展望报告》,2016。

第七章

互联网消费金融

本章导论

互联网消费金融是网络经济中重要的一环,代表着当今消费金融发展的一个重要方向和趋势。互联网消费金融的发展,突破了我国消费金融行业以银行消费信贷垄断的格局,成为我国消费金融市场的重要补充。

主要内容

本章首先界定互联网消费金融的概念,其次介绍互联网消费金融的业务流程与运营模式,最后讨论互联网消费金融的发展现状与未来趋势。

知识与技能目标

通过本章学习,学生应当掌握互联网消费金融的概念;理解互联网消费金融的构成要素和业务流程;清楚互联网消费金融发展的未来趋势。

引导案例

互联网公司鏖战消费金融,征信问题成发展瓶颈

案例导读:在我国,互联网消费金融具有广阔的发展前景,但在现阶段的互联网消费金融发展中,依然存在着若干限制因素。本案例显示,在银行、消费金融公司、互联网企业等纷纷布局消费金融的同时,征信问题已经成为互联网消费金融发展的突出制约因素。这就需要针对互联网消费金融的软硬件环境进行综合改善。

互联网消费金融在我国具有数十万亿元的发展空间,国务院近日印发《关于积极发挥新消费引领作用、加快培育形成新供给新动力的指导意见》,提出全面改善优化消费环境,支持发展消费信贷,鼓励符合条件的市场主体积极筹建消费金融公司,推动消费金融公司试点范围扩充至全国。

互联网公司鏖战消费金融

对规模和潜力都如此庞大的市场,除传统的银行和消费金融公司外,电商、P2P 平台、分期网站等互联网公司纷纷加入战斗。

以电商为例,京东、蚂蚁金服、苏宁等平台均在互联网消费金融领域发力。根据上述三家公司向中国网财经记者提供的数据,"双 11"期间,京东白条用户同比增长 800%,占商城交易额比例同比增长 500%;蚂蚁花呗的交易笔数达到 6 048 万笔,占到支付宝整体交易的 8.5%;而苏宁的任性付分期消费金额增长 836%,覆盖用户 30 万人。

消费分期网站的覆盖范围则更广阔,涉及大学生、租房、购车、旅游、教育等众多人群和领域。事实上,据此前媒体报道,大学生分期消费领域目前的业务规模已经达到数百亿元。

而作为互联网金融最活跃的一部分,P2P 网贷也加入了消费金融的厮杀之中。目前拍拍贷、惠人贷、积木盒子、小牛在线、银客网等数十家平台均已布局该业务。投之家作为 P2P 网贷垂直搜索平台,其 CEO 黄诗樵估计,P2P 消费金融的成交额已达到数十亿元。

美利金融 CEO 刘雁南指出,互联网公司做消费金融主要有三大优势:一是将碎片化的数据搜集并加以分析有效利用;二是可以提供更优质的金融服务,比如借款用户不用再递交繁杂的申请资料;三是深入消费场景,让更多的个人体验享受消费金融服务。

征信问题成发展瓶颈

在传统金融框架下,未被纳入央行征信体系的个人无法从银行和消费金融公司获得贷款。而据蚂蚁花呗"双 11"的数据显示,有 60%的消费者从未使用过信用卡。可以看出,互联网消费金融在一定程度上填补了传统征信的空白。

但是,业内分析认为,征信问题仍然是互联网消费金融发展的最大瓶颈。

拍拍贷 CEO 张俊认为,行业发展的最大困境是国家数据基础设施太差,数据孤单现象严重,政府数据不开放,导致平台的风控模型设计和发展缓慢、成本高。另外,基于场景的消费金融太多,用户需要管理多个账户,体验会变差。

George 补充道,目前有很多民间公司没有能力连接央行的征信系统,需要多年的积累。"目前由于刚刚开始,还有很多需要完善的地方,直到有一天,征信基础设施建得完善以后,会看到消费金融做起来更容易一些。"他强调。

资料来源:中国网财经,2015 年 12 月 11 日。

第一节 互联网消费金融概述

互联网消费金融是网络经济中的重要一环,代表着当今消费金融发展的一个重要方向和趋势。消费金融有广义和狭义之分:广义的消费金融包括住房贷款、汽车消费贷款,以及耐用品消费贷款、旅游贷款等一般性消费贷款;狭义的消费金融不包括住房贷款和汽车消费贷款,主要是指耐用品消费贷款和旅游贷款等一般性消费贷款。本章所讨论的互联网消费金融为狭义消费金融。

相较于传统消费金融,互联网消费金融大大提升了效率;与此同时,互联网消费金融也有着自身特定的风险。

一、互联网消费金融的概念

互联网消费金融,是消费金融公司通过互联网向消费者提供消费贷款的金融服务。[1]

消费金融是指向各阶层消费者提供消费贷款的现代金融服务方式,按照国家规定,开展此类业务需要国家颁发相关牌照。

消费金融公司是指经中国银监会批准,在中华人民共和国境内设立的,不吸收公众存款,以小额、分散为原则,为中国境内居民个人提供以消费为目的的贷款的非银行金融机构。[2] 消费金融公司的业务主要包括个人耐用消费品贷款及一般用途个人消费贷款、信贷资产转让及同业拆借、发行金融债等。

消费贷款是指消费金融公司向借款人发放的以消费(不包括购买房屋和汽车)为目的的贷款。[3]

---

[1] 参见《关于促进互联网金融健康发展的指导意见》(十二)。
[2] 参见《消费金融公司试点管理办法》第二条。
[3] 同上,第三条。

个人耐用消费品贷款是指消费金融公司通过经销商向借款人发放的用于购买约定的家用电器、电子产品等耐用消费品的贷款。

一般用途个人消费贷款是指消费金融公司直接向借款人发放的用于个人及家庭旅游、婚庆、教育、装修等消费事项的贷款。

消费金融公司提供互联网消费金融服务既包括通过自建官网和移动APP的形式,开通线上申请和审批;也包括选择和电商平台开展合作,消费信贷产品销售通过电商平台,机构提供底层运营支持;还包括选择嵌入类似蚂蚁金服等开放金融平台,进行产业链深度融合。

二、互联网消费金融的性质

互联网消费金融是传统消费金融活动各环节的电子化、网络化、信息化,其本质还是金融,因而也具有金融所特有的信息不对称、逆向选择、道德风险等共性问题。与传统的银行消费金融相比较,其又有着自身特点:

第一,消费金融公司为互联网消费金融服务主体,贷款类型仅限普通消费品贷款。根据定义,互联网消费金融是由消费金融公司通过互联网提供的消费贷款服务,这意味着非消费金融公司通过互联网提供的消费金融不在互联网消费金融之列。在消费金融公司之前,国内从事消费信贷服务的机构主要是商业银行、汽车金融公司两类机构,但主要是以住房按揭贷款、汽车贷款和信用卡业务为主,而《消费金融公司试点管理办法》明确规定,消费贷款不包括住房贷款与汽车贷款,仅包括以普通消费品与服务为对象的贷款。

第二,互联网消费金融的贷款资金来源限于消费金融公司的合规资金。消费金融公司为非银行金融机构,不能像银行机构一样吸收公众存款,只能通过吸收股东存款、向境内金融机构借款、发行金融企业债券、同业拆借等方式取得运营资金。

第三,互联网消费金融业务以小额、分散为原则,采取无担保、无抵押的方式,可迅速放款。消费金融发放的是以消费为目的(非车贷、房贷及经营性贷款)的无抵押贷款,一般表现为直接支付(申请通过后提供现金)和受托支付(申请通过后提供商品)两种形式,主要优势在于快速、便捷、可负担。就消费者而言,其在还款方式上,主要包括一次性付款和分期付款两种方式。一般为信用贷款,很少会涉及抵押或质押等担保方式。

第四,互联网消费金融服务对象的信用等级相对低于传统银行服务的客户。服务客户主要为不容易取得信用卡贷款或其他传统的银行贷款服务的中低收入人群,贷款审批无须抵押;盈利模式是向借款客户收取利息、贷款管理费、客户服务费等。由于目标客群的信用意识偏低,容易造成消费金融贷款的坏账率高于其他零售贷款,贷款损失风险也相对较高,所以费用相比于传统银行要高。

三、互联网消费金融的地位和作用

消费水平的高低是国民福利的主要体现,同时也是拉动经济增长的基本动因,在我国现阶段,发展互联网消费金融更具有特别重要的意义:

首先,消费金融在提高消费者生活水平、支持经济增长等方面发挥着积极的推动作用,这一金融服务方式目前在成熟市场和新兴市场均已得到广泛使用。在我国,发展消费信贷,是国家已经明确的政策。随着我国经济持续增长,居民可支配收入不断增加,消费金融越来越成为影响我国经济进一步长期健康发展的重要因素和国家金融体系不可或缺的部分。以消费升级促进产业升级,培育形成新供给、新动力,是我国经济发展的客观需要,消费金融以分期和信贷为主,长期来看更符合国家消费升级,从投资拉动转向消费拉动的经济转型步伐。

其次,从金融产品创新来看,消费金融是传统银行未予惠及的领域,消费金融通过互联网为传统金融所未能覆盖的人群提供消费贷款,具有单笔授信额度小、审批速度快、无须抵押担保、服务方式灵活、贷款期限短等特征。消费金融平台运用互联网思维,将线下资金流、信息流转移至线上,打破了线上、线下的界限,将各行各业商家和消费者汇聚起来,不管是商家还是消费者,都能通过互联网平台获得自己想要的东西。这些平台在提供消费贷款服务的同时,也提供丰富的产品与财经金融信息,极大地方便了中低收入人群的消费实现,从而激发社会巨大的消费潜能,促进社会消费增长。

最后,以科技为主要驱动力,不断改善金融服务的"成本效率"。科技驱动是互联网消费金融的显著特征。消费金融公司选择和电商平台合作,不仅可以获得大量真实有效的电商交易数据,包括消费数据、物流数据、供应商数据等,还可以获得电商拥有的几十倍于交易数据的用户行为数据,例如用户的浏览、点击、对比、登录时间、位置信息等,以及其他数据,例如对接的外部信用数据、社交数据、公共数据以及合作方的数据等。在大数据基础上,互联网消费金融逐渐建立高效、高预测能力的申请评分模型,实现利用大数据来交叉验证的反欺诈技术,通过对数千万自有消费数据的提取,用机器算法建立一套消费分期客户行为模型,配备对整个数据的清洗、纠错机制,并且基于外部采集的数据,从更大维度评估客户的还款意愿和还款能力。最后,在风险可承受的范围内按照一定的比例,清洗一部分边缘用户,对风控模型的评判维度进行定期的释放,从而让整个模型不断适应整个消费分期客户属性的变化。

因此,典型互联网金融平台面对每天高流量的贷款申请和贷款发放(包括贷款额度和利率)可以实现系统自动处理,极大地降低了小额贷款处理的人工成本。而传统模式主要依靠物理网点和人员扩张来应对新增业务量,其边际成本很高,扩张的速度也十分有限,无法适应快速变化的用户需求。

第二节 互联网消费金融业务流程与模式

一、互联网消费金融的基本流程

互联网消费金融的基本流程如图 7.1 所示。

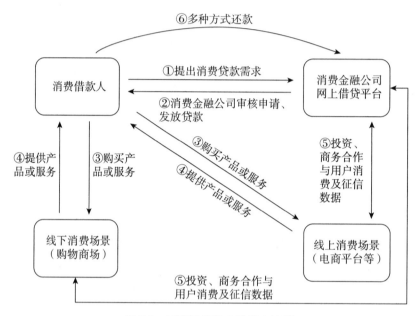

图 7.1 互联网消费金融基本流程

如图 7.1 所示,一般来说,整个互联网消费金融流程包括三个部分:消费金融服务商、消费场景及消费借款人。其中,消费金融服务商即消费金融公司。消费场景含线下消费场景与线上消费场景两种情形:线下消费场景即实体商场消费购物,该实体商场一般为消费金融公司的合作方;线上消费场景即电商平台网上购物消费,电商平台可以是消费金融公司的合作商务平台,也可以是消费金融公司的大股东或主要出资人平台。消费借款人即消费金融公司的消费贷款对象,也是各类情景消费、电商平台的消费服务对象。消费借款人与消费金融公司的关系是债权债务关系,与购物商场、电子商务平台为商品和服务的买卖关系。消费金融公司与购物商场、电商平台之间是投资、商务合作与消费数据与征信数据的提供与采集关系。

消费者在网络平台进行申请,填写个人基本资料,获得用户名、密码;消费金融公司网上借贷平台再根据大数据审核(包括消费者以往在电商平台的消费记录、购物评价等),对该用户进行授信额度评价,据以向消费者提供贷款或分期付款授信额度。消费借款人获取贷款后可以在实体商场购物消费,也可以在电商平台网上购物。

贷款是用于指定消费用途的人民币小额贷款,都要用于购买各自电商平台或者与之有协议的商户的商品或服务。具体可用于个人及其家庭的各类消费支出(不含购买住房和商业用房),如可用于住房装修、购买耐用消费品、旅游、婚嫁、教育等各类消费用途。

消费贷款的发放与偿还要遵守借贷约定条件。贷款利率高低按照借款人的信用情况,信用越好,利率越低。贷款期限一般为短期贷款。还款方式包括等额本息法、等额本金法、到期一次还本付息法、按期付息任意还本法等。借款人须按借款合同约定的还款计划、还款方式偿还贷款本息。

当个人还不上消费贷款时,消费金融服务商会采取以下流程:首先消费金融服务商会打电话催缴;当催缴无果后,消费金融服务商会派人上门催收;如果上门催收仍无效果,那么消费金融服务商会向法院提起诉讼,由法院执行还款。

所有欠贷不还不良记录都会自动采集到中国人民银行个人征信系统里,全国都能联网查询到。借款人申请贷款时,所有银行类金融机构①、消费金融公司发放贷款前都会查询其个人征信报告,有不良信用记录的借款人很难甚至不能办理任何贷款、信用卡。借款人的配偶办理贷款也会受到影响。

二、互联网消费金融的基本模式

目前市场上从事互联网消费金融业务的可大致分为三类:第一类是传统消费金融互联网化,主要是银行系;第二类是产业消费金融公司模式;第三类是依托于电商平台的互联网消费金融公司。

(一) 银行模式

银行互联网消费金融服务模式相对最为简单,消费者向银行申请消费贷款,银行审核并发放,消费者得到资金后购买产品或服务。目前,个人消费贷款业务在银行整体个人贷款业务中占比偏低。银行目前在积极布局网络消费的全产业链,丰富自身网上商城的消费场景,力图在相关领域追赶淘宝、京东等电商领先企业。

(二) 产业消费金融公司模式

产业消费金融公司的互联网消费金融服务模式与银行类似。一般情况下,消费金融公司的审核标准较银行的标准更为宽松,贷款额度为小额贷款。不过消费金融公司的整体实力和消费者的接受程度与银行相比,还有很大差距。早期的消费金融公司多以银行为设立主体,在试点放开之后,未来将有更多来自不同行业的设立主体参与到市场中来,

---

① 银行业金融机构,是指吸收公众存款的金融机构;在我国,是指在中华人民共和国境内设立的商业银行、城市信用合作社、农村信用合作社等吸收公众存款的金融机构以及政策性银行。

比较注重线上和线下双重消费场景,比如海尔消费金融①、苏宁消费金融②。

(三)电商平台模式

电商互联网消费金融服务模式主要依托自身的互联网金融平台,面向自营商品及开放电商平台商户的商品,提供分期购物及小额消费贷款服务。

2014年,京东商城③和天猫商城④两大电商平台陆续推出消费分期服务,京东白条与天猫分期是两类不同的模式:京东白条不仅针对自营商品,同时适用于联营的实物商品;天猫分期是针对平台上开通分期购物的商家的商品。

天猫消费分期模式的步骤为:①需要在天猫商家开通分期购物服务;②由天猫商家确定可以分期购物的具体商品;③天猫商城(蚂蚁微贷)再根据注册消费者历史交易数据对其进行授信;④消费者在商家选择分期购物商品;⑤蚂蚁微贷向商家支付货款;⑥消费者通过支付宝进行还款,具体如图7.2所示。

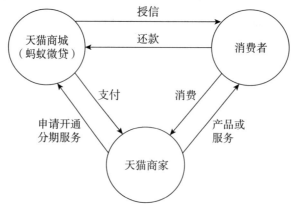

图 7.2 天猫分期模式

天猫消费分期模式对消费者的授信是基于淘宝历史交易数据,未获得授信的消费者以及授信额度不足以覆盖商品价格的部分需要消费者在余额宝冻结相应数额的资金。

天猫消费分期模式蚂蚁微贷的主要收益来自天猫商家及消费者支付的手续费。消费者信用风险是天猫分期的主要风险,蚂蚁微贷是主要风险承担者。天猫商城建立起的商家评价体系,对天猫商家具有较大的约束作用,但由于天猫分期目前并没有对接中国

---

① 海尔消费金融有限公司的简称,由海尔集团、海尔财务、红星美凯龙、绿城电商及中国创新支付大型企业集团共同发起成立,是我国扩大消费金融公司试点政策后第一家经中国银监会批准开业的全国性消费金融公司,也是我国首家由产业发起设立的产融结合消费金融公司。

② 苏宁消费金融有限公司简称,为苏宁云商子公司,成立于2015年5月;苏宁云商,全称为苏宁云商集团股份有限公司,是中国的一家连锁型家电销售企业,前身为江苏苏宁交家电有限公司、苏宁电器股份有限公司。

③ 京东商城,京东集团下属企业;京东集团是中国最大的自营式电商企业。

④ 天猫商城,是中国最大的企业对消费者购物网站,由淘宝网分离而成,现为阿里巴巴集团的子公司之一,其店铺多为知名品牌的直营旗舰店和授权专卖店。天猫同时支持淘宝的各项服务,如支付宝、集分宝支付等。

人民银行的征信系统,对消费者的约束作用相对较小。选择优质消费者以及对消费者的授信就是天猫分期风险控制的关键。

京东白条模式的步骤包括:①京东根据消费者在京东上的历史交易数据对其进行授信,授信额度为6 000—15 000元;②消费者到京东商城进行消费;③如果消费者选购京东自营商品,支付环节在京东内部完成,如果消费者选购第三方卖家的联营商品,由京东将货款先行支付给第三方卖家;④京东或第三方卖家向消费者发货;⑤消费者按约定向京东还款。具体如图7.3所示。

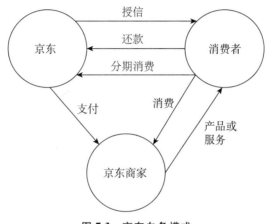

图7.3 京东白条模式

京东白条模式的收益来自消费者分期付款的手续费,京东白条服务有助于销售规模的提升,可以带来额外的利润。在京东白条模式中,京东是实际风险承担者,消费者信用风险是主要风险。通过消费者交易数据对其授信是京东白条风险控制的关键。

以上几种互联网消费金融模式都是发展中的实际运营模式,此外,还存在P2P网贷消费金融模式与大学生消费分期模式。这些不同模式的存在使得消费者对消费金融服务的选择极大丰富,但同时也衍生出不同程度的金融风险。随着我国互联网金融监管空白期的结束,上述互联网消费金融模式都将统一于消费金融公司模式。

第三节 互联网消费金融的行业规范与发展趋势

互联网消费金融是传统银行消费金融的一个拓展,在鼓励发展的同时也需要对其进行严格的行业规范。在未来,我国互联网消费金融将在规范的基础上得到进一步的健康发展。

一、互联网消费金融的行业规范

在我国,互联网消费金融由中国银监会监管。伴随互联网消费金融的发展,中国银监会在原有消费金融监管基础上对互联网消费金融进行了进一步的规范。

(一) 互联网消费金融的行业规范背景与进程

国内严格意义上的互联网消费金融起步于2009年,其标志是消费金融公司的试点。为了刺激消费,拉动经济增长,国家先后出台多项政策鼓励消费金融公司的发展。2009年,中国银监会颁布了《消费金融公司试点管理办法》,经国务院批准后在北京、天津、上海和成都四地试点。2010年,包括捷信消费金融公司在内的4家试点消费金融公司正式获批成立。2013年,中国银监会修订完善《消费金融公司试点管理办法》,新增10个城市参与试点。2015年6月,国务院召开常务会议决定,放开市场准入,将消费金融公司试点扩大至全国。审批权也下放到省级部门,同时为消费金融定调,重点服务中低收入人群,这样有利于释放消费潜力、促进消费升级。中国人民银行、中国银监会也发布了《关于加大对新消费领域金融支持的指导意见》,要求培育发展消费金融组织体系,加快推进消费信贷管理模式和产品创新,加大对新消费重点领域的金融支持等。《2016年政府工作报告》中也首次提到了消费金融的发展,"鼓励金融机构创新消费信贷产品"。

自2009年我国开展消费金融公司试点以来,行业的业务规模、盈利能力、客户群体增长迅速,消费金融市场随之成长壮大。随着国家鼓励消费政策的明确与消费金融公司试点的全面放开,除银行外,电商、P2P网贷公司、第三方支付公司等多类主体纷纷开始申请消费金融公司牌照。根据中国银监会统计,截至2016年12月,全国已批准开业消费金融公司16家,已批准筹备尚未开业3家,正在审核3家,进行尽职调查5家。截至2016年9月末,消费金融行业资产总额为1 077.23亿元,贷款余额为970.29亿元,平均不良贷款率为4.11%,贷款拨备率为4.18%。消费金融公司通过合作促销等手段,不但为耐用消费品合作商户提高了40%—50%的销售额,而且培育了一批新的消费增长点。此外,股权结构不断优化,成为民间资本进入金融业的重要途径。现有的消费金融公司中有2家为民营控股公司,其他大部分公司均有民间资本参股。

消费金融行业的基本客户定位为中低收入群体,自试点以来,行业已累计发放贷款2 084.36亿元,服务客户2 414万人,平均单笔贷款金额0.86万元。2016年前三个季度行业累计发放单笔5 000元以下贷款的笔数占全部贷款笔数的60%。小额消费需求被较好地覆盖,产品涵盖装修、教育、旅游、耐用消费品等诸多领域。

消费金融因具有"无抵押、无担保""小额、分散""面向中低收入者"的特点,风险处于合理、可控范围。消费金融公司通过提供额度小、门槛低的金融产品,有效地提升了中低收入者的消费能力。消费金融公司作为与商业银行传统消费信贷业务差异化竞争、互补发展的新型金融主体,已成为拉动内需、促进消费增长的新的积极因素。

近年来,消费金融呈现将产品和服务向三四线城市不断下沉的趋势,同时着力探索利用互联网技术服务消费信贷新模式,逐步构筑线下网点和线上渠道互为补充的业务网格体系。

然而,伴随我国消费金融市场的迅速壮大,这个市场也的确出现了较多问题。一段时间以来,从大学生裸条借贷,到大量新进入者进入次级信贷领域,不断引发行业坏账率高、跑路频发等风险事件,消费金融市场乱象丛生。其原因主要有下述:一是消费金融市场处于多头管理,缺乏统一的法律规范。目前我国持牌消费金融公司,归中国银监会监管;小贷公司归地方金融办监管;而大部分实际从事消费金融的互联网企业就没有明确的监管机构。消费金融市场处于多头管理甚至无人管理的状态。二是部分消费金融公司的风控能力和业务模式陷入信任危机。个别消费金融公司与担保公司或资产管理公司等中介合作去拓展客户,消费金融贷款的小额、分散原则难以保证,部分合作公司违规套取资金,贷款客户并非实际资金使用人,资金用途和去向不透明。由于消费金融大多是无担保、无抵押贷款,风险系数相对来说也比较高,一些不成熟的平台很难轻松把控。此外,我国征信体系具有信息不对称的先天不足因素,而消费金融的客户群体又大多具有中国人民银行无征信特点,随着消费市场的不断扩大,诚信风险也会积聚。

因此,要保证行业的良性发展,互联网消费金融应该进一步完善法律规范。

(二) 互联网消费金融的行业规范

在我国,对互联网消费金融的法律规范是与消费金融公司试点同步进行的,中国银监会对消费金融公司设立了严格的监管标准。监管目的是要在有利于消费金融发展的同时,使得消费者权益得到有效保护,并防范可能的金融风险。

2009年7月,经国务院同意,中国银监会颁布了《消费金融公司试点管理办法》,为试点消费金融公司的准入、监管和规范经营提供了重要的法律保障。但随着消费金融公司试点实践的发展,其中的部分条款已不能完全满足公司和市场深化发展的实际需要;同时,为贯彻落实国务院办公厅于2013年7月5日发布的《关于金融支持经济结构调整和转型升级的指导意见》的有关要求,中国银监会在全面总结消费金融公司试点运营经验并充分征求相关部门和机构意见的基础上,对《消费金融公司试点管理办法》进行了修订。2013年11月,修订后的《消费金融公司试点管理办法》(以下简称《试点办法》)予以公布,自2014年1月1日起施行;同时,原《消费金融公司试点管理办法》(中国银监会令2009年第3号)予以废止。

《试点办法》共五章三十九条,对消费金融公司的设立、变更与终止,业务范围及经营规则,监管指标及消费者的保护等做出了规定。

与原办法相比较,修订后的《试点办法》在以下几方面做出了重要调整:增加主要出资人类型,促进消费金融公司股权多样化,以充分利用民间资本和消费金融优势资源;放开营业地域限制,允许消费金融公司在风险可控的基础上逐步开展异地业务;根据业务发展的实际需要,增加吸收股东存款业务,以进一步拓宽资金来源;将消费金融公司发放消费贷款的额度上限由"借款人月收入5倍"修改为"20万元";增加公司风险管理的自主权,删除"消费金融公司须向曾从本公司申请过耐用消费品贷款且还款记录良好的借款人发放一般用途个人消费贷款"等限制性要求。

《试点办法》规定,消费金融公司的主要出资人应为中国境内外依法设立的企业法人;消费金融公司的最低注册资本为3亿元人民币或等值的可自由兑换货币;消费金融公司在试点阶段的业务范围仅包括个人耐用消费品贷款和一般用途个人消费贷款,不涉及房地产贷款和汽车贷款;消费金融公司应当按照中国银监会的有关规定,建立健全公司治理架构和内部控制制度,制定业务经营规则,建立全面有效的风险管理体系;消费金融公司的资本充足率不低于中国银监会的有关监管要求;同业拆入资金余额不高于资本净额的100%;资产损失准备充足率不低于100%。为保护消费者权益,《试点办法》规定了三方面相关内容:一是消费金融公司对借款人所提供的个人信息负有保密义务,不得随意对外泄露;二是借款人未按合同约定归还贷款本息的,消费金融公司应当采取合法的方式进行催收,不得采用威胁、恐吓、骚扰等不正当手段;三是业务办理应当遵循公开透明原则,充分履行告知义务,使借款人明确了解贷款金额、期限、价格、还款方式等内容,并在合同中载明。

2015年7月18日,中国人民银行等十部委联合印发了《关于促进互联网金融健康发展的指导意见》,进一步明确:消费金融公司通过互联网开展业务的,要严格遵循监管规定,加强风险管理,确保交易合法合规,并保守客户信息。消费金融公司要制定完善产品文件签署制度,保证交易过程合法合规,安全规范。

上述国家政策与部门监管办法为我国互联网消费金融的健康发展提供了原则方向和监管操作规范框架。

二、我国互联网消费金融的发展趋势

互联网消费金融代表着产融结合的新方向,未来几年我国互联网消费金融在规模结构上都会取得巨大发展。未来互联网消费金融将呈现出以下趋势:

(一)将获得国家政策的大力支持,市场存在巨大发展空间

我国消费金融经过十多年的发展,伴随着新型城镇化战略的推进,城镇人口不断增加;年轻消费群体逐渐成长,传统消费观念不断改变,通过消费金融适度提前消费的理念越来越为民众所接受;加之互联网金融的发展和征信体系的完善,也将使消费金融业务效率显著提高,我国消费金融发展面临广阔的市场空间。未来相当长的时间内,在经济转型、政府推动消费发展出台刺激消费及其配套政策、居民个人可支配收入快速提高、农村消费追赶城市趋势的带动下,我国消费金融特别是在二三线城市和城镇地区,将进入黄金发展期。

近年来伴随着我国经济转型对刺激消费、扩大内需进而调整经济发展结构的迫切需求,以及居民收入和消费能力的提升,消费金融行业快速发展,我国含住房、汽车消费信贷余额从1997年的172亿元增长到2014年的15.4万亿元,占金融机构信贷余额的比例从1997年的0.2%上升到2014年18.3%,未来几年消费信贷将保持20%以上的平均增速。然而,目前,消费信贷总额在我国GDP中占比仍然相对不足,其中非住房消费贷款总额在GDP中占比低于2%。消费金融潜在发展空间巨大。

中国过去几年的实践充分表明了消费金融试点的推行有利于践行普惠金融理念。经济新常态下,消费对经济增长的作用更加凸显,消费金融试点政策也由点及面,全面推开。2015年中国政府出台的一系列稳增长政策中包含了多项促消费政策,从加强与消费相关的基础设施建设到调整消费相关的税收政策,从促进新能源汽车普及到提振住房消费增长,从促进旅游业发展到鼓励电子商务发展,这些促进消费的政策将逐步发挥效力,真正在未来实现消费结构升级的目标。消费结构升级的核心是通过发展现代流通、完善市场体系、改善消费环境、培育市场增长点,引导消费朝着智能、绿色、健康、安全的方向转变。发展规范电子商务,促进线上线下融合,会对提升消费升级起到重大推进作用。《关于促进互联网金融健康发展的指导意见》明确表示要"积极鼓励互联网金融平台、产品和服务创新,激发市场活力。鼓励……消费金融等金融机构依托互联网技术,实现传统金融业务与服务转型升级,积极开发基于互联网技术的新产品和新服务"。2016年,《政府工作报告》也提出要在全国开展消费金融公司试点,鼓励金融机构创新消费信贷产品。在政策的助力下,消费金融将迎来新一轮发展。

当前,消费金融市场被业界看好,除传统的银行和消费金融公司之外,互联网企业也纷纷进军消费金融市场,电商、分期网站、P2P平台均有涉足。阿里、京东、苏宁、生意宝等电商巨头,纷纷推出基于消费场景的分期贷款业务,如蚂蚁金服"花呗"、京东"白条"、苏宁"任性付"、生意宝参股的"杭银消费"等。电商企业快速抢占这一领域的同时,银行推进消费金融业务势在必行,借助银行在传统金融市场的优势,结合电商企业的大数据支持,在"互联网+"这片竞争蓝海下,传统银行和电商的跨界融合必将推动消费金融规模及结构的升级。随着互联网金融行业的整体规范发展,居民消费观念的进一步升级,以及对互联网消费金融服务模式的逐步认可,未来几年互联网消费金融将保持强劲增长势头。

(二) 突出普惠金融特色

互联网消费金融的功能定位是,坚持贷款"小额、分散"原则,服务中低收入人群消费升级。在现有政策框架下,消费金融公司唯有坚持与商业银行错位竞争、互补发展,秉承"普惠金融"的理念,以培养新消费增长点为目标,加快理念更新、运营机制创新,凸显场景式服务特色,依托"小、快、灵"等独特优势,谋求特色化发展。互联网特别是移动互联网技术在消费金融领域的应用,使得消费金融服务更具普惠性和覆盖性,不仅覆盖到生活消费的各个场景,还能够覆盖更多的中低端用户群体,包括农民工等流动人口,以及大学生等中低端用户群体。突出普惠金融特色,打造与之匹配的金融产品与服务将成为互联网消费金融的品牌战略。

(三)消费企业将成为市场主体,应用场景的重要性空前上升

互联网消费金融是在互联网的基础上结合了消费与金融的产业,在未来的发展中,基于真实消费背景的互联网消费金融更具优越性。电商平台更贴近消费者,可以通过对消费品更为灵活多样的定价和支付模式,设计出更符合市场预期的商品交易模式。

消费金融主要有两个来源:一是消费流通企业自主开发消费金融服务,例如电商平台组建消费金融公司;二是消费流通企业与消费金融公司合作,例如电商平台与互联网金融企业建立合作伙伴关系。其中,消费流通企业掌握着两方面优势——了解用户和掌控交易。用户的行为更多地发生在消费流通企业中,因此消费流通企业更容易把控用户的消费行为,包括价格偏好、品类偏好等。通过这些信息,企业可以判断用户的消费金融需求,了解客户的消费能力,并判断用户的还款能力。而掌控交易则控制了资金的流向,无论资金来自哪里,交易环节一定发生在消费流通企业的范围内,这样便进一步明确了贷款资金的实际用途。

对于互联网消费金融来说,最关键的就是基于消费场景的体验。从目前的互联网消费金融来看,应用场景的争夺已经从线上走向线上+线下,即渠道竞争的O2O化成为未来的发展趋势。从根本上看,渠道的重要性主要来自场景的重要性,对于消费金融而言尤其如此,因为消费金融属于一种嵌入式业务,只有与场景密切结合才能更方便、更快捷地拓展客户和开展业务。渠道的O2O化在手机行业和电商行业表现尤为明显,2016年以来大型电商与大型线下商业超市的合流已成为明显的趋势。

(四)垂直化

垂直化发展对企业来说,无论是专业化,还是需求把控、风险管理等都有一定的优势。垂直化包括两个维度:行业垂直化和用户垂直化。行业垂直化方面,互联网消费金融领域涉及众多产业,例如旅行、数码、家具、汽车、教育、家电、房产等,各个细分领域的经营模式、行业结构都不一样,因此,对于涉足该领域的互联网消费金融企业来说,不但要具备互联网金融的行业经验,更要深入了解所在细分领域的市场特点。用户垂直化方面,客户的消费水平高低有别,要根据不同消费能力的客户,制定明确的市场定位,推荐

适合的消费产品。消费金融正在向更加细分化和垂直化的方向发展,根据不同人群、不同消费产品的互联网消费金融产品化分得越来越细,而细分、垂直化带来的也是行业的优化,每个领域,每一条行业线,都有更为专业的互联网消费金融公司出现。

（五）在产品、服务及风险管理方面与大数据技术进行深度融合

消费金融也是金融,也是信用风险和欺诈风险的高发领域,这为大数据服务提供了广阔的市场空间。一般来说,大数据服务商可以提供身份验证、用户画像、信用评估、黑名单、实时预警、催收管理、账户安全、数据安全、系统安全、恶意营销管理、羊毛党[1]识别等服务,传统金融机构、互联网金融巨头、数以千计的在线借贷企业和第三方支付企业都是大数据服务商的客户。

消费金融公司可以将大数据应用在以下几方面:第一,通过对行业客户的信息数据进行分析,开发出新的预测模型,实现对客户消费行为的预测,提高客户的转化率。第二,运用大数据分析整体市场运行情况、历史发展情况,寻找其中的金融创新机会。第三,用于风险成本管理。一方面,大数据可以用来建立风控模型,提高风险效率,降低风控成本;另一方面,对业务数据进行分析,降低业务成本并发掘新的利润空间。

（六）信用体系建设水平将被放到重要位置

信用体系建设水平决定了互联网消费金融发展的深度和广度。未来小额信用的甄别非常重要,各类信用平台不断增多,通过各类渠道进行数据采集、信用分析,形成大的信用体系平台,这是非常重要的。近年来,信用中介机构逐步发挥作用,加之现在互联网金融中的违约问题屡见不鲜,这使得社会重视建立并逐步完善信用体系。现在最大的问题在于,国内无论是政府主导下的中国人民银行征信体系还是布局互联网个人征信的企业,其数据都没有形成一个良好的体系,需要进一步加强彼此之间的合作与对接。未来全社会的互联网金融数据会进一步整合,并打破现有的数据壁垒,建设完善的信用体系,这也必将成为未来互联网金融企业的核心竞争力。

总之,在互联网渗透全行业的今天,包括消费金融在内的中国金融产业的互联网化已是大势所趋。消费金融的互联网化包括产品的互联网化、服务模式的互联网化和风险管理模式的互联网化。首先,在互联网消费中还有很多尚未开发的需求,例如养老、健康、家政、教育培训、文化体育等服务消费等,可以通过互联网技术的发展逐步挖掘,从而设计出更多、更好的产品;其次,互联网改变了人们的消费习惯,消费的时空、支付方式等都发生了变化,如何在互联网条件下更好地满足消费者的需求,需要创新服务模式和渠道;最后,在互联网消费下,可以通过技术手段记录消费者的交易信息、资金信息等,这对

---

[1] 羊毛党,起源于互联网金融的 P2P 平台,是指那些专门选择互联网渠道的优惠促销活动,以低成本甚至零成本换取物质上的实惠的人。拼抢这些促销活动的行为被称为"薅羊毛"。

于金融机构控制风险、提高风险管理水平是一笔巨大的财富,同时也对传统风险控制模式提出了挑战。

未来,随着国内消费热潮的兴起,消费人群逐渐扩大,改善生活的观念不断加强,这都为互联网消费金融带来更大的能量;消费场景的开发、消费人群的细分也都为互联网消费金融赋予更多的内涵;在进一步完善监管体系的护航下,互联网消费金融的未来发展具有更加广阔的前景。

本章小结

1. 互联网消费金融,是消费金融公司通过互联网向消费者提供消费贷款的金融服务。

2. 相较于传统消费金融,互联网消费金融大大提升了效率;与此同时,互联网消费金融也有着自身特定的风险。

3. 互联网消费金融也具有金融所特有的信息不对称、逆向选择、道德风险等共性问题;与传统的银行消费金融相比较,其又有着自身特点。

4. 互联网消费金融模式可大致分为三类:第一类是传统消费金融互联网化,主要是银行系;第二类是产业消费金融公司模式;第三类是依托于电商平台的互联网消费金融公司。

5. 在我国现阶段,发展互联网消费金融具有特别重要的意义。

6. 在我国,互联网消费金融由中国银监会监管。伴随互联网金融的发展,互联网消费金融得到了进一步的规范。

7. 消费金融的互联网化包括产品的互联网化、服务模式的互联网化和风险管理模式的互联网化。

8. 面向未来,互联网消费金融将被赋予更多的内涵,行业在进一步完善监管体系护航下其发展将具有更加广阔的前景。

关键概念

互联网消费金融　　　　　　　消费金融
消费金融公司　　　　　　　　消费贷款
个人耐用消费品贷款　　　　　一般用途个人消费贷款

复习思考题

1. 什么是互联网消费金融?
2. 互联网消费金融有哪些特点?

3. 互联网消费金融有何作用?
4. 互联网消费金融有哪些业务模式?

课后练习题

1. 试述互联网消费金融的性质。
2. 简述互联网消费金融的基本流程。
3. 试比较不同互联网消费金融模式的特点。

数据资料与相关链接

1. http://www.circ.gov.cn/(中国银监会)。
2. http://www.china-cba.net/(中国银行业协会)。

延伸阅读

1.《消费金融公司试点管理办法》(中国银监会令2013年第2号)。
2.《关于加大对新消费领域金融支持的指导意见》(银发〔2016〕92号)。
3. 中商情报网:《2016互联网消费金融趋势分析》。
4. 网易科技:《2015年互联网消费金融图谱:寻找未来的独角兽》。

第八章

第三方支付

本章导论

互联网支付是互联网金融发展的基础,第三方支付则是互联网支付的一种主要业务模式。第三方支付不仅在弥补银行服务功能空白、提升金融交易效率等方面表现突出,在健全现代金融体系、完善现代金融功能方面也起着重要作用;同时,第三方支付须要实施严格监管,在规范的基础上有序发展。

主要内容

本章首先介绍第三方支付的概念,其次介绍第三方支付的业务流程与运营模式,最后对不同类型的第三方支付运营模式进行比较分析,并讨论第三方支付的发展现状与未来趋势。

知识与技能目标

通过本章学习,学生应当了解第三方支付的发展概况;理解第三方支付的构成要素、业务流程和交易规则;清楚不同类型第三方支付的主要特征。

第八章 第三方支付

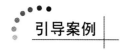

新品牌便民交易终端捷诚宝发布

案例导读：第三方支付是新兴支付机构作为中介，利用互联网技术在付款人和收款人之间提供的资金划转服务。第三方支付具有多种形式，本案例显示的是我国第三方支付的一个新型产品——捷诚宝。产品的服务对象主要是中小型、微型商家。本案例有助于我们了解第三方支付的具体类型。

一种新的第三方支付工具——收缴一体化的智能终端机捷诚宝近日在京发布。

捷诚宝是中国（香港）诚泰投资集团的子公司——北京捷成易付信息技术有限公司依托自有技术研发的线下电子商务智能终端产品线。它的惠民服务功能包括从传统的POS银行卡支付、信用卡还款、网购支付宝充值，到如水电燃气物业费缴纳、餐饮消费、车票机票订购、医疗教育支付、农村信用社服务等便民支付。捷诚宝依托丰富的服务运营平台，与中国银联、银联商务、支付宝等业内巨头建立合作关系，从支付公司、清算平台到电商平台，其服务已经可以全方位覆盖当前的主流行业，为企业单位、小区物业、农村合作社、房地产及汽车业等解决安全支付的时间、空间难题。

据介绍，"功能强大、服务贴心、审批简单、回报丰厚"，将是捷诚宝在未来市场中的核心竞争力。相对于传统的第三方POS机和银行POS机来说，捷诚宝有着较强的市场竞争优势。一是面向对象更广，不再仅仅只面向大中型企业，也对小型企业、家庭用户甚至个人用户敞开了大门；二是审批资质简单，打破传统规则，让客户方便快捷地拥有捷诚宝产品；三是功能更加强大，以往便民缴费和银行收单机都是分离的，而作为收缴一体化的智能终端机，捷诚宝能够满足收款、缴费、销售一体化，可以直接降低硬件成本；四是具有创利功能，通过捷诚宝智能终端产品内的"终端返利"功能，可将其他第三方支付平台的部分服务收益返还给终端用户；五是终端理财服务，在推出的智能终端上会加入投资及理财的相关功能，让用户通过捷诚宝得到支付、返利、创业、理财的一站式服务，并拥有自己的会员积分卡系统。总之，相比之前市场上的第三方支付工具，从固定智能终端到移动智能终端、PAD智能终端、蓝牙智能终端……捷诚宝的产品形式更加灵活多样，便于携带、使用，安全可靠，可以为广大中小型、微型商家带来数字化的便利服务。

资料来源：新华财经，2014年3月5日。

第一节 第三方支付的概念

第三方支付是一种非金融机构提供的支付服务。与传统支付服务相比较，第三方支付有其独有的特征，也有其自身的局限。

一、第三方支付的定义及其主要特征

第三方支付是一种由第三方提供的支付服务。随着中国网络购物行业的发展,越来越多的非银行类企业开始介入支付领域提供支付服务。

第三方支付有广义和狭义之分。狭义上,第三方支付是指具备一定实力和信誉保障的非银行机构,借助通信、计算机和信息安全技术,采用与大型银行签约的方式,在用户与银行支付结算系统间建立连接的电子支付模式。广义上,第三方支付是指非金融机构作为收、付款人的支付中介所提供的网络支付、预付卡、银行卡收单以及货币当局确定的其他支付服务。① 下面讨论仅指第三方支付的狭义定义。

第三方支付的业务范围主要是指各种形式的网络支付。网络支付业务,是指收款人或付款人通过计算机、移动终端等电子设备,依托公共网络信息系统远程发起支付指令,且付款人电子设备不与收款人特定专属设备交互,由支付机构为收付款人提供货币资金转移服务的活动。

根据中国人民银行《非银行支付机构网络支付业务管理办法》②的界定,网络支付业务,应同时具备四个基本特征:①为收付款人提供资金转移服务的主体是支付机构;②支付指令的发起借助于计算机、移动终端等电子设备;③电子设备经由公共网络信息系统与相关后台系统交互并传递支付指令;④支付指令发起过程中,付款人的电子设备不与"收款人特定专属设备"交互。

收款人特定专属设备,是指专门用于交易收款,在交易过程中与支付机构业务系统交互并参与生成、传输、处理支付指令的电子设备。具体包括POS等传统受理终端,以及可生成、读取、识别条码(二维码)、声波、光线等信息传输介质并发起交易的新型受理设备。

第三方支付平台本身依附于大型的门户网站,且以与其合作的银行的信用作为信用依托,因此第三方支付平台能够较好地突破网上交易中的信用问题。

第三方支付的运转依托于网络。它所提供的第三方支付平台是一个为网络交易提供保障的独立机构。第三方支付平台不仅具有资金传递功能而且可以对交易双方进行

---

① 参见《非金融机构支付服务管理办法》(中国人民银行令〔2010〕第2号)。依据该办法,非金融机构支付服务,是指非金融机构在收付款人之间作为中介机构提供下列部分或全部货币资金转移服务:(1)网络支付是指依托公共网络或专用网络在收付款人之间转移货币资金的行为,包括货币汇兑、互联网支付、移动电话支付、固定电话支付、数字电视支付等。(2)预付卡的发行与受理,是指以营利为目的发行的、在发行机构之外购买商品或服务的预付价值,包括采用磁条、芯片等技术以卡片、密码等形式发行的预付卡。(3)银行卡收单,是指通过销售点(POS)终端等为银行卡特约商户代收货币资金的行为。

② 参见中国人民银行公告〔2015〕第43号。

约束和监督。第三方支付平台支付手段多样灵活,用户可使用网络、电话、手机短信等多种方式进行支付。较之 SSL、SET① 等支付协议,利用第三方支付平台进行支付操作更加简单且易于接受。

第三方支付基于与大型银行、网络服务提供商、特约商户等签订合作协议以及与消费者签订网络协议的多方协议进行。第三方机构与各个主要银行之间签订有关协议,使得它们之间可以进行某种形式的数据交换和相关信息确认,并通过第三方支付平台提供一系列的应用接口程序,将多种银行卡支付方式整合到一个界面上,负责交易结算中与银行的对接。这样第三方机构就能实现在银行卡持卡人(消费者)与各个银行,以及最终收款人(商家)之间建立一个功能完整的支付流程,实现网络购物物流与资金流的无缝对接。

第三方支付中的机构是非金融机构,其实质是具有支付业务资格的企业。支付机构是指依法取得《支付业务许可证》,获准办理互联网支付、移动电话支付、固定电话支付、数字电视支付等网络支付业务的非银行机构。故与从事普通商业性服务的一般性企业不同,第三方支付企业虽不是金融企业,却具备了与传统金融机构类似的为社会提供支付服务的功能,因而具备了特定金融服务的性质。

国内第三方支付市场主要有三类企业:一是独立的第三方网上支付公司,如快钱②;二是"电子商务平台+网上支付工具"的模式,如淘宝网③的支付宝④等;三是银行系,典型代表是中国银联旗下的银联在线⑤。

第三方支付公司的收入来源主要有交易手续费、行业用户资金信贷利息及服务费收入和沉淀资金利息等。

二、第三方支付在支付体系中的地位和作用

第三方支付属于我国支付系统中的一个新的组成部分。第三方支付的发展既是对传统支付清算体系的拓展和补充,又促进了现代支付体系的发展。

---

① SSL 即由 Netscape Communication 公司设计开发的网络安全协议。SSL 证书作为国际通用的产品,解决了网民登录网站的信任问题,网民可以通过 SSL 证书轻松识别网站的真实身份;SET 协议为安全电子交易协议,是由 Master Card 和 Visa 联合 Netscape 和 Microsoft 等公司,于 1997 年 6 月 1 日推出的一种新的电子支付模型。
② 快钱公司,是国内领先的独立第三方支付企业,成立于 2004 年,总部位于上海。
③ 淘宝网,亚太地区大型网络零售商务平台,由阿里巴巴集团在 2003 年 5 月 10 日投资创立。其业务包括 C2C(个人对个人)、B2C(商家对个人)两大部分。
④ 支付宝,全称为支付宝(中国)网络技术有限公司,为国内领先的第三方支付平台,于 2004 年建立,公司总部位于浙江省杭州市。
⑤ 银联在线(Chinapay),中国银联下属互联网业务综合商务门户网站,主要面向广大银联卡持卡人提供"安全、便捷、高效"的互联网支付服务。

(一)第三方支付是对我国支付结算方式的有益补充

支付结算是一国金融基础设施的核心构成部分。在现代经济中,所有的经济交易都离不开货币资金的支付。货币资金的支付要素和规则构成了一国的支付清算系统。

支付清算系统又称支付系统,是一个国家或地区对交易者之间、金融机构之间的债权债务关系进行清偿的系统。支付系统由提供支付清算服务的中介机构和实现支付指令传送及资金清算的专业技术手段共同组成。

目前,我国国家支付清算系统包含中央银行支付清算系统、银行业金融机构支付清算系统、金融市场支付清算系统以及第三方服务组织支付清算系统。国家支付清算系统以中央银行为核心、商业银行为主体,为金融从业机构提供高效、安全的支付清算及结算安排,并且符合国际支付清算监管惯例和准则,同时也兼容支持互联网金融的发展需要。

于2012年年底上线的第二代清算系统将更加适应新兴电子支付的业务处理,系统含跨行网银互联子系统,可以实现不同银行网银系统的互联互通、跨行网银支付业务的实时处理,客户可以实时了解跨行支付指令的到账情况。

第三方支付不同于金融机构主导的网络支付。金融机构主导的网络支付是指通过金融机构,使用安全电子支付手段通过网络进行的货币支付或资金流转。金融机构主导的网络支付是我国国家支付清算体系的主体,主要包括电子货币、电子信用卡、电子支票的银行网络支付。第三方支付机构主要为电子商务发展服务和为社会提供小额、快捷、便民小微支付服务,基于客户的银行账户或者按照相关规定为客户开立支付账户提供网络支付服务。

支付账户,是指获得互联网支付业务许可的支付机构,根据客户的真实意愿为其开立的,用于记录预付交易资金余额、客户凭以发起支付指令、反映交易明细信息的电子簿记。

支付账户有别于银行账户,支付机构更不是银行,因而从功能地位上看,第三方支付是支付市场的补充者,其主要功能是充当网络购物中钱款收付的中介,从而与商业银行形成互助、互补的关系。不过,支付机构尽管不能为金融从业机构开立支付账户,但仍可基于银行账户为其提供网络支付服务。支付机构可以通过与银行深化合作,实现优势互补,建立良好的网络支付生态环境与产业链,进一步提升业务创新,增强服务实体经济和抵御风险的能力,共同推动互联网金融业态多元、持续、健康发展。

第三方支付在我国支付体系①中的地位如图8.1所示。

---

① 指第一代支付系统,于2012年年底上线的第二代支付系统是一个更开放兼容的系统。

第八章 第三方支付

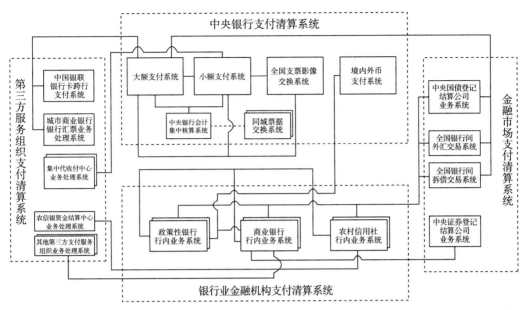

图 8.1 中国支付清算体系总体结构

资料来源：中国人民银行，平安证券研究所。

由图8.1可见，第三方支付在我国国家支付清算系统中是一个从属补充的地位，属于第三方服务组织清算系统中的一个构成部分。

（二）第三方支付丰富了支付结算方式的内容

在支付结算中，支付方式可分为一步支付方式和分步支付方式，前者包括现金结算、票据结算（如支票、汇票）、划转结算（如电汇、网上支付），后者包括信用证结算、保函结算、第三方支付结算。

一步支付是钱款两清的支付方式，适合现货标的①的面对面交易；分步支付方式适合交易双方不见面、钱货不同步交收的场合。在分步支付中，款项从启动支付到所有权转移至对方不是一步完成的，而是在中间增加中介托管环节，由原来的直接交付改进到间接划转，业务由一步完成变为分步操作。分步支付实现了货款分流，买卖双方可以第三方机构为信任中介规避信息不对称风险。

传统支付方式往往是一步支付。其中，现金结算和票据结算适于当面现货交易；划转结算中的电汇及网上直转也是一步支付，适于买卖双方互不见面的现货交易，但若无信用保障或法律支持，容易引发非等价交换风险，即买方先付款后不能按时按质按量收取标的，卖方先交货后不能按时如数收到价款，被拖延、折扣或拒付等引发经济纠纷的事件无法避免。

---

① 指合同当事人双方之间存在的权利和义务关系，如货物交付、劳务交付、工程项目交付等。它是合同成立的必要条件，是一切合同的必备条款。

第三方支付的主要优点是可以最大限度地满足网络交易需求。在虚拟的无形市场,交易双方互不认识,网上交易双方无法像线下交易那样一手交钱一手交货,买方担心付款之后收不到货,卖方担心发货之后收不到款项。博弈的结果是双方都不愿意先冒险,网上购物便无法进行。为解决网络购物过程中因信息不对称而导致的买卖双方互不信任问题,第三方支付应运而生。

第三方支付是买卖双方在缺乏信用保障或法律支持的情况下的资金支付"中间平台"。作为网上交易双方信用的第三方担保,第三方担当中介保管及监督的职能,通过支付托管实现支付保证。买方将货款付给买卖双方之外的第三方机构提供的支付平台,第三方机构通过在收付款人之间设立支付账户,控制货款资金流向,只有双方意见达成一致才能决定资金去向。

在互联网时代,第三方支付方式的出现丰富了支付结算方式的内容,推动了网络购物的发展。

三、第三方支付的局限

与任何新生事物一样,第三方支付方式也有其自身局限。第三方支付与结算采用的方式是否确实能做到低成本、快捷方便、安全可靠,还有待观察。主要问题有如下几个方面:

第一,主体资格和经营范围问题。虽然中国人民银行将第三方支付职能定位明确为网络小额支付,但第三方支付从事的业务介于网络运营和金融服务之间,其法律地位仍不明确。虽然多数第三方支付试图确立自己是为用户提供网络代收代付的中介地位,但是从所有第三方支付实际业务的运行来看,支付中介服务实质上类似于结算业务。此外,在为买方和卖方提供第三方担保的同时,平台上积聚了大量的在途资金,表现出类似银行吸收存款的功能。按照我国《商业银行法》规定,吸收存款、发放贷款、办理结算是银行的专有业务。第三方支付平台经营的业务已突破了现有一些特许经营的限制,究竟应当如何定位,需要在政策上进一步明确。

第二,在途资金和账户资金沉淀的风险。在支付过程中,第三方支付吸收的资金达到相当规模以后,就产生了资金安全问题和支付风险问题。第三方支付平台沉淀下来的在途资金往往放在第三方在银行开立的账户中,一般商家的资金会滞留两天至数周不等,在途资金的不断加大,使得第三方支付平台本身的信用风险指数加大,如果缺乏有效的流动性管理,则可能引发支付风险。

第三,反洗钱风险。由于网上银行在银行业务中占据的比重上升迅速,而且交易大都通过电话、计算机网络进行,银行和客户很少见面,这给银行了解客户带来了很大的难度,也成为洗钱风险的易发、高发领域。

第四,业务发展问题。受限于政策,现在国内的大多数第三方支付企业基本上是作为银行的一种代收渠道而存在,第三方支付企业的创新空间狭窄。比如,企业和企业之间的支付清算由第三方企业来做,从技术层面来说可以给企业带来价值。但实际上能否向第三方支付企业开放,要涉及原有银行的业务关系,还有监管层面,包括税务等相关一系列的政策。

第二节　第三方支付的业务流程与模式

第三方支付具有不同于传统支付的业务流程,其运营模式可以归为两大类:独立第三方支付模式和提供担保功能的第三方支付模式。

一、第三方支付的基本业务流程

第三方支付的基本流程是:买卖双方通过第三方独立机构提供的支付平台进行货款结算。在第三方支付模式中,买方选购商品后,使用第三方平台提供的账户进行货款支付(支付给第三方),并由第三方通知卖家货款到账、要求发货;买方收到货物,检验确认后,再通知第三方付款;第三方再将款项转至卖家账户。

在通过第三方平台支付的过程中,消费者的资金通常是先进入第三方支付在各签约银行开设的收款账户,然后第三方支付平台与商户进行结算,具体的做法如下:假设第三方支付平台在甲、乙两家银行均开设中间账户①,并且存入一定的结算备付金②。当用户向商家付款时,平台通知甲银行将用户账户上的相应货款扣除并在平台的中间账户上增加相同金额;然后通知乙银行将平台中间账户扣除相同金额并在商家账户上增加相同金额。这样,平台就分别通过与付款方和收款方的两次结算实现了一笔跨行支付③。第三方支付平台要在各家参与银行都开设中间账户,并且存入备付金。以银行卡为例,第三方支付流程如图8.2所示。

---

① 中间账户是指为降低双方交易风险而在第三方机构开设的用于存放双方交易资金的托管账户。
② 结算备付金是指结算参与人根据规定,存放在其资金交收账户中用于交易及非交易结算的资金。资金交收账户即结算备付金账户。
③ 跨行支付属于银行间(或银行与非银行清算组织间)的协议行为,当收、付款人不在同一家银行开户时,支付指令的跨行清算要通过多个系统间传输或转换。网上支付跨行清算系统定位于零售支付系统,企业客户同个人客户一样,可以办理5万元以下的支付业务,以及跨行账户信息查询业务等。

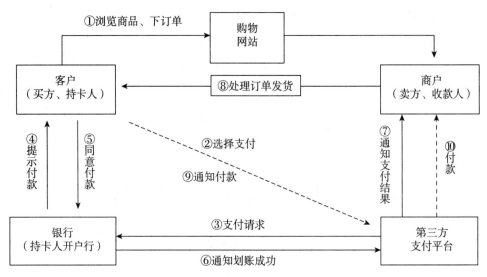

图 8.2 第三方支付基本流程

根据图 8.2,第三方支付包括下述步骤:

(1)网上消费者浏览商户检索网页并选择相应商品,下订单达成交易;

(2)在弹出的支付页面上,网上消费者选择具体的某一个第三方支付平台,直接链接到其安全支付服务器上,在第三方支付的页面上选择合适的支付方式(信用卡支付、网上银行支付、支付宝支付及拉卡拉支付等),点击后进入银行支付页面进行支付;

(3)第三方支付平台将网上消费者的支付信息,按照各银行支付网关技术要求,传递到相关银行;

(4)由相关银行(客户开卡行)向消费者提示付款;

(5)客户同意付款;

(6)由相关银行(银联)检查网上消费者的支付能力,实行冻结、扣账或者划账,并将结果信息回传给第三方支付平台和网上消费者;

(7)第三方支付平台将支付结果通知商户,并要求商家在规定时间内发货;

(8)接到支付成功的通知后,商户处理订单向网上消费者发货或者提供服务;

(9)客户收到货物并验证后通知第三方支付平台向商家付款;

(10)第三方将其账户上的货款划入商家账户中,各个银行通过第三方支付平台与商户实施清算,交易完成。

在交易结构上,第三方支付克服了传统网络购物中商家与消费者互不信任的缺陷,并且第三方支付模式使商家看不到客户的信用卡信息,同时又避免了信用卡信息在网络多次公开传输而导致的信用卡信息被窃事件。传统网络购物与第三方支付的交易结构比较如图 8.3 所示。

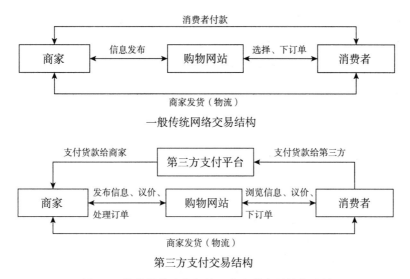

图 8.3　传统网络购物与第三方支付交易结构比较

图 8.3 上方为无第三方参与的传统网络购物的交易结构,下方为第三方支付的交易结构。传统网络购物难以克服因信息不对称而导致的买卖双方互不信任问题;而在第三方支付下,第三方独立机构以中立身份,建立起一个买卖双方都能信任的支付平台。买卖双方通过第三方支付平台进行商品的买卖和货款的结算,可以比较好地克服双方之间信息不对称的问题。卖家收到第三方支付平台的支付成功通知以后才发货,不至于财物两空;买家在收货验证后才通知第三方支付平台向商家付款,不至于物非所值。而作为第三方支付平台的签约方银行,以及买卖双方各自的开户行则起着货款资金的委托划转功能,较好地降低了交易结算风险。

二、第三方支付的主要业务模式

从发展路径与用户积累途径来看,目前市场上第三方支付公司的运营模式可以归为两大类:一类是支付宝模式;另一类是快钱模式。

（一）支付宝模式

支付宝模式即以支付宝、财付通为首的依托于自有 B2C（企业对客户）、C2C（客户对客户）电子商务网站,提供担保功能的第三方支付模式。货款暂由平台托管并由平台通知卖家货款到达、进行发货;在此类支付模式中,买方在电商网站选购商品后,使用第三方平台提供的账户进行货款支付,待其检验物品并确认后,就可以通知平台付款给卖家,这时第三方支付平台再将款项转至卖方账户。

支付宝实际上是一种虚拟的电子货币交易平台,通过对应银行实现账户资金的转移,也就是说支付宝资金的转移通过用户支付宝账户和银行账户进行,商业银行为支付宝提供基础服务,而支付宝更像是一款搭载在商业银行上的支付应用。

支付宝需要将用户资金存放在合作商业银行作为交易保证金,合作银行对资金进行"托管"服务,检查支付宝存放在各家商业银行的客户交易保证金余额总和与用户存放在支付宝的资金余额与待处理款、未达款余额之和是否平衡,并按月出具报告。这也间接解释了支付宝用户沉淀资金的去向,即以交易保证金的形式存放在合作的商业银行。

支付宝的营业收入主要来自向商家收费。支付宝采取对个人用户免费从而形成巨大的用户规模,反过来向商家用户收费的模式。

支付宝的成本主要来自平台的维护费用、销售推广费用以及银行划款手续费用,平台的维护费用主要指软硬件设备的购置和升级、员工薪资等,销售推广费用包括支付宝的广告投入(电视门户搜索引擎)和销售返点。

由于该模式较好地延伸了其在桌面互联网支付方面的优势,发展较为良好,逐渐成为国内远程支付的主流模式,国内大部分第三方支付机构均采用了此种模式发展远程支付,如财付通、中移电子商务、翼支付等。

(二)快钱模式

快钱模式是指第三方支付平台完全独立于电子商务网站,不负有担保功能,仅仅为用户提供支付产品和支付系统解决方案,以快钱、易宝支付、汇付天下、拉卡拉等为典型代表。

独立第三方支付企业最初凭借支付网关模式立足。支付平台是银行金融网络系统和互联网网络之间的接口,为需要的商家提供网上支付通道,但不接触商家。独立的第三方支付平台实质上充当了支付网关的角色,但不同于早期的纯网关型公司,它们开设了类似于支付宝的虚拟账户,从而可以收集其所服务的商家的信息,用来作为为客户提供支付结算功能之外的增值服务的依据。平台前端联系着各种支付方法供网上商户和消费者选择,平台后端连着众多的银行,平台负责与各银行之间的账务清算。

独立第三方支付运营平台主要面向 B2B、B2C 市场,为有结算需求的商户和政企单位提供支付解决方案。它们的直接客户是企业,通过企业间接吸引消费者。其线上业务规模远比不上支付宝和财付通,但线下业务规模不容小觑。

独立第三方支付平台的收益来自与银行的手续费分成和为客户提供定制产品的收入。但是,该模式没有完善的信用评价体系,容易被同行复制,迅速提升在行业中的覆盖率以及用户黏性是其制胜关键。

比较而言,独立第三方支付立身于企业端,担保模式的第三方支付平台则立身于个人消费者端,前者通过服务于企业客户间接覆盖客户的用户群,后者则凭借用户资源的优势渗入行业。

独立第三方支付企业与依托电商网站的支付宝相比更为灵活,能够积极地响应不同企业、不同行业的个性化要求,面向大客户推出个性化的定制支付方案,从而方便行业上下游的资金周转,也使其客户的消费者能够便捷付款。以易宝支付为例,其最初凭借网关模式立足,针对行业做垂直支付,而后以传统行业的信息化转型为契机,凭借自身对具体行业的深刻理解,量身定制全程电子支付解决方案。

三、第三方支付的盈利模式

第三方支付的盈利主要来自四个部分:收单①手续费、备付金利息、预付卡和平台建立带来的潜在收益。收单业务按交易量的 0.08%—0.22% 收取手续费;预付卡作为一种辅助性货币,提前锁定未来收入,消费者获得一定的返利;存在第三方公司的备付金能获取利息收入;平台初期不以营利为目的,注重客户积累、客户需求、客户黏性等指标,目的就是提升平台的潜在价值。

虚拟账户②是线上互联网支付的核心,也是第三方支付机构的主要盈利模式之一。具体如下:

（1）第三方支付成立的虚拟账户(如支付宝等),必须在银行建立一个总的备付金账户。虚拟账户的资金统一在这个备付金账户中处理。

（2）客户在使用虚拟账户消费转账过程中,会在备付金账户内沉淀出一定规模的资金,这部分资金的利息收入归第三方支付机构所有。但第三方支付机构并不能够对备付金账户中的资金随意处置,只能存活期或最长一年的定期存款,因此这部分资金绝大部分只能获得活期利息收入。

（3）支付宝备付金账户中的沉淀资金有两类:一类是待清算资金(如用于支付水、电、煤气、归还信用卡和银行卡转账等用途的资金),由于支付宝通过银行代付周期一般在一天以上,因此这些资金在被划走前会沉淀在备付金账户;第二类是中间账户资金(如淘宝购物),由于支付宝的一大功能是信用中介,因此顾客利用支付宝在网上购物后,资金首先划拨到支付宝中间账户,当顾客收到货物后再主动或者被动确认付款(支付宝的被动付款时间是 20 天)。备付金账户的利息收入主要来自第二类,因为第一类资金的沉淀周期太短,所以其收入贡献度低。

（4）国内前三大第三方支付平台是支付宝、财付通和银联,其占到市场份额的 90%

---

① 即银行卡收单业务,指签约银行向商户提供的本外币资金结算服务。就是最终持卡人在银行签约商户那里刷卡消费,银行结算。收单银行结算的过程就是从商户那边得到交易单据和交易数据,扣除按费率计算出的费用后打款给商户。

② 虚拟账户是客户完成一系列的后台见证程序后,全程在网络上开立的账户,主要表现为一个注册名称或账号,是一种客户自主、自助的开户形式。目前,我国数量最多的虚拟账户是支付机构为个人开立的虚拟账户,主要用于个人网上支付。

以上。支付宝和财付通的备付金管理模式一致,但银联有所不同。由于银联是中国人民银行下属国有企业,因此银联的备付金账户设在中国人民银行而非商业银行,其备付金账户的资金是得不到利息收入的。银联的盈利模式主要依靠交易手续费。

四、第三方支付的主要平台

目前国内的第三方支付平台主要有 PayPal、支付宝、财付通、盛付通、易宝支付、快钱、国付宝、百付宝、物流宝、网易宝、网银在线、环迅支付、汇付天下、汇聚支付、宝付等。其中,用户数量最大的是 PayPal 和支付宝,前者主要在欧美国家流行,后者是阿里巴巴旗下产品。简要介绍如下:

PayPal(易趣公司产品,在中国大陆的品牌为贝宝)是美国 eBay 公司的全资子公司,1998 年 12 月由 Peter Thiel 及 Max Levchin 建立,是一个总部在美国加利福尼亚州圣荷西市的因特网服务商,允许在使用电子邮件来标识身份的用户之间转移资金,避免了传统的邮寄支票或者汇款的方法。PayPal 也和一些电子商务网站合作,成为它们的货款支付方式之一;但是用这种支付方式转账时,PayPal 收取一定数额的手续费。

支付宝(阿里巴巴旗下),是全球领先的第三方支付平台,成立于 2004 年 12 月,致力于为用户提供"简单、安全、快速"的支付解决方案。旗下有"支付宝"与"支付宝钱包"两个独立品牌。自 2014 年第二季度开始成为当前全球最大的移动支付厂商。

财付通(Tenpay),是腾讯公司于 2005 年 9 月正式推出的专业在线支付平台,其核心业务是帮助在互联网上进行交易的双方完成支付和收款,致力于为互联网用户和企业提供安全、便捷、专业的在线支付服务。

盛付通,全称为上海盛付通电子商务有限公司,是国内领先的独立第三方支付平台,由盛大集团创办,致力于为互联网用户和商户提供"安全、便捷、稳定"的支付服务。

易宝支付(YeePay.com),是中国行业支付的开创者和领导者,也是互联网金融和移动互联领军企业。易宝于 2003 年 8 月成立,总部位于北京,现有员工千余人,在北京、上海、天津、广东、四川、浙江、山东、江苏、福建等 20 余个省份设有分公司。2013 年,公司成立十周年之际,易宝发布了"支付+金融+营销"的升级战略,以领跑电子支付、互联网金融和移动互联大潮。

快钱(99bill),公司总部位于上海,在北京、广州、深圳等地设有分公司,在天津设有金融服务公司,并在南京设立了全国首家创新型金融服务研发中心,形成了一支超过 1 200 人的专业化服务团队。2011 年 5 月,快钱首批荣获中国人民银行颁发的《支付业务许可证》,并担任中国支付清算协会常务理事。

国付宝(Gopay),全称为国付宝信息科技有限公司,是依托中国国际电子商务中心发起组建的,针对政府及企业需求和电子商务发展,具有国资背景的独立第三方支付平台。

百付宝(百度C2C,百度钱包),是百度公司的支付业务品牌及产品名称。百度钱包打造"随身随付"的"有优惠的钱包",它将百度旗下的丰富产品及海量商户与广大用户直接"链接",提供超级转账、付款、缴费、充值等支付服务,并全面打通O2O生活消费领域,同时提供"百度金融中心"业务,包括"百度理财、消费金融"等资产增值功能与个人金融服务。

物流宝(网达网旗下),是网达物流创建的国内领先的物流行业第三方支付平台,致力于为物流行业提供简单、安全、快捷的网上支付服务。

网易宝(网易旗下),是网易公司为方便用户进行网上交易推出的安全、稳定、快捷的在线支付平台,为用户提供了多种方便的在线充值、交易管理、在线支付账户管理、代收、提现等服务。

网银在线(Chinabank),为京东集团的全资子公司,是国内领先的电子支付解决方案提供商,专注于为各行业提供安全、便捷的综合电子支付服务。

环迅支付,采取"集中收付、统一调度、统一结算"的原则,为网络教育、民办学校、职业培训、教辅、早教、数字化校园提供有力的电子支付产品与清结算服务支持,持续推出创新、整合的电子支付解决方案。

汇付天下,全称为汇付天下有限公司,于2006年7月成立,投资额近10亿元,核心团队由中国金融行业资深管理人士组成,致力于为小微企业、金融机构、行业客户和投资者提供金融支付、账户托管、投资理财等综合金融服务。总部位于上海,并在北京、广州、深圳、成都、武汉、济南、南昌等30多个城市设有分公司,旗下有汇付数据、汇付科技等子公司。

汇聚支付(Joinpay),全称为广州市汇聚支付电子科技有限公司,是正佳集团旗下的子公司,成立于2008年7月1日,总部位于广州正佳广场。汇聚支付是国家电子商务部"十一五"科技支撑计划重点项目正佳网的配套支付网站,主要面向电子商务需求企业和传统商业零售企业,在全国范围内从事互联网支付业务。

宝付,全称为宝付网络科技(上海)有限公司,2011年年底获得《支付业务许可证》,为国内领先的独立第三方支付企业,为个人及企业提供灵活、自助、安全的互联网支付产品与服务。

第三节 第三方支付产业状况、行业规范与发展趋势

第三方支付是现代金融服务业的重要组成部分,也是中国互联网经济高速发展的底层支撑力量和进一步发展的推动力。随着国内电子商务的兴起,一些信息服务企业兴办的支付平台也已经崭露头角,第三方支付作为新技术、新业态、新模式的新兴产业,面世

以来取得了迅猛的发展,具有广阔的市场需求前景。

一、我国第三方支付市场发展现状

伴随我国网上支付用户规模的迅猛增长,第三方支付发展的应用范围和方式不断拓展深化,技术进步驱动网络支付应用场景和方式不断丰富,监管定位的明确促进了行业的规范发展。

（一）中国第三方支付市场规模

1. 第三方线上支付市场的发展

中国第三方支付市场的核心业务是线上支付市场,该市场从 2004 年开始进入加速发展阶段,在 2008 年和 2009 年爆发式增长。随着 2010 年中国人民银行《非金融机构支付服务管理办法》及《非金融机构支付服务管理办法实施细则(征求意见稿)》的出台,第三方支付行业结束了原始成长期,被正式纳入国家监管体系,进入规范化发展轨道。

2005 年为第三方支付概念元年,在这一年,第三方支付服务公司在专业化程度、市场规模和运营管理等方面取得了显著的进步。在运营方式上,第三方支付机构从支付网关模式向增值空间更大的账户模式转变。大量互联网支付通过商户和消费者注册的第三方支付平台账户完成。第三方支付机构作为一个平台,处于交易流程中资金和信息的重要停留节点,并且基于平台上交易的资金流和信息流,可以获得更大的服务创新和价值创造空间。

如图 8.4 所示,2009 年以来,第三方支付市场的交易规模以 50% 以上的年均增速迅速扩大,并在 2013 年成功突破 17 万亿元,达到 17.2 万亿元,同比增长 38.71%;2014 年,交易规模达到 23.3 万亿元;2015 年,交易规模达到 31.2 万亿元。2016 年第二季度,国内第三方互联网支付交易规模达 45 582.5 亿元,同比增长 62%,环比增长 12.3%。

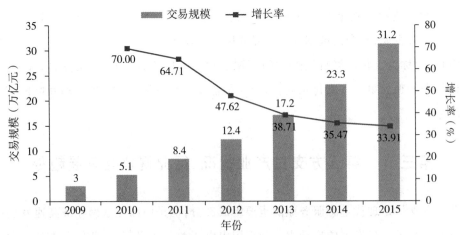

图 8.4 2009—2015 年中国第三方支付市场交易规模。

资料来源:前瞻产业研究院。

2015年,我国互联网支付行业继续保持平稳快速发展,交易规模稳步提升;移动支付行业发展迅猛,业务规模延续高速增长态势。互联网支付和移动支付已渗透到用户日常消费领域,新技术的不断推出和创新大大满足了广大客户的便捷化支付需求。

截至2015年年底,据中国支付清算协会统计,非银行支付机构开立的支付账户总量为26.36亿个,其中个人支付账户为26.30亿个,完成实名认证的支付账户共有13.46亿个,占支付账户总量的51.07%,比2014年上升8个百分点。

2015年,我国商业银行共处理网上支付业务363.71亿笔,金额为2 018.20万亿元,分别比上年增长27.29%和46.67%;非银行支付机构共处理互联网支付业务333.99亿笔,金额为24.19万亿元,分别比上年增长55.13%和41.88%。同期,国内银行共处理移动支付业务138.37亿笔,金额为108.22万亿元,同比分别增长205.86%和379.06%;非银行支付机构共处理移动支付业务398.61亿笔,金额为21.96万亿元,同比分别增长160%和166.5%。

2015年,第三方支付机构开发了更多的线下交易场景:支付宝"入侵"丽江古城,抢占了温州的菜市场和北京的停车场,甚至在海外各大机场推出了退税服务;微信支付占领了滴滴打车市场,并在与7-11便利店和中石油签署了合作协议后,又相继与各大休闲服装品牌签约抢占服饰行业;百度钱包则利用自身资源,布局外卖和影院等高频交易市场。

现在,第三方支付还款已经成为除绑定银行卡还款、网上银行还款和银行柜台还款之外的第四大还款途径。第三方支付服务的概念逐渐被消费者和商户企业所认同和接受。越来越多的普通大众开始享受到第三方支付带来的安全与便捷。从超市购物、饭店就餐,到打车出行、观影娱乐,人们日常生活的方方面面几乎都可以通过第三方支付完成交易,人们的支付习惯也早已从现金交易转变为"电子钱包",这也进一步促使更多的商家愿意与第三方支付机构开展合作。同时,客户通过第三方支付软件完成交易,商户可以获取大量客户资源信息,并通过支付机构的社交软件渠道开展营销,这大幅降低了商家的营销成本。第三方支付早已不再仅仅是简单的支付渠道,支付机构利用大数据平台,整合商家和客户资源,提供更加精准的营销策略,为自己和商家创造更大的价值。

2. 第三方移动支付的发展

在各种形式的线上支付迅猛发展的同时,移动支付又以出人意料的速度不期而至。移动支付也称手机支付,就是允许用户使用其移动终端(通常是手机)对所消费的商品或服务进行账务支付的一种服务方式。如图8.5所示,单位或个人通过移动设备、互联网或者近距离传感直接或间接向银行金融机构发送支付指令产生货币支付与资金转移行为,从而实现移动支付功能。移动支付将终端设备、互联网、应用提供商以及金融机构相融合,为用户提供货币支付、缴费等金融业务。

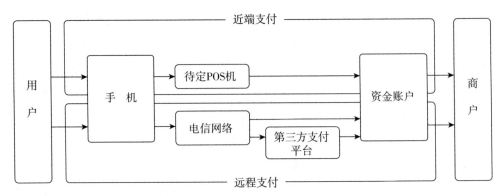

图 8.5　移动支付

第三方支付明确了机构的属性是非金融机构,而移动支付明确了支付的实现工具是以智能手机为代表的移动设备。除了第三方支付机构提供的移动支付外,银行的手机银行及手机厂商、移动运营商、银行和卡组织主推的 NFC 近场支付也属于移动支付的范畴。就目前市场来说,以支付宝和微信为主要提供方的第三方扫码支付(即用手机扫描二维码的非接触支付方式)是主流。

在移动支付兴起之前,借助电商平台大发展的势头,互联网支付占据主要市场,但随着移动设备的普及,电商推出各种手机购物 APP,将原本互联网支付的群体导入移动支付,加之线下支付的应用场景越来越丰富,逐步实现线上线下联动。移动支付的场景包括线上消费、线下商户、转账、红包及跨境支付等。第三方支付与移动支付的关系如图 8.6 所示。

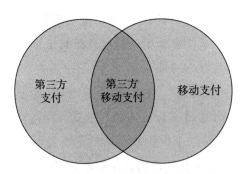

图 8.6　第三方支付与移动支付的关系

如图 8.7 所示,截至 2015 年 12 月,我国网上支付的用户规模已达到 4.16 亿,较 2014 年年底增加 1.12 亿,增长率达到 36.8%。网民使用网上支付的比例从 2014 年年底的 46.9%增加到 2015 年 12 月的 60.5%。移动支付即手机网上支付的增长更为迅速,2015 年移动支付的用户规模约达到 3.58 亿,较 2014 年增长了 64.5%,网民移动支付的使用比例由 39.0%提升至 57.7%。

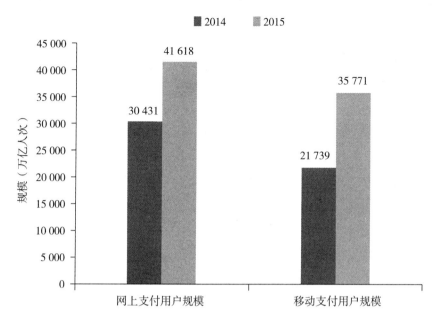

图 8.7　2014—2015 年互联网支付及移动支付用户规模增长对比

资料来源：中商产业研究院。

2014 年成为第三方移动支付元年，移动支付行业取得惊人进展。数据显示，2016 年第一季度，中国第三方支付移动支付市场交易规模达 59 703 亿元，环比增长 5.34%。中国第三方移动支付市场交易规模如图 8.8 所示。

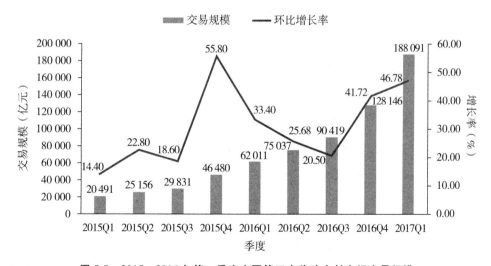

图 8.8　2015—2016 年第一季度中国第三方移动支付市场交易规模

资料来源：智研咨询。

当前，第三方支付市场已经步入应用成熟期。我国第三方支付的发展路径如图 8.9 所示。

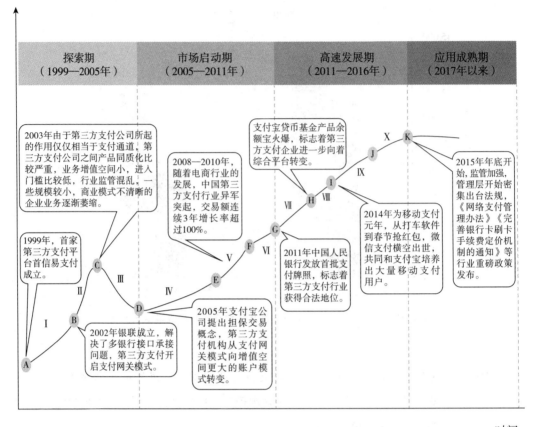

图8.9 我国第三方支付发展路径

资料来源:易观研究。

总体上来看,目前中国第三方支付机构的互联网支付、移动支付交易,包括传统的银行卡收单规模,都已在全球处于遥遥领先的位置。

(二) 中国第三方支付的竞争格局

中国第三方支付的竞争格局有两个突出的特征:一是中国第三方支付企业大多集中在一线城市或经济发达地区的大城市,行业的地理聚集效应明显;二是行业的集中度十分突出。

1. 第三方支付持牌企业的地区分布

截至2015年3月26日,有270家企业获得第三方支付牌照,从区域分布来看(见图8.10),这些企业主要位于华东地区和华北地区,占比分别为43.33%和26.30%;其次是华南地区,占比为13.33%。综合看来,这三个地区是我国经济发展较发达的地区,电子商务发展较快,在线支付较活跃。

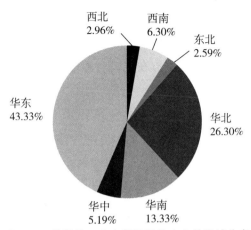

图 8.10 获得第三方支付牌照的企业的区域分布

资料来源:前瞻产业研究院。

截至 2015 年 3 月 26 日,第八批第三方支付牌照已发放完毕,从牌照企业的省份分布来看,数量最高的是北京,获得牌照的企业达到了 57 家,占比为 21.11%;其次是上海,数量为 54 家,占比为 20.00%;所有省份中获得牌照的企业数量超过十家的还包括广东、浙江、江苏和山东,分别为 32 家、16 家、16 家和 12 家。截至 2015 年 3 月 26 日第三方支付牌照发放企业省份分布和占比情况如表 8.1 所示。

表 8.1 第三方支付牌照发放企业省份分布和占比情况

省份	企业家数	占比(%)	省份	企业家数	占比(%)
北京	57	21.11	天津	4	1.48
上海	54	20.00	山西	4	1.48
广东	32	11.85	内蒙古	3	1.11
浙江	16	5.93	辽宁	3	1.11
江苏	16	5.93	黑龙江	3	1.11
山东	12	4.44	河北	3	1.11
福建	9	3.33	贵州	3	0.74
安徽	8	2.96	江西	2	0.74
湖南	7	2.59	河南	2	0.74
陕西	6	2.22	海南	2	0.74
重庆	5	1.85	广西	2	0.74
四川	5	1.85	新疆	1	0.37
湖北	5	1.85	吉林	1	0.37
云南	4	1.48	甘肃	1	0.37

注:为叙述方便,省、自治区、直辖市简称为省份。

资料来源:前瞻产业研究院。

从获得第三方支付牌照企业的区域分布与城市、省份分布来看,我国第三方支付企业分布与我国经济活跃程度、电子商务发展程度和在线支付接受度的状况是完全符合的;经济活跃程度、电子商务发展程度与在线支付接受度越高的地区或城市、省份,第三方支付企业的家数与规模就越集中、越大。

2. 国内第三方支付重点企业市场占有率集中

第三方在线支付机构是新兴支付市场的中流砥柱,网上支付的爆炸式增长催生了支付宝、财付通、快钱、汇付天下等世界一流的创新型第三方支付机构。但由于该市场的进入有较高的门槛,因此该市场目前存在厂商数量有限,真正有效运营的仅数十家。

艾瑞咨询发布的数据显示,支付宝与财付通两家企业仍以绝对优势占据了行业市场的大部分份额,市场集中度极为明显。2016年第一季度第三方支付交易规模市场份额占比前三名分别是支付宝(占比43.3%)、财付通(占比20.1%)银联商务(占比11.1%)。整个市场份额中,三大支付巨头占据近80%的市场份额,剩下约20%的份额由200家中小型支付企业抢食。截至2016年第二季度,国内前十大第三方支付企业的市场占有率分布如图8.11所示。

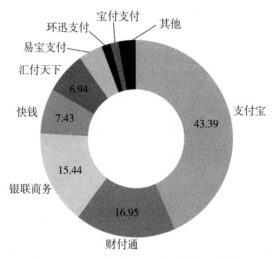

图 8.11 第三方网上支付市场交易份额

资料来源:易观研究。

由于中国第三方在线支付市场规模增长迅速,市场远未饱和,各家厂商一方面在圈地争抢份额,另一方面也希望在牌照发放之时能够以一定的交易规模来保证"生存权利",大部分第三方在线支付厂商均处于不盈利的状态,靠风险资本支持发展。

在新近兴起的移动支付市场,行业集中度更为突出。2015年中国第三方移动支付市场交易总规模达12.20万亿元,而支付宝和财付通两家占据了第三方移动支付90%以上的市场份额(见图8.12)。

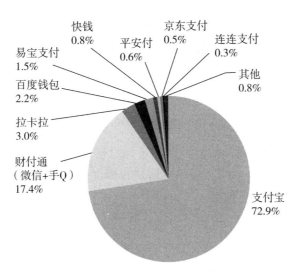

图 8.12　第三方移动支付市场交易份额

资料来源：易观研究。

（三）第三方支付安全现状

经过近十年的发展,我国第三方支付安全现状是:市场主体风险可控,行业整体风险可控。主要依据是:

第一,《2012年中国网络支付安全状况报告》显示:我国网络支付整体安全使用状况较好,9.3%的网上支付用户认为网上支付非常安全,69.4%的网上支付用户认为网上支付比较安全,还有16%的网上支付用户认为网上支付的安全水平一般,仅5.3%的网上支付用户感觉网上支付不太安全或非常不安全。

第二,政府行业监管力度不断加强,明显推动了网络支付行业的健康规范发展。

第三,随着网络的日益普及、网上银行以及电子商务的广泛应用,网络支付安全日益受到重视。

第四,支付机构风险防范的观念正在形成。安全效益与风险防范观念正不断深入网络支付机构提升支付安全的具体实践中。越来越多的网络支付机构已经认识到安全是企业的生命线。安全与效率的平衡是网络支付行业持续发展的主旋律。对于网络支付机构而言,设定一定比例的风险容忍度,有助于获得正收益,进而增强其抵御风险的能力。

但是,也应当看到,我国网络支付安全仍然存在各种风险隐患。

一是外部欺诈以及网络环境潜在的风险仍将是未来较长一个时期内影响广大网络支付用户安全感受的最重要因素。欧洲中央银行在其《互联网支付安全建议》中强调,当前监管者、立法者、支付服务提供者以及社会公众的感觉是,通过互联网进行支付,遭受欺诈的概率要高于传统支付方式。

二是产业主链上的安全防范水平参差不齐。在网络支付产业主链上,从银行端到网络支付机构再到用户,内部的风险管理、安全防范水平以及风险防范意识呈现出一个逐渐降低的趋势,网络支付安全的提高需要尽快补长"最短板"。另外,在网络支付服务提供主体中,部分中小网络支付机构的安全投入有待提高;中小网络支付机构发生的不安全事件,特别是因基础设施投入不足导致的影响业务连续性问题,同样会对整个行业产生很大的消极和负面影响。

三是网络支付各相关参与者的安全联防协作程度有待提高;高风险的用户、IP 地址等黑名单共享方面有待加强;网络支付机构比较看重安全技术手段,忽视用户安全教育,用户的安全防范意识不够。此外,网络支付和电子商务整体的行业基础设施、法制环境、用户权益保护等配套外部环境也需要整个产业链的共识与努力。

四是在网络跨境支付逐渐兴起的情况下,跨境支付欺诈风险、跨境支付交易风险、跨境交易资金风险都在上升。跨境支付的整个交易流程涉及各方主体的交互,因此跨境支付的交易风险也一直是跨境支付能否健康发展的一大症结。

二、第三方支付行业规范

第三方支付业务的发展需要相应的市场监管。由于第三方支付机构业务跨度较大,每类业务的监管主体也不尽相同,需要政府部门分工合作。国务院各部委的大致分工是:中国人民银行主要负责支付结算规则制定,对银行及金融结算组织的经营资格、资金安全进行监督管理,对第三方支付这类非金融机构开展支付业务颁发许可证及监管,同时出台相关政策及管理办法等。中国银监会监管存款类金融机构,负责对银行开展各项业务监管;中国保监会负责监管保险公司的保险产品,对第三方支付机构的保险产品准入和经营进行监管;工信部负责监管电信运营商的手机支付业务,监管第三方支付机构的移动互联网支付业务;国家发改委物价部门指导第三方支付机构的产品和服务定价;国家外汇管理局负责管理境内外汇账户,监督经常项目的汇兑行为和资本项目下的交易、汇兑,监管第三方支付机构的跨境支付。

第三方监管是个政策法规不断发展完善的过程。随着第三方支付的发展,在客户备付金管理、消费者权益保护等方面出现了一些迫切需要加以规范的问题。为此,经国务院授权,国家相关部委先后出台了一系列部门规章和规范性文件,逐步形成了第三方支付领域的法律政策框架。

表 8.2 列示了第三方支付从 2004 年到 2015 年的主要法律法规,其中最新发布的是《非银行支付机构网络支付业务管理办法》。

表 8.2　2004—2015 年中国第三方支付相关法律法规

时间	部门	名称
2004.8	商务部	《中华人民共和国电子签名法》
2005.4	中国电子商务协会	《网上交易平台服务自律规范》
2005.6	中国人民银行	《支付清算组织管理办法(征求意见稿)》
2005.10	中国人民银行	《电子支付指引(第一号)》
2007.3	商务部	《关于网上交易的指导意见(暂行)》
2008.4	商务部	《电子商务模式规范(征求意见稿)》和《网络购物服务规范(征求意见稿)》
2009.11	商务部	《关于加快流通领域电子商务发展的意见》
2010.6	国家工商总局	《网络商品交易及有关服务行为管理暂行办法》
2010.6	中国人民银行	《非金融机构支付服务管理办法》
2010.12	中国人民银行	《非金融机构支付服务管理办法实施细则》
2011.5	中国人民银行、监察部、财政部等	《关于规范商业预付卡管理的意见》
2012.3	中国人民银行	《支付机构反洗钱和反恐怖融资管理办法》
2012.9	中国人民银行	《支付机构预付卡业务管理办法》
2013.6	中国人民银行	《支付机构客户备付金存管办法》
2013.7	中国人民银行	《银行卡收单业务管理办法》
2014.4	中国银监会、中国人民银行	《关于加强商业银行与第三方支付机构合作业务管理的通知》
2015.7	中国人民银行、工信部、公安部等十部委	《关于促进互联网金融健康发展的指导意见》
2015.12	中国人民银行	《非银行支付机构网络支付业务管理办法》

其中,第三方支付监管政策影响力较大的几次政策变动如下所述,特别是 2010 年的《非金融机构支付服务管理办法》,标志着第三方支付正式进入国家监管框架。

2005 年 10 月,中国人民银行颁布了《电子支付指引(第一号)》,明确为规范和引导电子支付的健康发展,保障当事人的合法权益,防范支付风险,确保银行和客户资金的安全,制定本指引。电子支付是指单位、个人(以下简称客户)直接或授权他人通过电子终端发出支付指令,实现货币支付与资金转移的行为。电子支付的类型按电子支付指令发起方式分为网上支付、电话支付、移动支付、销售点终端交易、自动柜员机交易和其他电子支付。同时,指出境内银行业金融机构开展电子支付适用该指引(不包括第三方支付)。

2005 年,中国人民银行颁布了《支付清算组织管理办法(征求意见稿)》,明确:对清算组织注册资本规定最低限额;外资控股不得超过50%;企业法人股东要连续两年盈利;有电子交易经验;资金必须为现金,而非无形资产。拟将第三方支付纳入中国人民银行监管框架。

2009年,初步将非金融机构支付纳入监管框架。中国人民银行还推动成立了中国支付清算协会,对支付企业登记报备,为将非银行支付企业纳入监管摸底。中国支付清算协会成立两年来,在行业自律、机构合规性检查以及行业研究方面开展了大量工作。同时,网络支付机构作为高新技术企业的代表,各地方政府对网络支付机构的关注和支持力度也明显提升。

2010年,非金融机构支付正式纳入监管。中国人民银行出台了《非金融机构支付服务管理办法》及其配套实施细则,划定了网络支付机构规范发展的总体框架,明确了非金融支付行业的地位及业务属性,设立了行业的准入门槛,从备付金安全、实名制规范、反洗钱与反恐怖融资、支付风险管理、用户权益保护等方面提出了监管要求;同时,中国人民银行发布了《非金融机构支付服务管理办法》,规定未经中国人民银行批准,任何非金融机构和个人不得从事或变相从事支付业务。办法出台以后,中国人民银行逐步将占市场业务规模绝对多数的第三方支付机构纳入监管范围,并在充分征求市场意见的基础上陆续推出了一系列配套的规范性文件。

在完善政策法规的同时,中国人民银行等部委还通过行业自律组织推动市场行为向促进创新、规范管理的方向发展。目前我国第三方支付监管框架日趋完善,已经初步形成政府监管、行业自律和内部控制三位一体的监督管理格局。从最近几年的监管实践来看,现有监管框架对于促进第三方支付行业的健康发展起到了重要作用。

三、第三方支付行业发展趋势

从第三方支付的发展现状及其市场需求增长态势推断,未来几年我国第三方支付将呈现以下趋势:

(一)第三方支付行业增长进入平稳发展期

从行业发展阶段来看,目前是处于从高速增长阶段向成熟稳定阶段发展的过程中。虽然第三方支付市场发展空间还是很大,但是市场竞争也处于比较激烈的阶段。

2011年中国人民银行发放支付牌照后,新进入的公司快速增长。但行业经过快速发展后,出现了两极分化的现象,一些老牌的支付公司发展势头越来越好,而一部分后进入的支付公司由于投入和积淀不足,业务发展并不理想。目前来看,少数大的支付公司已经占据了绝大部分的市场份额,而大部分支付公司却在很小的市场空间中寻求差异化竞争。

截至2015年3月30日,国内第三方支付公司已经发展到270家,行业准入门槛大幅度上升,而且传统行业也在现有的业务模式基础上对自己的服务模式进行创新,实现传统行业商务化的发展方向。

一些主流的公司已经逐渐走向成熟,其他大部分支付公司也都在寻求差异化的发展路径。从行业格局来看,未来支付市场如果是综合支付的话,可能出现几个大的龙头公司,而更多的公司会切分某些市场,在某一个方面拥有自己独特的能力或资源,在差异化市场上拥有自己的发展空间。

在这样的形势下,不可避免地会出现比较激烈的价格战。所以,大部分支付公司都在积极寻求差异化业务来构建其竞争力。未来可能会出现一些公司被收购或倒逼的现象,甚至出现牌照被收回的情况。

（二）移动支付继续保持高速增长态势

在手机普及与无线上网随处可得的条件下,移动支付已是大势所趋。移动支付的场景包括线上消费、线下商户、转账、红包及跨境支付等。2016年第一季度,中国第三方移动支付市场交易规模达到62 011亿元,同比增速202.6%,环比增速33.4%。2016年第三季度,中国第三方移动支付市场交易规模达90 419亿元,环比增长20.5%。中国移动支付市场未来几年仍将保持快速增长(见图8.13)。

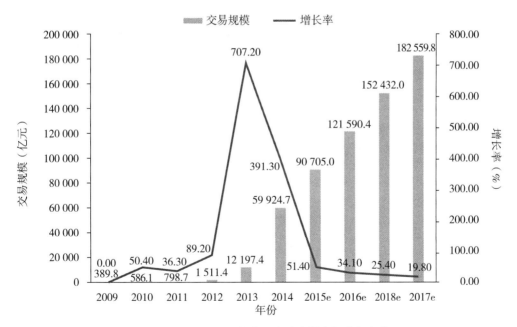

图8.13　2009—2018年中国移动支付市场增长态势

注:统计企业类型中不含银行和中国银联,仅指第三方支付企业;自2014年开始不再计入短信支付交易规模;根据最新掌握的市场情况,对历史数据进行修正。

资料来源:艾瑞咨询。

在规模增长的同时,未来几年中国移动支付发展还将呈现以下趋势:一是向小城镇和乡村的渗透率增速将提高;二是手机钱包将逐步接近实体钱包的适用范围;三是移动支付用户小额高频化趋势更明显;四是移动支付助力手机应用拓展商业模式;五是移动支付将成为商户营销分析的重要工具。

随着移动支付行业竞争的不断加剧,大型移动支付企业的并购整合与资本运作日趋频繁。在这一过程中,一些传统行业的优势可能会延续到移动支付当中。比如,支付宝、财付通已经在互联网支付中积累了很大的用户优势,如果能转移到移动平台上,它们的优势就能得到延续,尤其是用户这个层面。

而在近场支付业务方面,支付宝和财付通等互联网支付公司会比较慎重,因为一旦其投资做近场支付,无论是资金投入还是技术投入都会很大。因为用户对近场支付也要有一个认识和普及的过程,所以支付公司进入这个市场会相对保守一些。

此外,银联与第三方移动支付将出现竞争新格局。2015年12月12日,银联联合二十多家商业银行推出"云闪付"移动支付品牌。此后,在此品牌下陆续推出Apple Pay、Samsung Pay等支付产品。不同于目前国内一些非金融支付机构主推的二维码支付,这种基于NFC、HCE和Token[①]技术的支付方式安全且更加便捷。安全便捷的支付体验、庞大的苹果手机用户群、不断完善的非接受理环境将会大大加快NFC手机支付的推广速度。这种支付模式的快速扩张又会吸引更多国内手机厂商支持NFC,进而长期影响NFC手机支付发展的终端瓶颈将得到有效解决。国内手机支付市场格局将会掀开新的一页。

(三)跨境支付将快速增长

跨境支付指两个或两个以上国家或地区之间因国际贸易、国际投资及其他方面所发生的国际债权债务,借助一定的结算工具和支付系统实现的资金跨国和跨地区转移的行为。随着人民币国际地位的不断提高和跨境电子商务的蓬勃发展,线上及线下跨境人民币业务市场需求日益旺盛。在"海淘"(代购)、跨境电商、留学教育、出境游(航空机票、酒店)等产业的推动下,中国内地跨境清结算需求增长强劲。根据智研咨询的研究,2015年我国进口跨境电商市场规模为7 592亿元,2013—2015年年均复合增长率为44%,预计未来5年我国进口跨境电商市场规模将继续维持高速增长态势。[②]

当前跨境支付的主要应用场景集中在跨境电商、跨境旅游以及留学教育等三个领域,截至2015年这三个领域本身的市场规模分别达到了5.4万亿元、1.2万亿元和0.42万亿元。随着这三个领域的进一步扩容以及跨境支付向其他领域的拓展,保守估计到2020年跨境支付行业通过收取手续费将达到197.9亿元的市场规模(见图8.14)。同时,

---

① NFC、HCE和Token分别指近场通信、银联云闪付与用做身份验证的用户自定义的任意字符串。
② 智研咨询:《2016—2022年中国跨境支付行业市场运营态势及发展前景预测报告》。

行业的盈利模式也将逐步多样化,由过去的以手续费为主向手续费、供应链金融、综合一体化方案等多种盈利模式演进。

图 8.14　跨境支付增长预测

资料来源:智研咨询。

相比传统进出口贸易规模不断下降的趋势,新兴交易场景成为跨境支付的主要增长动力。新兴交易场景在跨境支付方面有小额、快速、高频等要求,第三方跨境支付业务契合服务需求,将全面占领新兴交易场景的跨境支付市场。

（四）监管与行业规范将进一步完善

网络支付安全将得到较大幅度的提高。目前,第三方支付行业已处于监管越来越清晰、越来越规范的状态,因为这两年监管部门无论从发牌照,还是从不断地发布细分业务等方面来看,都是在加强对这个行业的管理。对于一些新兴行业,尤其是互联网支付这一领域,监管永远跟不上业务创新。所以,实际可能会有一段时间的监管空白期,监管应当及时跟上。同时,政府还需要给整个行业留有一定的创新空间,这样才能使整个行业发展起来。

政府监管部门将进一步营造网络支付安全、稳定发展的各类外部环境和配套机制。包括但不限于:建立健全网络违法犯罪活动的预防、侦测和处理机制,加大打击网络犯罪的力度,增强跨境网络犯罪的国际合作防控力度;强化与网络支付相关的用户安全教育、权益保护工作,维护整个支付系统的公信度,避免低效率支付工具的回潮;消除在法律环境、市场主体竞合关系等方面影响网络支付市场发展的各类不确定性因素,维护整个网络支付市场的稳定。

网络支付机构将在继续保持平稳较快发展的同时,进一步强化自身的系统安全运行和业务风险控制能力,从基础设施、业务管理、风险控制、资本风险覆盖以及产业链安全合作等具体领域,确保网络支付的安全和稳定运行。主流网络支付机构的内部管理、风险控制能力将不断提高,其风险管理水平有望进一步提升。

随着支付活动在经济活动中的基础重要性逐渐被充分认知,监管部门在用户安全教育和权益保护方面的投入将越来越大。而广大的网络支付用户则会从"被动适用"网络支付安全条件向"主观能动"地参与网络支付安全建设方向发展,更积极地参与到提升自身安全意识、完善安全防范手段、维护自身合法权益的活动中来。

本章小结

1. 第三方支付是一种非金融机构提供的支付服务。

2. 第三方支付有广义和狭义之分。在狭义上,第三方支付的业务范围主要是指各种形式的网络支付。

3. 第三方支付的发展既是对传统支付清算体系的拓展和补充,又促进了现代支付体系的发展。

4. 第三方支付的运营模式可以归为两大类:独立第三方支付模式和提供担保功能的第三方支付模式。

5. 目前,中国第三方支付机构互联网支付、移动支付交易,包括传统的银行卡收单规模都已在全球处于遥遥领先的位置。

6. 随着第三方支付的发展,经国务院授权,国家相关部委先后出台了一系列部门规章和规范性文件,逐步形成了第三方支付领域的法律政策框架。

7. 未来第三方支付将在技术进步的推动下,在规范的基础上获得进一步的发展。

关键概念

第三方支付	支付机构
第三方支付平台	支付系统
支付账户	虚拟账户
中间账户	结算备付金
支付宝	移动支付
扫码支付	跨境支付

复习思考题

1. 第三方支付?什么是广义第三方支付?什么是狭义第三方支付?
2. 什么是第三方支付平台?
3. 什么是支付账户?
4. 什么是虚拟账户?

5. 什么是中间账户?

6. 什么是结算备付金?

课后练习题

1. 为什么说第三方支付不是金融企业但却具有金融服务的性质?

2. 简述第三方支付的基本业务流程。

3. 我国网络支付安全主要存在哪些风险隐患?结合您使用第三方支付的体验,谈谈应如何防范这些风险隐患。

数据资料与相关链接

1. http://www.pbc.gov.cn/(中国人民银行)。

2. http://www.mofcom.gov.cn/(中华人民共和国商务部)。

3. http://www.cbrc.gov.cn/index.html(中国银监会)。

4. http://www.pcac.org.cn/(中国支付清算协会)。

延伸阅读

1. 中国人民银行:《非银行支付机构网络支付业务管理办法》,2015。

2. 中国银监会:《中国银监会、中国人民银行关于加强商业银行与第三方支付机构合作业务管理的通知》,2014。

3. 智研咨询:《2016—2022年中国跨境支付行业市场运营态势及发展前景预测报告》。

第九章

P2P 网络借贷

本章导论

P2P 网络借贷是互联网金融的一大主要业务模式,网络借贷最大的优越性是使传统银行难以覆盖的借款人在虚拟世界里能充分享受贷款的高效与便捷。而由于 P2P 行业进入门槛相对较低,增长快速,缺乏必要的透明度、标准和风险防范机制,不仅恶性竞争难以避免,甚至出现非法集资、资金挪用、恶意欺诈等违法违规行为。

主要内容

本章首先介绍网络借贷的概念,其次介绍网络借贷的业务流程与运营模式,然后对不同类型的网络借贷运营模式进行比较分析,最后讨论网络借贷的发展现状与未来趋势。

知识与技能目标

通过本章学习,学生应当了解网络借贷的发展概况;理解网络借贷的构成要素、业务流程和交易规则;清楚不同类型网络借贷的主要特征、未来发展趋势。

第九章 P2P 网络借贷

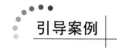

引导案例

P2P 行业就像年幼的孩子 应该告诉他哪里危险

案例导读：网络借贷是指个体和个体之间通过互联网平台实现的直接借贷。网络借贷对于实现普惠金融具有特别的优点，但也容易衍生风险，因此需要监管，正如案例标题所示：网络借贷尚处成长初期，应当通过监管帮助其健康成长。

2016年3月22日，在博鳌亚洲论坛互联网金融分论坛上，"痛并成长着"的主题格外醒目，在过去一年当中互联网金融确实经历了"成长的阵痛"，平台频频跑路，e租宝等机构非法集资集中爆发后，P2P 就一直是以一个灰溜溜的形象出现，一些平台交易额持续下降。

最近几个月，监管政策、舆论环境及投资者态度都发生了很大变化。记者在博鳌亚洲论坛现场也感受到了互联网金融企业的焦虑，在他们看来，舆论和投资者都对互联网金融特别是 P2P 存在一些误解。

我来贷创办人及首席执行官龙沛智表示，此前发生的平台跑路、非法集资等事件，从本质上来讲并不是真正的 P2P，但是很多用户并不知情，所以对这个行业充满了不信任。

拍拍贷 CEO 张俊也表示，2015年所谓的"行业"出了一些事件，其实是非法集资搬到互联网上扩大了影响，使其集资规模超过了原来在线下做的，这并不是真正的 P2P，P2P 到现在为止还没有出事情。

不管负面新闻如何发酵，互联网金融在很多人眼里仍然是一片蓝海，不断地有人进入，一些产业也开始迅速在这个领域发展。

矿业圈创始人、清蓝金融集团董事长张焱就表示，矿业圈目前也有互联网金融业务，并且已经运营一年多。目前矿业从传统银行贷款很难，互联网金融为矿业提供了一个新的融资渠道，互联网金融行业十分有潜力，特别是和产业结合更能发挥其真正的价值。

像张焱一样看到互联网金融潜力的人还有很多，过去一年，互联网金融行业经历了井喷式增长，也出现了不少问题。

互联网金融乱象频现，监管的主题也已经由鼓励变为整顿规范：在2016年的《政府工作报告》中，互联网金融的发展目标从上年的"促进健康发展"变为"规范发展"，还增加了"扎紧制度笼子，整顿规范金融秩序，严厉打击金融诈骗、非法集资"的表述；此外，十部委也在近期发布了互联网金融监管的纲领性文件。

有这样一种说法，2015年是互联网金融野蛮生长的一年，2016年是互联网金融监管之年。但在孟泽宇看来，互联网金融野蛮生长很早就开始了，所以她觉得互联网金融监管来得越早越好。"监管是好事，因为像我们这样，收益不是很高，但是更重视客户资金安全的公司,更希望监管能够到位。"

互联网金融行业急需监管政策出台,这几乎是所有参会企业的共识。

积木盒子 CEO 董骏也表示,现在整个监管对行业有越来越多的了解,提出了非常切合实际的底线。期望将各种规定细化落地,消除模糊地带,为行业的发展划定清晰的路径。

"我觉得还是要抓紧时间启动监管。"恒昌公司创始人、CEO 秦洪涛表示,此前出现很多乱象都是由于监管标准没出来,实际上进入这个行业的人和创业者怀有不良目的的比较多。他希望监管细则出台以后,陆陆续续有一些适当的、实时的、比较准确的监管会更好。

龙沛智也表示,期待互联网金融监管尽快到来;除此之外,他还希望有关部门可以为互联网金融设置一个"门槛",这个门槛并不是指资金规模,而是从业人员的资质,互联网金融公司的管理人员应该具备一定的金融行业从业经验。

爱钱进 CEO 杨帆更是直接表示,"我们需要底线监管"。他认为,P2P 行业就像年幼的孩子,不能限制他必须往什么方向发展,而是要告诉他哪里危险不能去。

当然,对于互联网金融行业来说,监管是十分重要的,但同样重要的,还包括行业自律以及加强自我风控。2016 年 3 月 25 日,中国互联网金融协会正式在上海成立,这将对加强行业自律起到重要作用。

而企业也十分重视自我风控。孟泽宇表示,互联网金融企业最重要的是做好风控,监管细则出台以后,只需要执行就可以。有利网 CEO 吴逸然也说,风控模式是手段,目的都是"放得出去、收得回来"。

经过"成长阵痛"的互联网金融行业,正在面临一个新的转折点,互联网金融企业此前十分期盼监管尽快出台,为了摆脱那些负面消息,也为了整个行业可以更健康发展。

资料来源:《华夏时报》,2016 年 3 月 26 日。

第一节 概　述

网络借贷是一种独立于正规金融机构体系之外的个体借贷行为。尽管网络借贷有着特定的风险,但其作为民间个体借贷行为的阳光化,部分满足了经营消费个贷需求和大众理财需求。网络借贷的市场化机制、信用机制、技术机制也对金融改革有着实验和借鉴意义。

一、网络借贷的概念、特点及其意义

(一)网络借贷的概念

网络借贷有广义和狭义之分:广义上,网络借贷包括个体网络借贷(即 P2P 网络借

贷)和网络小额贷款①；狭义上，网络借贷则仅指个体网络借贷(以下讨论仅限个体网络借贷)。

网络借贷(简称"网贷")，也称社交借贷、P2P借贷，是指个体和个体之间通过互联网平台实现的直接借贷。个体包含自然人、法人及其他组织。②

互联网平台(简称"网贷平台")，是指由网络借贷信息中介机构提供的互联网金融服务网站。网贷平台是以互联网为主要渠道，为借款人和出借人实现直接借贷提供信息搜集、信息公布、资信评估、信息交互、借贷撮合等服务。

网络借贷信息中介机构(以下简称"网贷机构")，是指依法设立，专门从事网络借贷信息中介业务活动的金融信息中介公司。其业务经营范围实行负面清单管理，不得吸收公众存款，不得设立资金池，不得提供担保或承诺保本保息，不得发售金融理财产品，不得开展类资产证券化等形式的债权转让等。

网贷机构可以引入第三方机构进行担保或者与保险公司开展相关业务合作。对客户资金和网贷机构自身资金实行分账管理，由银行业金融机构对客户资金实行第三方存管；网贷具体金额以小额为主。

网络借贷，属于民间借贷范畴，受合同法、民法通则等法律法规以及最高人民法院有关司法解释规范。参与网贷的出借人与借款人应当实名注册；借款人应当提供准确信息，确保融资项目真实、合法，按照约定使用资金，严格禁止借款人欺诈、重复融资等。出借人应当具备非保本类金融产品投资的经历并熟悉互联网，应当提供真实、准确、完整的身份信息，出借资金来源合法，拥有风险认知和承受能力以及自行承担借贷产生的本息损失。

(二) 网络借贷的特点及其意义

网络借贷作为一种依托于网络而形成的新型金融服务模式，其准入门槛低、手续简便、方式灵活、无须抵押，具有传统金融不可比拟的竞争优势，其社会价值主要体现在满足个人资金需求、发展个人信用体系、提高社会闲散资金利用率等方面。

一是准入门槛低。网络借贷主要针对那些信用良好但缺少资金的大学生、工薪阶层、个体工商户和小微企业，一般不针对大企业和数额较大的借款人，不涉足热点投资领域。这一特点直接决定了网络借贷的数额相对较小，有几千元甚至几百元的资金或者需求就可以通过网络进行借贷，一般为小额无抵押借贷，最多不超过50万元。

二是贷款期限主要为短期贷款，利率由市场资金供求状况决定。贷款期限为3—12个月。借贷利率有两种确定方式：一是在有担保的情况下，贷款利率由担保方确定，借款人付出的资金成本等于贷款利率加上风险报酬；二是在无担保的情况下，借贷利率由借

---

① 网络小额贷款是指互联网企业通过其控制的小额贷款公司，利用互联网向客户提供的小额贷款。
② 中国银监会等：《网络借贷信息中介机构业务活动管理暂行办法》，2016年8月17日颁布。

贷双方竞价确定。无论哪种确定方式,利率都是市场资金真实价格的反映。部分国内网贷平台的借款额度与利率等如表 9.1 所示。

表 9.1 部分国内网贷平台产品利率、借款额度与期限

平台	产品	借款利率	借款额度(元)	还款期限
拍拍贷	普通标	12%—24%(年息)	3 000—500 000	3—12 个月
	网购达人标	16%—24%(年息)	3 000—500 000	3—12 个月
	网商用户标	16%—25%(年息)	3 000—500 000	7 个月
	莘莘学子标	23%(年息)	1 000	3—12 个月
宜信贷	宜人贷	10%、10.5%、11%、12%、12.5%(年息)	1—500 000	12、18、24、36、48 个月
诺诺镑客	名校贷	0.99%(月息)	100—50 000	1—3 个月
你我贷	薪金贷	13.2%(年息)	3 万—30 万	12、18、24、36 个月
红岭创投	公信贷	不高于 24%(年息)	10 万—500 万	3—12 个月
	首付贷	不高于 24%(年息)	10 万—200 万	3—25 个月
人人贷	工薪贷	7%—24%(年息)	3 000—500 000	3、6、9、12、15、18、24 个月
	网商	7%—24%(年息)	3 000—500 000	3、6、9、12、15、18、24 个月
新新贷	新学贷	12%(年息)	1 000—3 000	6 个月
	菁英贷	15%(年息)	3 000—20 000	3、6、9、12 个月

资料来源:网贷之家。

三是手续简便。在网络借贷中借贷双方无须见面,也不用委托代理人,直接通过网络就可完成整个借贷过程。网络借贷中,借贷双方只需在网络平台上进行注册、身份验证等程序后,便可达成借贷合约,在借贷过程中的身份认证、信用审核评估、资金汇划乃至贷后监督管理等流程均通过网络平台来完成,完成交易后网络平台收取一定的服务费用。

四是无须抵押。网络借贷的借款人一般不用提供额外的抵押担保,全凭个人信用进行贷款,手续简便。个人信用情况由网络平台公司进行把关审核,现阶段主要依靠的是人民银行的征信系统。

五是借贷双方信息互通。由于依托于网络,网络借贷的出借人与借款人直接签署个人间的借贷合同,一对一地相互了解对方的身份信息、信用信息,出借人可及时获知借款人的还款进度和生活状况的改善。

六是网络借贷利用互联网信息技术,不受时空限制,使资金提供方与资金需求方在平台上直接对接,进行投融资活动,拓宽了金融服务的目标群体和范围,有助于为社会大多数阶层和群体提供可得、便利的普惠金融服务,进一步实现了小额投融资活动低成本、高效率、大众化。

总之,网络借贷与传统的以银行为主的间接金融借贷相互补充、相互促进,在完善金融体系、提高金融效率、弥补小微企业融资缺口、缓解小微企业融资难以及满足民间投资需求等方面发挥了积极作用。

二、网络借贷的发展概况

小额借贷最早可以追溯到个人互助借贷模式——"标会",亲戚、朋友之间通过"起会"①开展小额借贷活动以解资金短缺的燃眉之急。随着互联网技术的快速发展和普及,P2P小额借贷逐渐由单一的线下模式转变为线下与线上并行,网贷平台也应运而生,并成为P2P借贷的主要形式。

P2P(Peer to Peer)原本是计算机网络中的概念,指互联网对等实体间的信息交互方式。2005年,英国出现了将这种信息交互方式运用到借贷方面的企业——Zopa,由该企业在网络上提供平台,使零售贷款的供求信息能够交流,并促成交易。之后,该模式得到迅速推广,在英美成就了以Zopa、Lengding Club、Prosper等系列企业。

自2007年国外网贷平台模式引入中国以来,国内P2P网贷平台蓬勃发展,迅速形成了一定规模。网络借贷的高速发展满足了社会部分小额资金需求,但行业发展有待进一步成熟和规范,需要促进其良性竞争,在创新与风险之间取得平衡。

(一) 网络借贷的市场规模

根据第一网贷统计,2016年全国网贷成交额达2.8万亿元,比上年增长138%,相对于野蛮生长的2014年269%、2015年259%、历年平均281%,网贷成交额增速几乎下降一半,但仍属高速增长。按目前增长态势,预计2017年全年网贷成交量或超过3.2万亿元,网贷平台历史累计成交额为4.44万亿元。②

截至2016年12月底,全国P2P网贷的贷款余额达1.21万亿元,创历史新高,比2015年年底增长115.9%。截至2016年12月底,借款人(含个人和单位)借款余额在20万元以上(不含20万元)的P2P网贷贷款余额为9 011.02亿元,占全部余额的74.77%;借款人(含个人和单位)借款余额在100万元以上(不含100万元)的P2P网贷贷款余额为6 474.30亿元,占全部余额的53.72%;借贷限额超标也创历史新高。

自2007年以来,P2P网贷交易规模连续6年保持150%以上的增速。中国P2P网贷的用户规模从2010年的500万人上升至2015年的3 970.1万人,同期P2P活跃用户上升至681.3万人。2016年全国P2P网贷参与人数日均45.86万人,同比上升98.83%。

---

① 民间众筹的俗称。
② 第一网贷(http://www.p2p001.com),是由深圳市钱诚电子商务有限公司(简称"钱诚")投资、运营的全国普惠金融服务平台。

2014年网贷行业投资人数与借款人数分别达116万人和63万人。2015年网贷行业投资人数与借款人数分别达586万人和285万人,较2014年分别增加405%和352%,网贷行业人气明显飙升。2016年网贷行业投资人数与借款人数分别约为1 375万人和876万人,较2015年分别增加134.64%和207.37%,网贷行业人气增长幅度仍然较大。

截至2016年12月底,累计平台数为6 635家。其中,纳入中国P2P网贷指数统计的正常经营P2P网贷平台为2 307家;全国主动关闭、提现困难、失联跑路问题平台等累计2 456家;未纳入指数、作为观察的P2P网贷平台为1 872家。

截至2016年年底,纳入中国P2P网贷指数统计的正常经营的2 307家P2P网贷平台,总注册资本为1 600.99亿元,前三名分别位于广东(411.15亿元)、浙江(296.28亿元)和北京(257.04亿元),三地P2P网贷平台注册资本合计为964.47亿元,超过了全国总数的60%;全国P2P网贷平台平均每家注册资本为6 939.70万元。

2007年至今,我国网贷平台数量、网贷行业成交量、贷款余额变化的增长数据如图9.1、图9.2和图9.3所示。

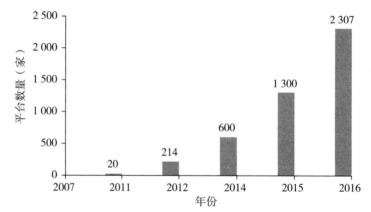

图9.1　近十年来正常网贷平台数量的变化

资料来源:网贷之家、盈灿咨询。

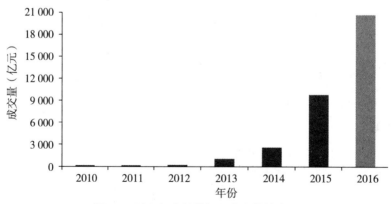

图9.2　近六年来网贷行业成交量的变化

资料来源:网贷之家、盈灿咨询。

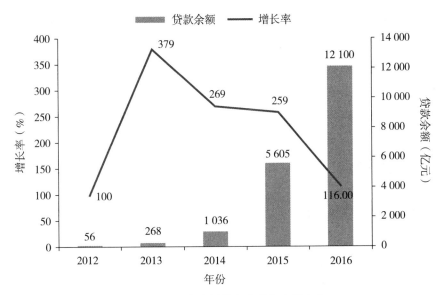

图 9.3 近五年来网贷行业贷款余额变化

资料来源:网贷之家、盈灿咨询。

(二) 我国网络借贷的发展历程

以目前公认的行业分析来看,我国网络借贷可以分为初始发展期、快速扩张期、风险爆发期、政策调整期四个阶段。

1. 第一阶段:初始发展期(2007—2012 年)

2007 年 7 月,我国第一家民间网贷平台——拍拍贷在上海成功试运营。拍拍贷沿用了美国网贷公司 Prosper 的经营模式,采用了纯信用无担保的运作方式。拍拍贷通过实施信息匹配、工具支持等方式来扮演借贷模式的角色,但由于国内征信体系的不完善等诸多因素,其早期发展举步维艰。这一阶段,全国的网贷平台大约发展到 20 家,活跃的平台只有不到 10 家,截至 2011 年年底月成交金额大约 5 亿元,有效投资人 1 万人左右。

这一时期,绝大部分创业人员都是互联网创业人员,没有民间借贷经验和相关金融操控经验,因此他们借鉴拍拍贷模式以信用借款为主,只要借款人在平台上提供个人资料,平台进行审核后就给予一定的授信额度,借款人基于授信额度在平台上发布借款标。① 但由于我国的公民信用体系不健全,平台与平台之间缺乏联系和沟通,随之出现了个别借款人在多家网络借贷平台同时进行信用借贷的问题,最为典型的是天津一个网名叫坦克的借款人,在多家平台借款总额高达 500 万元,这笔借款最终因逾期成为所涉平台的坏账。

---

① 借款标是指借款人根据借款需求发布的借款请求,一般包括借款目的、借款金额、利率、借款期限及还款方式等。

由于以上问题频繁发生,各个网贷平台于2011年年底开始收缩借款人授信额度,很多平台借款人因此不能及时还款,造成了借款人集中违约。以信用借款为主的网贷平台于2011年11月至2012年2月遭遇了第一波违约风险,此时网贷平台最高逾期额达到2 500万元,诸多网贷平台逾期额超过1 000万元,截至目前这些老平台仍有逾千万元的坏账无法收回。

2. 第二阶段:快速扩张期(2012—2013年)

这一阶段,网贷平台开始发生变化,一些具有民间线下放贷经验同时又关注网络的创业者开始尝试开设网贷平台。同时,一些软件开发公司开始开发相对成熟的网络平台模板,每套模板售价在3万—8万元,从而弥补了具有民间线下放贷经验的创业者开办网贷平台技术上的欠缺。基于以上条件,此时开办一个网贷平台成本大约为20万元,国内网贷平台从20家左右迅速增加到240家左右,截至2012年年底月成交金额达到30亿元,有效投资人在2.5万—4万人。

由于这一阶段开办平台的创业者具备民间借贷经验,了解民间借贷风险,因此,新设立平台吸取了前期平台的教训,采取线上融资线下放贷的模式,以寻找本地借款人为主,对借款人进行有关资金用途、还款来源以及抵押物等方面的实地考察,有效地降低了借款风险。这个阶段,网贷平台业务基本真实,但由于个别平台盲目扩张,在经营上管理粗放、风险控制欠缺,导致平台出现挤兑倒闭情况,2013年投资人不能提现的平台有四五个。

3. 第三阶段:风险暴发期(2013—2014年)

这一阶段,网络借贷系统模板的开发更加成熟,在淘宝店甚至花几百元就可以买到前期的网贷平台模板。由于2013年国内各大银行开始收缩贷款,很多不能从银行贷款的企业或者在民间有高额高利贷借款的投机者看到了网贷平台的商机,大举投资网贷平台,平台数量从240家左右猛增至600家左右,2013年年底月成交金额达110亿元左右,有效投资人在9万—13万人。

此阶段上线平台的典型特点是以高于银行利率吸收资金。很多平台以月息4%左右的高利吸引追求高息的投资人,通过网络融资后偿还银行贷款、民间高利贷或者投资自营项目。由于高息融资加剧了平台本身的风险,2013年10月这些网贷平台集中爆发了提现危机。2013年10—12月,大约75家平台出现倒闭、跑路或者不能提现的情况,涉及总资金大约20亿元。

4. 第四阶段:政策调整期(2014年至今)

这一阶段,国家表明了鼓励互联网金融创新的态度,并在政策上对P2P网贷平台给予了大力支持,使大量投资人开始尝试进入互联网金融领域,组建自己的P2P网贷平台,网贷平台数量大幅度上升(见图9.1)。

其后，e租宝事件发生（见专栏9.1），促使国家在鼓励互联网金融创新发展的基础上逐步加强对该行业的整顿和监管。2015年12月28日，中国银监会会同工信部、公安部等部门研究起草了《网络借贷信息中介机构业务活动管理暂行办法（征求意见稿）》，至此网贷行业监管政策初步落地，将行业发展纳入监管规范轨道。

2016年8月17日，中国银监会会同公安部等其他部门颁布《网络借贷信息中介机构业务活动管理暂行办法》，网贷行业有了法律监管的依据。网贷行业从"野蛮发展"阶段转向"规范发展"新阶段。

专栏9.1

e租宝事件：2017年下半年结案，投资者能拿回多少钱

2015年12月，一则关于e租宝因涉嫌违法经营而接受有关部门调查的报道惊动了整个P2P圈，这家成立一年多的平台，因其发展迅猛，堪称互联网金融领域的一匹"黑马"。据网贷之家数据统计，截至2015年12月8日，e租宝总成交量为745.68亿元，总投资人数为90.95万人，待收总额为703.97亿元。

e租宝全称为金易融（北京）网络科技有限公司，是安徽钰诚集团的全资子公司，注册资本1亿元。平台主打A2P的模式，6款产品都是融资租赁债权转让，预期年化收益率为9.0%—14.2%，期限分为3个月、6个月和12个月，赎回方式分T+2和T+10两种。

自2014年7月上线以来，e租宝交易规模快速挤入行业前列。根据零壹研究院数据中心统计，截至2015年11月底，e租宝累计成交规模为703亿元，排名行业第四。网贷之家的数据也显示，截至12月8日，e租宝总成交额达745.68亿元，总投资人数为90.95万人，待收总额为703.97亿元。

按照刑事诉讼法，诉讼这一阶段最长达10个月，所以e租宝一案最晚会在2017年下半年结案。而投资者苦等的资金返还工作要在结案后才开始。

据一份网传的《"e租宝"案件处置工作总体方案（征求意见稿）》文件显示，e租宝案的法院执行阶段拟于"党的十九大结束后"，由北京市第一中级人民法院依据全部生效判决依法组织对投资人涉案款项予以发还。

北京市第一中级人民法院2016年12月22日发布，法院已立案受理"e租宝"案，目前案件正在审理中。公安机关"e租宝"案件专案组12月23日在非法集资案件投资人信息登记平台发布公告。称截至目前，本案侦查阶段主登记阶段已经结束，已有24万余名投资人通过身份审核。

由于e租宝的问题属于庞氏骗局①的一种,出事后投资者想要拿回本金的可能性比较小,所以投资者投资时要谨慎。e租宝在社会上知名度很高,尚且出现如此大的问题,可想而知许多平台并没有得到相应的监管,因此投资者在投资时小心再小心也不为过。

如依据北京市第一中级人民法院数据投资款总额598亿元计算,不计入已经提现的数额,现在e租宝投资人可以返还的比例大概为33.44%。对众多投资者来说,都是损失巨大。

资料来源:财富动力网,2017年1月10日。

第二节 网络借贷流程与业务模式

网络借贷在其发展过程中衍生出了不同的业务模式。网络借贷操作流程简单明了,其核心模式是有贷款需求的人和有借款需求的人通过平台企业交互供需信息,并达成交易,平台企业在整个交易过程中提供一系列辅助服务并收取服务费。

一、网络借贷的流程

简洁的操作流程和参与方式,是网络借贷吸引闲散资金的关键原因。网络借贷参与流程与工作原理如图9.4所示。

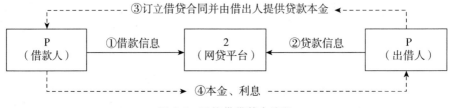

图 9.4 网络借贷基本流程

如图9.4所示,①借款人通过网贷平台发布个人的借贷金额、借款用途、还款期限等信息,并明确个人能承担的最高利率;②出借人根据网贷平台了解借款人的各项信息后,根据个人风险承受能力决定是否借贷及借贷的额度和利率;③借贷双方达成交易,签订电子借贷合同,并由出借人根据贷款合同提供贷款本金;④借款者根据贷款合同按月还款即可。在这个过程中,网络借贷平台向借款人和出借人收取一定的服务费(即佣金)。

---

① 所谓庞氏骗局,是指骗人向虚设的企业投资,以后来投资者的钱作为快速盈利付给最初投资者以诱使更多人上当。庞氏骗局是一种最古老和最常见的投资诈骗,是金字塔骗局的变体。

借款人发标前,需要经过平台严格的审核和层层调查,调查的方面一般包括借款人身份证明、收入证明、住房证明、经营证明等基本信息,根据网贷平台的不同,具体细节会有所差异。而这个差异也是出借人衡量该网贷平台实力是否过关的重要标准。

贷前审核是网贷平台风险控制的第一步,也是至关重要的一步。通过前期对借款客户基础信息中隐藏信息的排查,可以判断该借款客户是否具备还款能力和还款诚意,从而减小违约风险,也可以降低后面催收的工作难度。

在客户提出借款申请后,出借人(投资人)会对客户的基本资料进行分析。通过网络、电话及其他可以掌握的有效渠道进行翔实、仔细的调查。在资料信息核实完成后,根据个人信用风险分析系统进行评估,再由经验丰富的借款审核人员进行双重审核确认后最终决定批核结果。

二、网络借贷的业务模式

2007年,拍拍贷开始在国内开展网络借贷业务,9年之后,网络借贷的发展已经衍生出不同的借贷模式,主要有纯平台模式、担保模式、债权转让模式以及线上线下模式。

(一) 纯平台模式

早期的网贷平台大多采用纯平台模式,此经营模式具有典型的金融脱媒特征,即P2P网贷平台仅仅为借贷双方提供一个信息中介平台。当借贷双方在此平台上达成一致意见并实现借贷后,该平台将向借款人收取一定比例的费用建立风险备用金,以风险备用金来作为出借人的本息保障,而不使用自有平台的资金来赔偿出借人的本息损失,此模式即为纯平台模式,如图9.5所示。

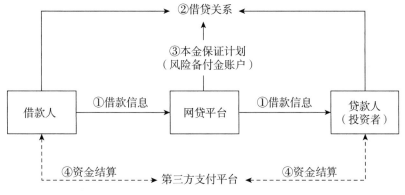

图9.5 纯平台模式

在纯平台模式中,借贷双方的资金往来经第三方支付平台账户,网贷平台的备付金账户仅在借款人发生违约时使用。账户中的风险备用金由网贷平台按照贷款产品类型及借款人的信用等级等信息在每笔借款的服务费中按不同比例计提。当借款人(债务人)逾期还款超过30日时,网贷机构将根据贷款信用的不同,按照事前约定从该账户中提取相应资金用于偿付理财人(债权人)应收取的本金或本息金额。

风险备用金账户看上去与连带责任担保作用相当,实际上完全不同,具体表现在资金的提供方、保障范围、资金来源、失效条件和法律性质等五个方面(见表9.2)。不过,风险准备金账户虽然能起到一定的风险控制作用,但并非典型意义上的担保措施,其对贷款人的保障力度较小。

表9.2 风险备用金账户与连带责任担保的区别

项目	风险备用金账户	连带责任担保
信用提供方	网络平台自有账户	独立的第三方担保公司
保障范围	根据借款信用的不同,分为部分本金、全部本金、本金及利息等三类	本金及利息
资金来源	从网络平台的服务费中收取	单独收取担保费
失效条件	风险备用金账户余额用尽	担保公司破产,无力履行担保责任
法律性质	普通商事约定	典型的担保

资料来源:普益财富。

由于风险备用金账户等措施不能完全承担信用风险,大部分信用风险仍然由贷款人承担,故借款人付出的利息都归贷款人所有。贷款利息归贷款人所有,有利于风险收益匹配,高风险承受能力的贷款人对应信用不佳的借款人和风险较高的贷款,低风险承受能力的贷款人对应信用优良的借款人和风险较低的贷款,这有助于提高整个平台的效率。

在该模式中,借款人将资金需求信息放在网络平台上,贷款人获得信息后决定投资的,通过网络平台确认相关关系,再通过第三方支付平台完成资金的划拨,网贷平台只提供信息居间服务不提供担保。网络平台作为居间方的平台,并不从贷款人处借得资金,也不向借款人发放贷款,而是只从事居间业务,实际上是把银行的存贷间接融资转换成了直接融资。应该说,这样的模式最有利于贷款平台的稳定——贷款平台不承担信用风险,自身经营风险也较小。

(二)担保模式

担保模式分为第三方担保模式和平台担保模式。网贷平台为保证出借人资金安全和自身平台不受损失,将风险转移至第三方担保公司,网贷平台给予担保公司一定比例的渠道费和担保费,此经营模式即为第三方担保模式(见图9.6)。

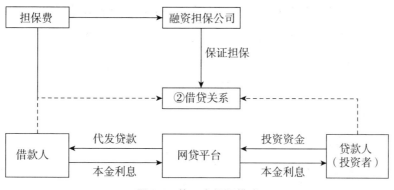

图 9.6　第三方担保模式

担保模式的代表是平安集团旗下的陆家嘴金融交易所(以下简称"陆金所")的稳盈一安 e 贷,其主要靠项目评审、收取担保费维持运营。

担保模式有以下特点(以陆金所为例进行说明):

第一,根据项目质量的不同,担保公司收取高低不等的担保费,而贷款人通过陆金所平台获得的利息是一定的。实际上,贷款人相当于只获得了无风险报酬率。

第二,承担借款人信用风险的主要不是贷款人,而是担保人,很多交易平台都规定"所有稳盈一安 e 贷由中国平安集团旗下的担保公司承担担保责任。若借款方未能履行还款责任,担保公司将对未被偿还的剩余本金和截止到代偿日的全部应还未还利息与罚息进行全额偿付"。

因为借款人的信用风险主要由担保方承担,所以贷款的风险报酬主要归担保方而非贷款人所有。实际上,在担保模式中,无论贷款项目风险如何,贷款人一般只获得一个固定的利率,而贷款项目的风险溢价则以浮动担保费或服务费的形式归担保方所有。

由于担保人一般实力比较雄厚(如陆金所实际上是大型金融集团的子公司),经过担保人连带责任担保的债权一般不会让贷款人蒙受损失,贷款人承担的风险很小,风险主要集中在担保人身上。就此看来,这种模式类似于银行的存贷业务,贷款人相当于银行储户,担保人相当于银行。由此导致两个后果:一是借款客户的风险偏好属性类似于银行存款客户的风险偏好属性;二是网贷平台包括担保公司的运作平台化,不再是单纯的信息中介机构,经营风险提升。

在平台方式下,贷款人的风险主要来自借款人的信用风险。在发达国家,个人征信体系和企业征信体系比较完备,贷款人可以通过查询借款人的过往征信信息大致判断出其信用风险。而在国内,由于征信体系尚不完善,这种方法难以奏效。为了促进交易,部分居间平台便引入第三方担保,通常是由专业的担保公司为借款人提供连带责任担保。

第三方担保公司的介入致使网贷平台的功能弱化,因此部分网贷平台又采取了平台自身担保的模式,即网贷平台利用平台自有资金或专门的风险准备金来为出借人提供资金安全保障。在此模式下,若出借人借贷资金难以追回,平台将会在逾期一段时间后进行全额赔偿并将该笔欠款从出借人手中划入平台名下,由平台对借款人进行追偿。平台自身担保模式流程与图9.6类似,只是备付金账户来自平台自有资金,其与连带责任担保的区别见表9.2。

（三）债权转让模式

债权转让模式就是投资人与借款人不直接联系,而是通过某个第三方连接。双方不直接签订债权合同,而是通过第三方个人对借款人进行评估后向借款人进行放款,这个第三方个人通常被称为专业放款人,之后专业放款人再将债权转让给投资人,使投资人可以获得债权带来的利息收入。而网贷平台在其中发挥的作用则是将这种债权进行金额的拆分和期限的错配,打包成类似理财产品的债权包,放于平台上给投资人选择。也就是说,在债权转让模式下,先由第三方把钱借给借款人,然后再由第三方把自己持有的债权转让给投资人,形成借款交易。许多线下的小贷公司采用的就是债权转让模式,这种模式在国内以宜信（北京宜信惠普信息咨询有限公司的简称）为代表。

债权转让的具体操作方法为:由第三方债权人（平台合作方）将自有资金借给需要借款的用户,待借款协议签署好后,第三方债权人就获得了大笔债权。然后,网贷机构把第三方债权人持有的债权进行金额拆分或期限拆分,再把拆分后的小笔债权出售给投资人。把大额贷款拆分成小笔债权,这样做大大降低了项目的销售难度。其操作流程如图9.7所示。

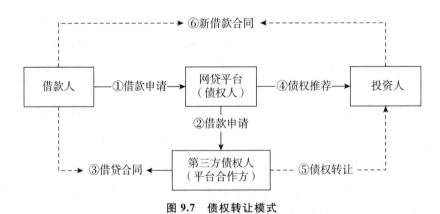

图 9.7　债权转让模式

债权转让模式中网贷平台的性质与其他模式明显不同:与平台合作的第三方个人先将资金发放给出借人,再由第三方个人将债权转移给出借人,从而借贷双方绕过了签订债权债务合约的步骤。在此模式下,网贷平台将第三方个人债权的金额和期限进行拆分,包装成类似于理财产品的债权包,转让给投资人（最终贷款人）。

债权转让模式的主要缺陷是:在该模式中,借款人对投资人信息披露不够透明和充分,由于投资人和借款人并不是一对一的关系,在债权转让过程中,投资人并不了解债务人的具体情况,同时具体的投资项目也不是由投资人自主选择的,投资人只能依靠专业放贷人的信用优良判断是否进行投资,这就使投资人可判断的指标大大减少,无形中增加了投资人的投资风险,并且期限错配和流动性错配的问题也极易发生。

此外,在这一模式中,平台实质上扮演了金融机构的角色,借贷资金往来通过第三方债权人账户,相当于变相设立了资金池。如要保证投资者的资金安全,结合第三方资金托管或直接采用银行监管都是有效的方法。

(四) 线上线下模式

在网络借贷的发展过程中衍生出了线上线下相结合的模式。线上模式,是纯线上纯信用的网络借贷,贷款申请、投标、风险审核、贷款发放都在线上进行,企业只是提供一个双方撮合的平台。

线下模式是指线上模式借贷流程中的审核、贷款发放等流程放在线下进行。线下模式审核和银行贷款审核方式无二,一般需要抵押物,募集资金由网贷企业自主支配,贷给借款人,为数居多的网贷企业其实都是线下模式,通常是引入小额贷款公司做线下业务。

线上模式的优点是成本比较低,因为没有实体店面和员工,这样就大大降低了运营成本;缺点是安全性不足,由于缺少人为的操作和监督,自然就会有很多虚假的信息和贷款证明,在中国现有信用环境下线上交易的风险比较大。线上模式目前的难点在于缺乏征信、大数据的有力支持。

纯线下模式的优点是安全性较强,从贷款前到贷款后,到最终还款,都有专门人员跟踪并实地考察,保证借款人每月按时还款;缺点是成本比较高,与线上交易相比,多出了实体店面的房租和人员工资等支出,而这些支出都要从借款人的手续费中扣除。线下模式目前的难点,一方面是采用传统金融的审核手段,不够便捷高效;另一方面,监管层对线下模式机构能否妥善处理资金池问题、资金和期限的错配问题存在担忧。

由于线上和线下都各有优劣,在行业发展中,网络借贷便逐步演变出线上线下相结合的模式。相对线上网络借贷的经营模式,线上线下相结合的模式更具有前瞻性,网贷平台通过线下信用审核、开发借款人、销售债权产品等方式可以弥补线上模式的缺陷,拉近借贷双方与平台的距离。

以上网络借贷模型的特点概括如表9.3所示。

表 9.3 网络借贷的四种业务模式

模式	模式简介	优点	缺点	代表
纯平台模式	搭建网站、线上撮合	利于积累数据、品牌独立,借贷双方用户无地域限制,不触监管红线	如果没有用户基础,则很难实现盈利	拍拍贷
担保模式	引入保险公司,为交易担保	保障资金安全,符合中国用户的投资理念	涉及关联方过多,如果平台实力不足,则会失去定价权	人人贷
债权转让模式	线下购买债券,将债权转售	平台交易量迅速提升,适合线下	有政策风险,程序烦琐,由于需要地勤人员,所以地域限制不利于开展业务	宜信
线上线下模式	引入小贷公司的融资需求	成本小、见效快	核心业务已经脱离金融范畴	有利网

资料来源:速途网。

第三节　网络借贷的规范发展

目前,许多网贷机构背离了信息中介的定性,承诺担保增信、错配资金池等,已由信息中介异化为信用中介,因此,国家监管部门将重点对此类行为进行规范,以净化市场环境,保护金融消费者权益,使网贷机构回归到信息中介的本质。

一、网络借贷的治理规范

针对网络借贷存在的风险隐患,诸如信息披露、监管缺失等问题,一是必须大力加强监管执法力度,促进网络借贷健康发展;二是网贷机构本身要对风险识别与控制能力提出更高的要求。

（一）切实加强行业规范

网络借贷近几年的发展呈现出"快、偏、乱"的现象,即行业规模增长势头过快、业务创新偏离轨道、风险乱象时有发生:一是行业规模增长势头过快。近两年网贷行业无论在机构数量还是业务规模方面均呈现出迅猛增长的势头。二是业务创新偏离轨道。目前大部分网贷机构偏离信息中介定位以及服务小微和依托互联网经营的本质,异化为信用中介,存在自融、违规放贷、设立资金池、期限拆分、大量线下营销等行为。三是风险乱象时有发生。网贷行业中问题机构不断累积,风险事件时有发生,问题平台加速上升(见专栏9.2),这些问题机构部分受资本实力及自身经营管理能力限制,当借贷大量违约、经营难以为继时,出现"卷款"而逃、关门"跑路"等情况;部分机构销售不同形式的投资产品,规避相关金融产品的认购门槛及投资者适当性要求,在逃避监管的同时,加剧风险传播;部分机构甚至通过假标、资金池和高收益等手段,进行自融、庞氏骗局,碰触非法集资底线。

专栏 9.2

网贷行业三年共淘汰问题平台 2 543 家

近日,网贷天眼一组数据显示,2014 年、2015 年、2016 年三年网贷行业问题平台数分别为 296 家、950 家、1297 家,呈现"三连跳"态势,三年共有 2 543 家平台遭淘汰。业内人士认为,从监管要求的整改时限来看,2017 年上半年或将延续这一趋势,会有更多平台面临生死抉择。

合力贷 CEO 刘丰认为,网贷平台的数量收缩是必然现象。一方面,从平台自身来看,运营成本高,在产品创新、优质投资客户及资产的获取、风险把控方面均有较大压力;另一方面,从外界环境来看,监管收紧、市场竞争加剧为平台运营增加了难度。

近年来,互联网金融呈现爆发式增长,"风口效应"催生了大批平台,随处可见跑马圈地式的扩张,网利宝 CEO 赵润龙指出,很多平台自律意识和风控能力欠缺,给风险的产生埋下了伏笔,而行业规模增长必然带来问题平台数量增多的问题。

"目前来看,淘汰的平台总体可分为两类,一类是因为存在违规违法问题,跑路、被查或倒闭,这类平台占绝大多数;另一类是因为运营不善,或者认为没有发展前景,平台主动停业、清算,这类占小部分。"理财范 CEO 申磊分析称,这两类平台的淘汰,是政策和市场双重作用的结果,都将推动行业结构持续优化,有助于行业健康和规范发展。

按照监管要求,现存的 2 000 家左右平台将面临银行存管、大标整改等诸多问题,新联在线 COO 陈智诚认为,银行存管是 P2P 平台持续发展必须要走的一步,此次全国性的互联网金融专项风险整治工作已经体现出强监管的决心和手段,银行存管是 P2P 必须要过的一道门槛,而目前这道门槛较高,这是因没出台银行存管业务指引而造成的。在指引正式出台后,银行参与 P2P 资金存管的热情和效率应该有所提升。

对于大标整改问题,后期以大额标的为主的网贷平台,整改时间已越来越短,业务调整将成为共性问题。为求合规发展,小额分散业务开始被多数平台关注,成为今后行业发展的方向。投哪网 CEO 吴显勇表示,传统的车贷、信用贷款等小额贷款业务和新兴的 3C、旅游、在线教育培训等消费金融已成为行业竞逐的领域。

资料来源:《经济参考报》,2017 年 1 月 12 日。

为了解决好上述问题,保护网络借贷的健康有序发展,必须严格依法监管。《网络借贷信息中介机构业务活动管理暂行办法》作为行业经营和监管的基本制度安排,明确了网贷监管体制机制及各相关主体责任、网贷业务规则和风险管理要求、借款人和出借人的义务、信息披露及资金第三方存管等内容,全面系统地规范了网贷机构及其业务行为,为行业的发展明确了方向,进一步引导网贷机构回归信息中介、小额分散的普惠金融本质,促使网贷行业正本清源,引导和促进网贷行业早日走上正轨,形成可持续的发展模式。根据上述监管法规的要求,网贷行业治理规范的原则重点如下所述:

一是要着力加强事中事后行为监管。网贷机构本质上是信息中介机构,不是信用中介机构,但其开展的网贷业务是金融信息中介业务,涉及资金融通及相关风险管理。对网贷业务的监管,重点在于业务基本规则的制定完善,而非机构和业务的准入审批,应着力加强事中事后行为监管,以保护相关当事人的合法权益。

二是坚持底线监管思维,实行负面清单管理。通过负面清单界定网贷业务的边界,对符合法律法规的网贷业务和创新活动,给予支持和保护;对以网贷名义进行非法集资等非法金融活动,坚决予以打击和取缔;加强信息披露,完善风险监测,守住不发生区域性系统性风险的底线。

三是创新行业监管方式,实行分工协同监管。网贷作为新兴的互联网金融业态,具有跨区域、跨领域的特征,传统的监管模式无法适应网贷行业的监管需求,因此,要充分发挥国家相关管理部门、地方人民政府的作用,发挥各方优势,在明确分工的前提下,加强沟通、协作,形成有效的监管合力。

四是加强网贷平台账户资金管理。根据国家监管法规的要求,客户资金和网贷机构自有资金须实行分账管理,由银行业金融机构对客户资金实行第三方存管。网贷机构应当选择符合条件的银行业金融机构作为第三方资金存管机构,对客户资金进行管理和监督,实现客户资金和网贷机构自有资金分账管理。

银行业金融机构应当按照合同约定,履行交易资金划付、资金核算和监督等职责,将网贷机构的资金与客户的资金分账管理、分开存放,确保资金流向符合出借人的真实意愿,有效防范风险。

五是要加强对网贷机构的信息披露要求、完善相关信息披露制度。现有监管法规对网络借贷的信息披露已经做出了原则性规定,但还缺乏可操作性,且部分指标的设置还有待行业实践,因此监管部门后续在判定有关细则时,要结合行业的一般做法和监管需要,对行业的相应指标包括坏账率、逾期率和代偿金额等进行明确定义。

(二)网贷机构要主动提高风险控制能力

面对新的监管环境和行业生存业态,网贷机构自身应对风险识别与控制能力提出更高的要求,立足法规监管定位,强本固基,稳健发展。

1. 完善内部治理结构

完善网贷机构治理结构是网贷平台安全运行的基础。网贷平台应严格落实风险管理、内部控制、风险集中、关联交易、资产流动性等业务规则和管理制度,按照《公司法》的要求建立健全公司治理结构,明确股东、董事、监事和经理之间的权责关系,制定稳健有效的议事规则、决策程序和内审制度。目前,在市场环境要求和监管全面介入的情况下,网贷行业有可能建立起自身的公司治理结构、内控制度和风险控制制度标准,促进整个行业内部治理结构的优化。

2. 加强风险控制能力建设

作为信息中介的网贷平台,核心业务是风险评估和风险控制。网贷机构应当大力完善大数据风险控制,在丰富传统风险控制数据维度的基础上实现对金融风险的立体、动态、实时监测。利用互联网的海量数据优势从财富、安全、守约、消费、社交等几个维度来评判,为用户建立信用报告,形成以大数据为基础的海量数据库。网贷平台应当建立健全基于大数据的风险控制模型,以此提升自身平台的风险评估和风险控制能力。

3. 增强投资者信息、账户、资金安全保护

网贷平台应通过一系列计算机及网络安全技术来保障借款人和出借人的个人信息及账户安全,并通过借款人信用评级、反诈骗和身份审查、分散出借人资金等方式来最小化资金风险。在经历了大批平台破产、投资血本无归之后,投资者应更加关注投资的安全性。担保模式的兴起、诸如风险备用金账户等措施的推广使用都是对投资安全重视的直接回应。网络平台在设计产品时应当充分考虑投资者的投资安全保护等内容。

4. 限制借款集中度风险

根据法规要求,网贷具体金额应当以小额为主。网贷机构应当通过严格审查小额贷款机构的资信来降低其风险,并通过分散出借人贷款给不同借款人来降低出借人风险。通过将借款人进行信用分级、要求借款人签署法律合同等方式,强制要求借款人按月分期偿还贷款。

5. 完善信息披露

在信息中介定位下,风险揭示和信息披露至关重要。网络借贷中介机构应当建立健全信息披露制度,坚持真实性、完整性、准确性、及时性原则,不得有虚假记载、误导性陈述、重大遗漏或者其他不正当披露行为,并重点把握重大事项报告制度。网络借贷平台应当披露的内容涉及自身经营、资产以及财务等状况,影响贷款人是否选择该公司进行投资的信息。披露的信息应当包括但不限于风险提示信息、服务收费信息、财务指标信息、季度报告及年度报告。同时,应当建立保密制度,除法律法规规定要求外不得随意泄露或违法出售当事人的商业秘密和个人隐私。

6. 加强行业自律

平台的规范运行有赖于行业自律。由于互联网金融的线上模式增大了监督难度,因此应成立网络借贷行业协会,承担道义监督和警示责任。行业协会应从以下方面加强行业的自律性:其一,规定授信的基本行业标准,实现同类业务统一管理办法,不许为获取服务费提高平台交易规模及为审核不合格的企业提供贷款;其二,建立信息共享平台和黑名单机制;其三,规定平台不得对融资企业提供担保,要严格审核担保人的资质;其四,规定平台要与关联方保持独立,平台公司及所属集团不得与借款人、担保方和资金托管方有所属关系;其五,由评级机构对平台进行打分评级,根据平台的经营情况调整评级,提高平台透明度。

总之,网贷机构应当立足信息中介本位,坚持小额贷款方向,全面加强自身业务能力与风险管控能力建设,这样才能结合互联网技术为普惠金融做出应有的贡献,同时自身也在这一过程中得以发展。

二、未来发展趋势

我国网络借贷行业经过最近几年的高速发展,已经成为互联网金融中至关重要的领域,现在进入了整顿规范期。未来几年,网贷平台的风险与机遇并存,行业发展将呈现以下趋势:

(一)行业将进入有序发展新阶段

最近两年,中国网贷行业"野蛮生长"这一局面正发生变化。在市场逐渐壮大、竞争愈加激烈的同时,监管政策也相继出台。尤其进入2016年,在相关政策和监管方面,国家出台了一系列关于网贷的政策规范,进一步加强了对准入机制、监管底线、行业协会等方面的监管。

上述举措充分说明国家将在战略层面上积极推动和支持网络金融的健康发展。随着监管思路日益明晰,监管主体逐一就位,监管规则和标准逐步完善,监管条例逐步落实,行业自律性管理加强,伪劣平台逐步清除,中国互联网金融将告别杂乱丛生的无序发展状态,进入规范化、有序发展的新阶段。

通过监管整顿,网贷机构线下经营现象将得到遏制,网贷机构将逐渐回归互联网金融本质,利用大数据、云计算等全新技术手段,依托互联网平台开展相关业务。金融科技取代互联网金融、P2P成为热门关键词;消费金融、汽车金融、互联网保险、供应链金融等细分领域将成为市场增长的新亮点。

(二) 行业规模继续增长,"马太效应"①将更加凸显

监管与市场环境的变化会淘汰掉一部分不合规的平台,同时也会优化一部分平台。一方面,实力平台、行业巨头加速布局;另一方面,大量中小平台被迫转型,或清盘退出。这意味着平台分化更加明显,行业竞争将在领先实力平台之间展开。

2016年政策对行业洗牌起到了催化剂的作用,包括电信业务许可证、银行存管、信息披露等规范性指导和硬性要求等在内的监管细则的出台,在一定程度上形成了行业隐性"牌照",使得平台的运营成本大幅增加。小平台自我消亡,伪平台将被清除,而大平台在合规调整中则受到更多青睐,行业集中度进一步提升。据统计,2016年,前100家平台交易规模在1.5万亿元左右,约占77%;其中,至少24家平台成交额超过100亿元,金额共计6 485亿元,约占行业总成交额的33%;11家平台年交易额超过200亿元,总交易额4 696亿元,占24%。这显示出未来"马太效应"将更加凸显。

随着越来越多的强势企业进入网贷行业,竞争将日益激烈,在市场和监管的双重作用下,预计2017年监管过渡期后,只有为数不多的平台能够继续存活并且不改变业务形态。

(三) 技术竞争突出

目前,我国的征信体系正处于加速建设完善阶段。未来几年,我国的征信将实现传统征信与大数据征信的有效结合。未来几年,各大网贷平台将加大投入建立并完善基于大数据的风险控制模型,以此提升自身平台的风险控制能力。风险控制技术加速演进,部分平台将建立自己的技术优势;场景化、移动化服务能力将成为行业竞争重点。

平台规模产生分化;行业并购呈井喷趋势;部分平台尝试转型;平台产品多样化,强化专业分工,生态圈进一步扩大;逐步形成综合化理财服务。

(四) 资产细分、收益下降

随着网贷行业进入规范发展阶段,未来网贷平台的关键竞争力将体现在资产的筛选与甄别、风险的管理与控制方面,优质资产成为众多平台争夺的焦点。监管细则中关于借款金额的限制,对以企业贷款为主的互联网金融平台影响较大,将导致平台集中转型,转向更小额、分散的资产,而这也将加速行业细分进程,出现大量专注于某一类用户或者某一类资产等的垂直细分型网贷平台,例如消费金融、小微企业贷、小额抵押贷等多种类型。

在竞争加剧的背景下,越来越多的平台会通过降息来争取优质借款人,处于平台资金端的出借人的收益率也会随之下调,这也是利率市场化和互联网金融走向成熟的体现。

---

① 马太效应(Matthew Effect),指强者越强、弱者越弱的现象。

(五) 差异化竞争带来服务升级

经过监管与市场整合存活下来的网贷平台间的竞争也将由单纯拼高收益、规模化向提升用户体验以及服务的精细化、差异化方向发展。

在网贷新用户获客成本高企的当下,深挖存量用户便成为突破口,而让用户享受到便捷、高效的服务体验是增加平台黏性的关键。在行业同质化现象突出时,充分满足个性化需求的服务,较之以往"千人一面"的模式化服务,显然对用户具有更大的吸引力。

综合而论,网络借贷的核心价值在于激活了民间资金进入实体行业,服务对象为银行等传统金融机构未能顾及的小微企业和个人,它的"去中介化"可以提高融资效率、降低融资成本。从长期来看,网络借贷是有旺盛生命力和市场需求的。在大数据、人工智能加速发展、商务模式创新不断的大变革时代,唯有合规、透明、不忘普惠初心的平台才能在日益完备的监管环境与激烈的市场竞争下得以生存、壮大与发展。

本章小结

1. 网络借贷有广义和狭义之分。广义上,包括个体网络借贷和网络小额贷款;狭义上,则仅指个体网络借贷,它是一种独立于正规金融机构体系之外的个体借贷行为。

2. 网络借贷可以在提高金融效率、弥补小微企业融资缺口、缓解小微企业融资难以及满足民间投资需求等方面发挥积极作用。

3. 网络借贷核心模式是借贷双方通过平台企业交互供需信息并达成交易,平台企业在整个交易过程中提供一系列辅助服务并收取服务费。

4. 相对线上网络借贷的经营模式,线上和线下相结合的模式更具有前瞻性。

5. 网络借贷有着特定的风险,需要建立业务标准和风险防范机制,加强监管规范。

6. 我国网络借贷行业现在已进入整顿规范期。长期来看,唯有合规、透明的平台才能在日益完备的监管环境与激烈市场竞争下得以生存、壮大与发展。

关键概念

网络借贷	网贷平台
网贷机构	纯平台模式
备付金账户	风险备用金
担保模式	第三方担保模式
平台担保模式	债权转让模式
线上线下模式	

复习思考题

1. 什么是网络借贷？什么是广义网络借贷？什么是狭义网络借贷？
2. 什么是备付金账户？
3. 风险备用金的用途是什么？
4. 网络借贷有哪些担保模式？

课后练习题

1. 网贷机构的本质是什么？
2. 简述网络借贷的特点及其意义。
3. 试比较不同网络借贷模式的优劣。
4. 结合实际案例,试谈谈您对校园贷的看法。

数据资料与相关链接

1. http://www.cbrc.gov.cn/index.html(中国银监会)。
2. http://www.miit.gov.cn/(中华人民共和国工信部)。
3. http://www.mps.gov.cn/(中华人民共和国公安部)。
4. http://www.cac.gov.cn/(中共中央网络安全和信息化领导小组办公室)。

延伸阅读

1. 中国银监会等:《网络借贷信息中介机构业务活动管理暂行办法》,2016。
2. 网贷之家、盈灿咨询:《2016年中国网络借贷行业年报》,2017。
3. 零壹财经:《中国P2P借贷服务行业白皮书(2015)》。
4. 北京市金融工作局等:《中国互联网金融安全发展报告(2016)》,2017。

第十章

股权众筹

本章导论

众筹是互联网金融的一大主要业务模式,众筹的优点主要在于融资成本低、参与门槛低、流程简单,可以作为宣传、营销手段,同时又能促进经济发展和就业,促进科技创新和文化事业发展。而其中,股权众筹能够促进资本民主和普惠金融的实现。

主要内容

本章首先界定股权众筹的概念,其次介绍股权众筹的业务流程与运营模式,然后对不同类型的股权众筹模式进行比较分析,最后讨论股权众筹的发展现状与未来趋势。

知识与技能目标

通过本章学习,学生应当了解众筹的发展概况;理解众筹的构成要素、业务流程和交易规则;清楚不同类型众筹的主要特征、发展的未来趋势。

第十章　股权众筹

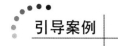

超过四成互联网众筹平台或已转型

案例导读：众筹是指通过互联网方式发布筹款项目并募集资金。只要是网友喜欢的项目，都可以通过众筹方式获得项目启动的第一笔资金，更多小本经营或创作的人也可获得创业可能。然而，众筹的发展并非一帆风顺。本案例显示：目前国内众筹市场已进入调整期，行业洗牌在所难免。

一个化纤坐垫，居然可以防止腰椎毛病和产妇骨盆变宽，网上几天就募集到 30 多万元；即使你只是 K 霸，网上众筹个小剧场演唱会也能找到众多为你的门票埋单的追随者……近一年来众筹几乎成为初创企业融资和展示产品的"阿拉丁神灯"，据零壹研究院数据中心发布的最新众筹报告显示，截至 2016 年 11 月 30 日，我国互联网众筹平台至少有 593 家。但是据业内人士透露，由于优质项目的紧缺和市场风险的影响，目前存在问题和已转型的众筹平台至少有 254 家，约占整个行业的 42.8%。

记者查询发现，目前市场上比较火的众筹基本上还是被京东、淘宝、苏宁等几大电商的众筹平台瓜分，仅京东众筹目前总筹资额就已超过 36 亿元。而数据显示，仅 2016 年 11 月，包括京东众筹、淘宝众筹、苏宁众筹、乐童音乐等在内的 10 家产品众筹平台成功项目融资额就达 5.18 亿元，相比 10 月增加了 1.28 亿元。

业内人士称，经过万马齐喑的角逐后，一边是优质项目的紧缺，一边是市场风险的影响，不得不说，目前的国内众筹市场正处低迷期，不少人也在另辟蹊径寻求突围，"众筹+影视""众筹+餐饮""众筹+民宿"等跨界模式的出现，再度搅动起众筹行业的一池春水。未来众筹究竟还是不是创业者的天堂，众筹行业下一个风口在哪里，还需进一步观察。

资料来源：张劲骁、徐晓风，《超过四成互联网众筹平台或已转型》，《扬子晚报》，2017 年 1 月 13 日。

第一节　概　述

众筹译自英文 crowdfunding 一词，即大众筹资或群众筹资之意。众筹是一种网络融资方式，可用于各种项目融资。2013 年全球通过众筹募集资金已达 51 亿美元，其中 90% 集中在欧美市场。[①] 世界银行报告更预测 2025 年众筹总金额将突破 960 亿美元，其中亚洲占比将大幅上升。2011 年 7 月，国内第一家众筹网站"点名时间"上线，标志着中国众筹行业的开始，其后众筹行业获得了大幅成长，目前进入低迷期。

---

① Massolution 研究报告。

一、股权众筹的概念

股权众筹是一个从属于众筹的下位概念,因此理解股权众筹首先需要理解众筹的概念。与P2P网络借贷相似,众筹也有广义和狭义之分。广义上,众筹是大家一起来凑份子办一件事的意思。比如办婚宴,亲朋好友会送份子钱,这样结婚的人得到了一笔礼金,这就是婚宴众筹。狭义上,众筹是指利用互联网平台为某一项目活动募集资金并给予回报的一种融资方式。

广义上的众筹具有多种形式,主要包括债权众筹、股权众筹、回报众筹、捐赠众筹等。债权众筹,是指投资者对项目或公司进行投资,获得其一定比例的债权,未来获取利息收益并收回本金。股权众筹,是指投资者对项目或公司进行投资,获得其一定比例的股权。回报众筹,是指投资者对项目或公司进行投资,获得特定的回报。回报是除股份、利润之外的形式,例如实物产品、签名海报、支持者名单等。目前绝大多数的众筹网站,例如国内的点名、追梦等都是由项目发起人进行回报。这种众筹下的项目(娱乐、艺术、音乐等),其吸引力并不是以股权或资金作为出资者的回报。出资者对一个项目的支持属于购买行为,而不是投资行为。捐赠众筹,是指投资者对项目或公司进行无偿捐赠,捐赠用途主要用于公益项目。

我国广义众筹的形式及代表平台如表10.1所示。

表10.1 我国广义众筹的形式

债券众筹	拍拍贷	人人贷	积木盒子
股权众筹	天使汇		大家投
回报众筹	点名时间	追梦网	众筹网
捐赠众筹	微公益		

资料来源:好商网。

狭义上的众筹,具有金融性质,在形式上仅包括债权众筹和股权众筹两种。

债权众筹类似于P2P网络借贷,但又与网络借贷不同。债权众筹本质上与传统的债券融资并无区别,在债权债务关系上是投资人对项目的关系,是多对一的关系;而网络借贷属于民间借贷,通过网络平台实现借贷需求,是债权人与债务人一对一(Peer to Pere)的关系,因此一般不包括在狭义众筹之中。不过,在监管上,现有法规[①]已经明确互联网债务融资平台须回归信息中介本位,归于网贷平台类,纳入国家金融监管框架,故债权众筹将失去独立的生存地位。

股权众筹是当下新兴起的一种融资模式,投资者通过互联网众筹平台挑选项目,并

---

① 中国银监会等:《网络借贷信息中介机构业务活动管理暂行办法》(银监会令〔2016〕1号)。

通过该平台进行投资,进而获得被投资企业或项目的股权。区分股权众筹与其他形式众筹的核心是,看融资人向投资人提供的回报是否主要以股权形式,即便不是百分之百以股权形式体现,但至少绝大多数回报形式应该体现为股权回报。

股权众筹具有两种形式:一是指非公开的股权融资形式[1];二是指"通过互联网形式进行公开小额股权融资的活动"[2],这个意义上的股权众筹具有公开、小额、大众的特征,涉及社会公共利益和经济金融安全,本质上这与一般意义上的发行股票融资并无二异,由国家证券管理部门负责监管[3]。

鉴于目前我国关于后一意义上的股权众筹融资的行业监管细则尚未出台,下面的讨论将集中于现有法律、法规或准法规文件已经明确的狭义众筹的非公开股权众筹(以下简称"股权众筹")概念。

二、股权众筹的性质及其参与主体

(一) 股权众筹的性质

股权众筹属于非公开募集资金的融资方式,即属私募性质。根据《私募股权众筹融资管理办法(试行)(征求意见稿)》的界定,股权众筹为非公开发行方式,并通过一系列自律管理要求以满足《证券法》第 10 条对非公开发行的相关规定:一是投资者必须为特定对象,即经股权众筹平台核实的符合《私募股权众筹融资管理办法(试行)(征求意见稿)》中规定条件的实名注册用户;二是投资者累计不得超过 200 人;三是股权众筹平台只能向实名注册用户推荐项目信息,股权众筹平台和融资者均不得进行公开宣传、推介或劝诱。

股权众筹虽然与私募股权基金相似,同属私募性质,都是通过向投资人出售股份来获取资金,但二者并不相同。两者在法律规范、投资对象、组织形式、投资人、投资目的、投资阶段等方面存在区别。

1. 法律规范

私募股权基金不属于《关于促进互联网金融健康发展的指导意见》规定的股权众筹融资范围;而股权众筹则为《关于促进互联网金融健康发展的指导意见》所初步定义和界定。

2. 投资对象

股权众筹定位于服务小微企业和创新创业企业;私募股权基金无此限定。

---

[1] 中国证券业协会:《私募股权众筹融资管理办法(试行)(征求意见稿)》(中证协发〔2014〕236 号)。
[2] 中国人民银行等十部门联合发布的《关于促进互联网金融健康发展的指导意见》(银发〔2015〕221 号);中国证监会等十五部门联合公布《股权众筹风险专项整治工作实施方案》(证监发〔2016〕29 号)。
[3] 2015 年 7 月 18 日,中国人民银行等十部门联合发布《关于促进互联网金融健康发展的指导意见》,明确股权众筹部分归中国证监会监督管理。

3. 组织形式

股权众筹主要有两种组织形式：一是公司制，投资人作为新股东加入融资公司；二是合伙制，投资者全部加入一个合伙企业（通常为有限合伙企业），由该合伙企业与融资方合作。

与股权众筹相比，私募股权基金的组织形式更为丰富，其基本的组织形式主要有三种：一是公司制，二是合伙制，三是契约制（以信托制为主）。除此之外，还出现了混合制的私募基金组织形式，以"信托+有限合伙"最具有代表性。

4. 投资人

无论是股权众筹还是私募股权基金，都要求投资者具备一定的风险意识和风险承担能力，但是股权众筹对投资人的要求略低于私募基金。

5. 投资目的

获取收益当然是股权众筹与私募股权基金的目的，但是两者又有不同。私募股权基金就是为了获取收益回报，比较单一。相比之下，股权众筹的投资目的更加多元丰富，而且很多股权众筹的目的并不仅限于融资，还在于人脉、渠道等社会资源的获取。

6. 投资阶段

股权众筹通常发生在企业的初创阶段和发展早期；而进行私募股权融资的企业往往已经发展到一定规模，体量较大。

（二）参与主体

1. 股权众筹平台

股权众筹平台，为"通过互联网平台（互联网网站或其他类似电子媒介）为股权众筹投融资双方提供信息发布、需求对接、协助资金划转等相关服务的中介机构"。对于从事私募股权众筹业务的股权众筹融资平台，主要定位于服务中小微企业，众筹项目不限定投融资额度，充分体现风险自担，平台的准入条件应符合有关规定，实行事后备案管理。

在风险自担的原则下，股权众筹平台须对投融资双方进行实名认证，对用户信息的真实性进行审核、对融资项目的合法性进行审核，确保投资者充分知悉投资风险。为保障资金安全，还须对募集期资金设立专户管理。

在经营业务范围方面，为避免风险跨行业外溢，股权众筹平台不得兼营个人网络借贷（即P2P网络借贷）或网络小额贷款业务。

2. 投资者和融资者

投资者和融资者应当为股权众筹平台核实的实名注册用户。

鉴于股权众筹的非公开发行性质，投资者为不超过200人的特定对象。投资者应具备相应风险识别能力和风险承担能力，符合《私募股权众筹融资管理办法（试行）（征求意见稿)》相关要求,即满足合格投资者条件,并履行相关职责。

股权众筹投资者是指符合下列条件之一的单位或个人:《私募投资基金监督管理暂行办法》规定的合格投资者;投资单个融资项目的最低金额不低于 100 万元的单位或个人;社会保障基金、企业年金等养老基金,慈善基金等社会公益基金,以及依法设立并在中国证券投资基金业协会备案的投资计划;净资产不低于 1 000 万元的单位;金融资产不低于 300 万元或最近三年个人年均收入不低于 50 万元的个人。上述个人除能提供相关财产、收入证明外,还应当能辨识、判断和承担相应的投资风险;证券业协会规定的其他投资者。

融资者应当为中小微企业或其发起人,并履行下列职责:向股权众筹平台提供真实、准确和完整的用户信息;保证融资项目真实、合法;发布真实、准确的融资信息;按约定向投资者如实报告影响或可能影响投资者权益的重大信息;证券业协会规定和融资协议约定的其他职责。

融资者不得公开或采用变相公开方式发行证券,不得向不特定对象发行证券。融资完成后,融资者或融资者发起设立的融资企业的股东人数累计不得超过 200 人。

融资者不得有下列行为:欺诈发行;向投资者承诺投资本金不受损失或者承诺最低收益;同一时间通过两个或两个以上的股权众筹平台就同一融资项目进行融资,在股权众筹平台以外的公开场所发布融资信息;法律法规和证券业协会规定禁止的其他行为。

三、股权众筹的地位与作用

实践证明,中小企业融资难、融资贵问题依赖传统融资模式无法解决,而股权融资有助于解决这一难题。从世界范围看,无论是国外的微软、雅虎和谷歌,还是国内的腾讯、阿里和百度,它们能够获得公司的启动资金,并不是因为获得了银行贷款,而是通过股权融资,在公司发展初期获得了天使投资[1]的启动资金,才一步步壮大,而那些投资它们的机构也伴随着其成长获得了巨额回报。[2]

股权众筹近似于私募股权的互联网化,与传统的天使投资、风险投资并无实质区别,也属风险创业投资。两相比较,股权众筹的投资对象更有针对性。创新型、小众、专注细分领域等企业,是股权众筹最主要的服务对象。

由于股权众筹投资对象都是草根型小微企业创业者,资金需求相对较小,融资规模不大,而每个投资者的投资额少且分散,正好可以满足小微企业创业者的融资需求,因此股权众筹打破了传统融资模式对投融资对象的限制,让更多个体可以通过股权众筹模式

---

[1] 天使投资,权益资本风险投资的一种形式,是指富有的个人出资协助具有专门技术或独特概念的原创项目或小型初创企业,进行一次性的前期投资。资料来自360百科。

[2] 阿里巴巴于 2014 年在纽约证券交易所上市,从 2000 年开始向其投资的软银获得了超过 2 800 倍的收益。

筹集所需资金或投资众筹项目。

相对于传统的融资方式,众筹更为开放。众筹平台作为沟通对接创业者与投资人的桥梁,可以更高效地实现小额投融资供求的匹配。借助众筹平台,创业者不再需要费尽心机地四处寻找风险投资,只需将其想法和设计原型在众筹平台上以视频、图片和文字的方式展示,供平台注册投资人选择;若企业或项目创意设计得到投资者的认可,投资者就会把钱投给创业者以换取创业公司的股份。在这种商业模式下,众筹平台上的创业者不仅可以得到项目的启动资金,还可以在批量生产前测试设计产品是否具有可靠的消费者需求;而众多资金盈余者都可以成为众筹投资者,因为与传统股权融资方式相比,众筹平台的准入门槛较低。

总之,股权众筹作为互联网信息时代普惠金融的一种融资模式,以广大创业者与小微企业为主要服务对象,可以在很大程度上降低创业企业的融资成本、提高其融资效率,因而在推动社会创新创业、拓展企业融资渠道、激发民间资本活力、完善我国多层次资本市场体系、促进金融改革创新与实体经济发展方面都会发挥积极作用。

当前,国家对股权众筹"政策鼓励+监管到位"的发展思路已基本明确,随着股权众筹概念界定的日渐清晰和监管政策框架的逐步完善,股权众筹有着广阔的发展前景,其价值与意义将会进一步彰显。尤其是私募股权众筹、公募股权众筹、股权转让市场之间会形成一个完整的融资链条,未来股权众筹可能会是早期初创企业融资的主要渠道。

第二节 股权众筹的具体类型、经营模式与运作流程

一、股权众筹的类型与经营盈利模式

(一)股权众筹的类型

按照不同的标准,可对股权众筹具体做以下分类:

1. 私募股权众筹和公募股权众筹

这是按股权众筹的性质来划分的,前者指把众筹行为界定为私募行为的股权众筹,可以说我国目前股权众筹平台都是私募性质;与之相反,像美国、英国等股权众筹发展较快国家,都是将众筹行为界定为公募性质,众筹平台可向公众进行募集。

2. 有担保的股权众筹和无担保的股权众筹

这是按众筹有无担保来划分的。有担保的股权众筹主要是指在股权众筹业务中加入了担保成分,典型如贷帮网[①],其规定由推荐项目并对项目进行担保的众筹投资人或机

---

① 贷帮网是深圳贷帮投资有限公司打造的第三方信贷信息服务平台,于2009年成立,总部设在深圳。

构作为保荐人,当众筹的项目一年之内失败时,保荐人赔付全额投资款,保荐人即为担保人;无担保的股权众筹则指不含担保元素的股权众筹,我国目前绝大多数股权众筹平台都属于此种。

3. 线上股权众筹和线下股权众筹

这是按股权众筹业务开展的渠道进行划分的。线上股权众筹主要是指融资人、投资人以及股权众筹平台之间所有的信息展示、交易往来都是通过互联网来完成的,当下股权众筹平台绝大多数流程都是通过在线完成的;线下股权众筹又称圈子众筹,主要是指在线下基于同学、朋友等熟人圈子而开展的一些小型众筹活动。

4. 种子类平台、天使类平台和成长类平台

这是按融资项目所处阶段来划分的。按融资项目所处的种子、天使和成长三类不同阶段,进而设置不同的股权众筹平台,最终实现股权众筹平台的"递进式"发展。

5. 综合型股权众筹平台和垂直型股权众筹平台

这是按众筹平台的经营范围所进行的划分。综合型股权众筹平台的经营范围较广,基本很少涉及具体行业的划分,目前我国发展的较大的股权众筹平台基本都是综合性平台;垂直型股权众筹平台的经营范围则有明确的行业划分。

(二)股权众筹的经营模式

在经营模式上,国际上主要有两种:基金模式与合投模式。

1. 基金模式

这种模式下,投资者的资金交由众筹平台托管,投资者只负责选择项目然后进行投资,在项目融资完成后,由平台成立新的独立的小基金作为单一股东来持股公司,平台方代表投资者进行后续的监督和管理。

众筹平台提供包含项目审核、资金保管、投后管理等一条龙的在线投融资服务。众筹平台要对融资项目进行严格的审核,保证所选项目的质量。投资者也要经过众筹平台的资质审核,通过审核后,可以把资金交由众筹平台保管,然后便可以在众筹平台的网站上浏览正在融资中的项目,并且可以向众筹平台了解更多关于项目和公司的信息,因为众筹平台已经对项目和融资公司做了详尽的调研。一旦选中项目,就可以直接在网站上进行投资操作,投资完成后在线签署投资文件,经过融资公司的确认后投资便生效。这一切都是在线完成。

在项目融资结束后,众筹平台将所募集到的资金集合起来,成立一个新的、独立的小基金,作为单一股东持股创业公司。而分散的单个的投资者则没有投票权等权利,平台方代表投资者进行后续管理。投资者只有等到公司被并购或者上市后才能退出。

这种模式的一个优势是,众筹平台负责包括项目审核、挑选、资金保管、投后管理在

内的投资全程相关服务,为投资者和融资者提供了极大的便利,降低了投资和融资成本。另外,对于创业企业来讲,由于面对的是众筹平台单一股东,也降低了由于股东众多、股权分散带来的协调成本,更有利于企业的管理和决策。而投资者由于不直接面对投资企业,而是面对具有公信力的众筹平台,也使投资更加安全。

这种模式的另一个优势是可以保证项目质量。这一方面是由于平台须对项目进行严格的筛选和审核,另一方面则是由于这类众筹平台依靠自身的创业孵化器①,项目源较为充足,这在一定程度上保证了项目质量,既降低了投资者的投资风险,也提升了平台的项目融资成功率。

2. 合投模式

合投模式,又称天使合投。天使合投即为联合投资,指天使投资人(即合格投资者)把自己看好的项目推荐给其他相关领域的天使投资人,最后由多个天使投资人一起投资,以达到降低风险的目的。这种模式就是国内目前流行的"领投+跟投"模式。该模式允许经过认证的单个天使投资人联合其他众多投资者一起进行投资。其投资人是特定群体,并不是面向普通大众。一般作为领投人的天使投资人负责挑选和审核项目,并且首先投资融资额的一定比例,其余部分由联合投资人抱团合投。同时,在融资完成后,也是由领投人负责将投资人的资金投资到融资公司并进行后续的监督和管理。领投人会获得一定的报酬,一般是投资收益的20%;作为平台方的股东也会抽取一定比例的投资收益作为报酬。

这种模式的好处是:一方面,天使投资人可以通过联合投资降低投资额度,分散投资风险,而且还能像传统风险投资一样获得额外的投资收益。另一方面,跟投人往往是众多的非专业个人投资者,他们既免去了审核和挑选项目的成本,而且通过专业天使投资人的领投,也降低了投资风险;同时,跟投人不需要向领投人交管理费,而传统上风险投资要交2%左右的管理费,这也降低了投资成本。

从实践来看,目前中国的股权众筹平台大多采用合投模式。最具代表性的是天使汇②。天使汇联合多家机构,共同发布了《中国天使众筹领投人规则》,建立了完善的"领投+跟投"机制,规定了领投人和跟投人的责任、权利、义务,同时也规定了领投规则和平台方天使汇的服务等。

(三) 股权众筹的盈利模式

在盈利模式上,目前主要为"佣金+增值服务费"。比如,美国的在线创业投资众筹平

---

① 创业孵化器是指为创业之初的公司提供办公场地、设备甚至是咨询意见和资金的企业。
② 天使汇,国内早期天使合投平台之一;北京天使汇金融信息服务有限公司的简称,于2014年设立,公司所在地为北京。

台 Wefunder 主要有两个收入来源：一是从每一个成功项目中收取融资总额 10% 的费用；二是根据投资额度收取小额资金托管费，包括监管申报和会计等相关费用。但是目前我国股权众筹平台的收入主要为第一种，一般为融资额的 5%，向融资方收取，也有同时向投资者收取的。

但是，对于初创企业来讲，并不仅仅是缺乏资本，创业者希望从股权众筹平台上获取的也不只是投资者的资金，而是更多的资源，这就是股权众筹平台的增值服务部分。因此，能带来资源的资本才是最有价值的资本，这一点在股权众筹中也是最重要的。所以增值服务将会是未来股权众筹平台竞争的焦点，也是收入的主要来源。

国内股权众筹平台主要有三种收入来源：交易手续费、增值服务费和代管收益费。交易手续费是只要项目在众筹平台上融资成功，平台就按成功融资额的一定比例收取交易费用，项目融资不成功则不收费，这是诸多股权众筹平台的主要盈利点；项目在股权众筹平台融资时，平台提供合同、文书、法律、财务等方面的指导和服务工作，针对这部分付出，平台可酌情收取一定的增值服务费用；代管收益费是有的股权众筹平台往往代替投资人对被投项目实施投后管理，通常按投资人收益的一定比例收取费用，这种模式目前在国内还较少。其实很多股权众筹平台采用"以股抵费"来进行收费，即通过将交易手续费折合成创业公司的股权，将平台的利益与创业项目的利益绑在一起，一方面可以减轻创业公司的财务压力，另一方面为平台上的项目增信，后期还可获得成功创业项目的额外股权收益。总体上，国内股权众筹平台目前获利比较单一，交易手续费是主要盈利点。

二、股权众筹的运作流程

（一）股权众筹的基本流程

图 10.1 为股权众筹的简易运作流程图。

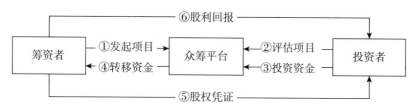

图 10.1 股权众筹的运作流程

从图 10.1 可以看出，主要有六个环节：

（1）筹资者发起项目。筹资者作为项目发起人，在众筹平台上申请项目。项目经审核并批准通过后，平台网站上建立专门的项目页面，用来向潜在投资者展示。

（2）投资者评估项目。潜在投资者在平台上发现自己感兴趣的项目；股权众筹就像买股票一样，需要投资者考察的是项目的未来发展收益情况，众筹项目短期并没有实质性的回报,所以在支持一个众筹之前,需要认真考虑项目的可行性。

(3) 投资者选定项目,可通过自己的第三方支付平台或银行卡,将需要投资的金额转移到众筹平台的专门账户中。

(4) 众筹平台转移投资款。多数众筹平台对项目筹资会给予一定期限要求,如 30 天到 60 天不等。项目若在规定期限内达到筹资目标或高于筹资目标(多数平台允许高于筹资目标),则众筹成功,资金将会划拨到筹资者账户。反之,则项目失败,项目款项退回至出资人,发起人则需要开始新一轮的筹资或宣告筹资失败。但也有的平台不约定筹资期限,或者即使在规定的期限内未达到筹资目标,筹资者也可以选择降低筹资金额以获得该笔众筹资金。

(5) 投资者对项目或公司进行投资,获得其一定比例的股权。

(6) 回报。众筹项目筹资成功,筹资者获得众筹资金后,需要在众筹平台上按时披露项目进展。同时,平台会监督筹资者对所筹资金的使用、辅助项目的运营并协助披露项目成果等活动。待众筹项目顺利实施后,筹资者需要按项目约定的股利分配方式将回报反馈给投资者。

通常,众筹项目达到筹资目标即意味着筹资成功,而后成功向所有的投资者交付所约定的回报,即宣告一个众筹项目的成功发布。

(二) 合投模式的运作流程

鉴于我国的股权众筹平台大多采用合投模式,下面我们就该模式的运作流程做进一步的说明。图 10.2 显示了天使合投股权众筹的投资流程。

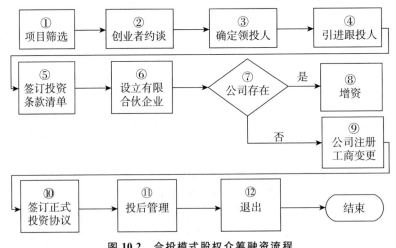

图 10.2 合投模式股权众筹融资流程

流程包括下述步骤:

1. 项目筛选

如何低成本、高效率地筛选出优质项目是股权众筹的第一步。创业者需要将项目的基本信息、团队信息、商业计划书上传至众筹平台，由平台的投资团队对每一个项目做出初步质量审核，并帮助信息不完整的项目完善必要信息，提升商业计划书质量。项目通过审核后，创业者就可以在平台上与投资人进行联络。

2. 创业者约谈

合投模式的投资标的主要为初创型企业，企业的产品和服务研发正处于起步阶段，几乎没有市场收入。因此，传统的尽职调查方式不适合天使投资，而决定投资与否的关键因素就是投资人与创业者之间的沟通。创始团队是评估项目的首要标准，即使项目在目前阶段略有瑕疵，只要创始团队学习能力强、有格局、有诚信，投资人也愿意对其进行投资。

3. 确定领投人

优秀的领投人是天使合投成功的关键所在。领投人通常为职业投资人，在某个领域有丰富的经验，具有独立的判断力、丰富的行业资源和影响力以及很强的风险承受能力，能够专业地协助创业者完善商业计划书，包括确定估值、投资条款和融资额，协助项目路演，完成本轮跟投融资。在整个众筹的过程中，由领投人领投项目，负责制定投资条款，并对项目进行投后管理、出席董事会以及后续退出。通常情况下，领投人可以获得5%—20%的利益分成作为权益，具体比例由创业者和领投人共同决定。

4. 引进跟投人

跟投人在众筹的过程中同样扮演着重要的角色，通常情况下，跟投人不参与公司的重大决策，也不进行投资管理。跟投人通过跟投项目，获取投资回报。同时，跟投人有全部的义务和责任对项目进行审核，领投人对跟投人的投资决定不负任何责任。

5. 签订投资条款清单

投资条款清单是投资人与创业企业就未来的投资合作交易所达成的原则性约定，除约定投资人对被投资企业的估值和计划投资金额外，还包括被投资企业应负的主要义务和投资者要求得到的主要权利，以及投资交易达成的前提条件等内容。投资条款清单是在双方正式签订投资协议前，就重大事项签订的意向性协议，除了保密条款、不与第三人接触条款外，该协议本身并不对协议签署方产生全面约束力。

投资条款清单主要约定价格和控制两个方面：价格包括企业估值、出让股份比例等，实际上就是花多少钱，买多少股；控制条款包括董事会席位、公司治理等方面。对于早期创业者来说，如何快速地获取第一笔投资尤其重要。因此，尽可能地简化投资条款，在很多时候反而对创业者和投资人都相对有利。近年来，投资条款清单有逐步简化的趋势，简化清单仅包含投资额、股权比例、董事会席位等关键条款，看上去一目了然，简明易懂。

6. 设立有限合伙企业

在合投的过程中，领投人与跟投人入股创业企业通常有两种方式：一是设立有限合伙企业以基金的形式入股,其中领投人作为普通合伙人,跟投人作为有限合伙人①;二是通过签订代持协议的形式入股,领投人负责代持并担任创业企业董事。

合投模式采用有限合伙制,一是可以规避法律红线,符合私募规定②;二是避免双重税负③。

7. 注册公司

投资完成后,创业企业若已经注册公司,则直接增资;若没有注册公司,则新注册公司并办理工商变更。

公司进行设立登记时,应提供公司章程④。公司章程包括公司名称和住所、经营范围、注册资本、股东的姓名、出资方式、出资额、股东的权利和义务、股东转让出资的条件、公司的机构及其产生办法、职权、议事规则、公司的法定代表人、财务、会计、利润分配及劳动用工制度、公司的解散事由与清算办法等条款。创业企业完成融资后,需要对公司章程相应条款进行修改,除注册资本、股东外,还包括投资方要求更改的部分条款。

8. 签订正式投资协议

正式投资协议是投资过程中的核心交易文件,包含了投资条款清单中的主要条款。正式投资协议主要规定了投资人支付投资款的义务及其付款后获得的股东权利,并以此为基础规定了与投资人相对应的公司和创始人的权利、义务。协议内的条款可以由投融资双方根据需要选择增减。

9. 投后管理

除资金以外,天使投资人利用自身的经验与资源为创业者提供投后管理服务可以帮助创业企业更快成长。同时,类似于云筹⑤这样的股权众筹平台,也会在企业完成众筹后,为创业者和投资人设立投后管理的对接渠道,使双方能够无障碍沟通。

投后管理服务包括发展战略及产品定位辅导、财务及法务辅导、帮助企业招聘人才、帮助企业拓展业务、帮助企业再融资等方面。

10. 退出

退出是天使投资过程中的最后一个环节,也是天使投资人最终获取回报的关键环

---

① 有限合伙制基金及基金管理企业的合伙人分为有限合伙人(limited partner,LP)及普通合伙人(general partner,GP)。普通合伙人,泛指股权投资基金的管理机构或自然人;有限合伙人,即只承担有限责任的参与投资人。普通合伙人对合伙企业债务承担无限连带责任,有限合伙人以其认缴的出资额为限对合伙企业债务承担责任。

② 我国《证券法》和《公司法》对公开发行证券有明确的界定。《公司法》要求非上市公司股东人数不能超200人,有限责任公司股东人数不得超过50人。《证券法》则规定,向"不特定对象发行证券"以及"向特定对象发行证券累计超过200人"的行为属于公开发行证券,必须通过中国证监会核准,由证券公司承销。

③ 有限合伙企业不作为所得税纳税主体,合伙制企业采取"先分后税"方式,由合伙人分别缴纳个人所得税(合伙人为自然人)或企业所得税(合伙人为法人),合伙企业如不分配利润,合伙企业和合伙人均无须交纳所得税。

④ 公司章程是指公司依法制定的规定公司名称、住所、经营范围、经营管理制度等重大事项的基本文件,也是公司必备的规定公司组织及活动基本规则的书面文件。

⑤ 云筹,深圳前海云筹互联网金融服务有限公司的简称,是总部位于深圳前海的一个综合性投资平台。

节。只有完成了有效的退出才能将初创企业成长所带来的账面增值转换为天使投资人的实际收益。

股权众筹可以选择在公司不同发展阶段退出。在初始投资阶段,公司有了初步的商业模式和产品模样;第二阶段公司产品成熟,有盈利来源;第三阶段,公司开始盈利,获得较大发展;第四阶段公司除了拓展新业务,还准备上市。股权众筹在公司开始盈利,获得较大发展之前很少退出,在此之后有合适的机会就会考虑退出,但好的项目一般会跟到最后。按照惯例,天使投资在退出时通常会有一定的折扣,折扣部分以现金或等值股份给予创始团队或以老股形式卖给下轮投资人。因此,天使投资在前期阶段退出收益不高。投资退出阶段如图10.3所示。

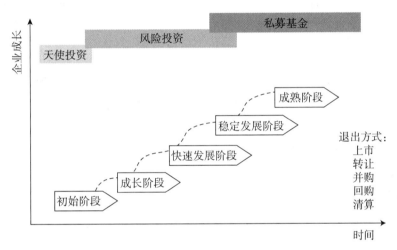

图 10.3　合投模式的投资退出阶段

资料来源:创业投资汇。

天使投资主要的退出方式包括股票发行上市、股权转让、企业并购、管理层收购、破产清算等。

(1) 股权上市。股权上市变现(IPO),是指企业通过证券交易所首次公开向投资者发行股票,以期募集用于企业发展资金的过程,IPO以其高收益等特性,成为天使投资退出的最佳选择。

但对创业企业来讲,A股市场准入条件太高,难以高攀;中小企业板依附于主板市场存在,执行与主板市场相同的准入标准,对于创业企业来讲也是很难企及。而创业板作为上市准入标准最低的资本市场,符合条件的股权众筹企业可以通过创业板发行上市,出让股权变现。

(2) 股权转让。股权转让,不是指在公开市场上市转让,而是指通过"国务院规定的其他方式"进行转让,一般通过产权交易所或协议方式进行。当前,在我国部分省份存在的区域性股权交易市场是为特定区域内的企业提供股权、债券的转让和融资服务的私募市场,是我国多层次资本市场的重要组成部分。这些股权市场对于促进企业特别是中小微企业的股权交易和融资,鼓励科技创新和激活民间资本,加强对实体经济薄弱环节的支持,具有积极作用。

股权众筹企业也可以在合于规范的地区性股权市场挂牌转让。相比公开发行股票上市转让,区域性股权交易市场准入条件较为宽松,便于进行股权转让。这为天使投资资本退出、引入机构风险投资、完成股权融资提供了有效途径。

(3) 企业并购。企业并购即企业之间的兼并与收购行为,是企业法人在平等自愿、等价有偿基础上,以一定的经济方式取得其他法人产权的行为,是企业进行资本运作和经营的一种主要形式。对于天使投资而言,主要是指创业企业被其他企业所收购的经济行为。

并购对于天使投资人而言,并非是收益率最大的退出方式,但却是最实用的方式,因为它的交易条件较上市发行容易、操作便利。创业投资企业并购有两种交易模式,一种是产权交易所内集中交易模式,另一种是自由交易模式。与自由交易模式相比较,集中交易模式下进行的产权交易要经历一系列复杂程序,时间较长,成本较高。但集中交易模式监管力度较大,有利于法律法规进行规制,有利于保证交易安全,规避并购的风险,方便投资机构寻找合适的投资对象。

(4) 管理层收购。管理层收购是指创业企业管理层经过一段时间的发展,购回天使投资人手中股份的过程。管理层收购被视为减少公司代理成本和管理者机会风险成本的可行手段;作为一种有生命力的金融制度,对一些创业型企业的管理层具有较强的吸引力。

(5) 破产清算。通过公司解散和清算来退出投资是投资者最后的选择,因为任何投资者在决定投资时都不希望日后公司解散、破产和清算。但如果因所投资的企业经营失败等而导致其他退出机制成为不可能,天使投资人就需要采取一些合理的止损方式防止投资的进一步损失,破产清算不失为一种最为有效的止损方式。在破产清算的过程中,如果企业是有限责任公司,则天使投资人以股权所有人的方式存在。

三、我国股权众筹平台模式比较

国内股权众筹的运营模式可以分成三类:凭证式、会员制和股权式。凭证式股权众筹,主要指在互联网通过买凭证和股权捆绑的形式来进行募资,出资人付出资金取得相关凭证,该凭证又直接与创业企业或项目的股权挂钩,但投资者不成为股东;会员式股权众筹,指在互联网上通过熟人介绍,出资人付出资金,直接成为被投资企业的股东;股权式众筹更接近天使投资或风险投资的模式,出资人通过互联网寻找投资企业或项目,付出资金或直接或间接地成为该公司的股东,同时出资人往往伴有明确的财务回报要求。经过数年的行业探索,股权式众筹更符合中国现有的制度环境,多数股权众筹平台以股权式运营为主。"领投+跟投"成为股权众筹主要商业模式。

表10.2列出了国内上线的几家代表性股权众筹平台的专注领域、盈利模式、优势等相关信息。

表10.2 国内上线的代表性股权众筹平台业务模式对比

平台	所在地	上线时间	专注领域	盈利模式	是否自己跟投	优势
天使汇	北京	2011	TMT	融资金额1%或相对应的股权比例	是	先发优势,项目和投资人众多
京东东家	北京	2015	智能软件、消费、社交	向创业者收取融资金额的3%—5%,股权折算	否	京东自身强大平台
36氪	北京	2015	TMT	创业者5%现金左右	否	创业公司扎堆、媒体优势
原始会	北京	2013	本地生活、TMT、娱乐	向创业者收取融资金额的3%—5%	否	网信金融旗下、上线较早
人人投	北京	2014	实体店铺	向创业者收取融资金额的3%—5%	否	草根聚集、门槛低

注:TMT,是电信、媒体和科技(Telecommunication,Media,Technology)三个英文单词的首字母缩写,代表电信、媒体\科技(互联网)、信息技术的融合;网信金融是网信集团下属企业,网信集团是一家综合金融科技服务集团,由先锋集团与多家专业投资机构共同创办。

第三节 股权众筹的发展现状、行业规范与未来趋势

近两年股权众筹在我国获得了大幅成长,目前行业进入调整规范期;股权众筹具有内在的生命力,在未来仍将有巨大的发展空间。

一、股权众筹在中国的发展概况

我国众筹融资起步较晚,但发展迅速,特别是随着互联网金融的爆发式增长,众筹融资有了许多新的尝试。不过,由于准入门槛低、渠道广泛等特点,众筹的风险也逐步显现,目前行业进入调整期。经过行业的监管规范,我国众筹融资交易规模将继续增长;更多众筹公司、针对某一特定行业的专业性众筹融资平台将会涌现。

(一) 市场规模状况

中国众筹市场始于2011年,其后获得了大幅成长。2011年7月,国内首家众筹平台

"点名时间"上线,成功完成项目281个,成功融资规模达到636.7万元。随后,追梦网、好梦网、点火网、众筹网、天使汇、大家投等几十家众筹网站纷纷成立。2012年新增6家,2013年新增27家,众筹平台增长较为缓慢;而至2014年,随着互联网金融概念的爆发,众筹平台数量显著增长,新增运营平台142家;2015年新增125家众筹平台,众筹平台新上线速度有所下降。但在新平台不断上线的同时,一些老平台因运营不善而停止运营,截至2015年12月停止运营的众筹平台达32家,其中2014年上线的平台倒闭最多,达17家;而2013年成立的平台停止运营的概率最高,高达34.48%。截至2015年12月底,全国共有354家众筹平台,目前正常运营的有303家。2016年12月,全国各类型正常运营的众筹平台总计427家,新增平台数量达54家;倒闭众筹平台39家;转型众筹平台3家;其他(提现困难以及众筹板块下架等)共有15家。① 2011—2016年我国正常运营的众筹平台数量如图10.4所示。

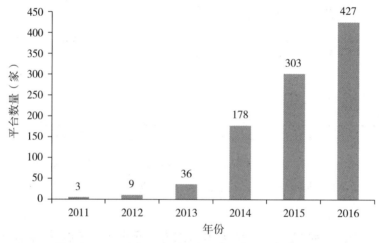

图10.4　2011—2016年我国正常运营的众筹平台数量

资料来源:清科观察。

2015年,中国股权众筹平台数量成倍增长,不仅阿里、京东、奇虎360等互联网巨头入场,传统金融机构也在跃跃欲试。截至2015年年底,我国正常运营的股权众筹平台已达121家,在所有类型的众筹平台中占比最大,占全国总运营平台数量的39.93%;其次为产品众筹平台,为104家;纯公益众筹平台最少,仅有5家。2016年我国正常运营的众筹平台类型占比如图10.5所示。

截至2016年12月底,全国众筹平台分布在27个省份,多位于经济较为发达的沿海地区。北京和广东作为众筹行业的开拓地,平台聚集效应较为明显,也是目前全国正常运营平台数量最多的地方。据不完全统计,北京以88家平台数位居榜首;广东以84家位

---

① 参见360大数据研究院和中关村众筹联盟联合发布的《2016中国互联网众筹行业发展趋势报告》。

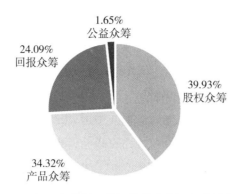

图 10.5　2016 年我国正常运营的众筹平台类型占比

资料来源:清科观察。

居其次;山东排名第三,上海排名第四,分别为 64 家和 48 家;浙江排名第五,有 32 家;江苏省以 20 家位列第六。北京、广东、山东、上海、浙江和江苏六个省份正常运营众筹平台数占全国总正常运营平台数的 78.69%。

截至 2015 年年底,中国股权众筹平台累计成功众筹项目数达 2 338 个,其中 2015 年成功众筹项目 1 175 个,占全部众筹数目的五成,股权众筹累计成功众筹金额近百亿元,其中 2015 年成功众筹金额 43.74 亿元,占全部众筹金额接近一半。

2016 年,随着政府相关政策的颁布,互联网金融监管收紧,众筹行业经历洗牌期,不少众筹平台倒闭、转型,行业野蛮生长暂告一段落。从平台融资项目来看,截至 2016 年年底,2016 年中国互联网非公开股权融资平台新增项目数量共计 3 268 个,同比减少 4 264 个,降幅达 56.6%。从投资人次来看,截至 2016 年年底,中国互联网非公开股权融资平台新增项目投资人次为 5.8 万人次,同比减少 4.5 万人次,降幅达 43.6%。

种种迹象显示,受政策不明朗、资本寒冬、市场尚处发展初期、投资者教育还不完善等多种因素影响,众筹行业已经从 2015 年的迅速发展演变为 2016 年的低速增长。现在行业进入整顿调整期。

(二) 我国股权众筹行业面临的问题

众筹进入中国后进行了本土化,形成了中国特色的众筹。作为互联网金融发展的高级模式,股权众筹无论是风险控制、平台管理、信息披露,还是对于投融资者的管理,难度都高于其他互联网产品。然而,在其快速发展过程中,中国特色的众筹也衍生出与其本性不符的若干问题:

一是过分强调获利。在众筹模式发展阶段上,美国的众筹平台 Kickstater、Indiegogo 在向用户解释众筹时,不断地强调理性投资的概念,试图将众筹模式变为用户更加理性的一种投资方式;而在中国,目前众筹平台普遍对用户强调的是获利,这导致国内用户更多地倾向于"逐利"而非"投资",使得众筹平台很难让创业者和投资方产生良性的互助。

这些差异也使得国内众筹在现阶段的运营方式上略显单一,还没有充分发挥出众筹平台的实际作用。

二是真正的科技创新项目缺失。美国众筹的明星项目多以科技项目为主,最典型的例子莫过于 Pebble 创始人 EricMigicovsky 在 Kickstater 上发起的众筹项目,这款智能手表在 28 小时内竟然筹集到了 100 万美元。但在中国,很少出现类似于 Pebble 的项目,中国众筹的明星项目也多以影视、艺术众筹为主。以众筹网为例,截止到现在,筹集资金最多和支持用户最多的项目分别是"爱情保险"和"《快乐男声》主题电影"。由于科技创新项目的缺失,国内股权众筹平台发布的产品大同小异,难以出现具有差异化、特色化的平台。

三是众筹投资者保护与融资的矛盾。国外项目成功了,马上会给项目拨款去执行。国内为了保护支持者,把它分成了两个阶段,会先付部分资金去启动项目,项目完成后,确定支持者都已经收到回报,才会把剩下的钱交给发起人。另外,出于对风险的自我保护,股权众筹能获得需要的资金,大部分投资者只会考虑锦上添花即选择成长潜质大、利益回报高的项目,而不是雪中送炭般地对未来很长一段时间才能有所回报的项目不离不弃。这就形成投资者保护与发展众筹融资的矛盾。从众筹项目的成功率来看,由于股权众筹平台实力差距很大,有些小众筹平台成立近一年,几乎没有成功的众筹项目,但在众筹行业第一梯队的平台,众筹成功率都在 90% 以上,如天使汇、京东东家和 36 氪,36 氪股权众筹成功率达到了 97%,京东东家甚至没有众筹失败的项目。①

四是我国股权众筹的信用风险偏高。由于国内信用体系还不健全,以致违约成本相对较低,造成部分众筹企业无视法律法规从事下列活动:①平台以"股权众筹"等名义从事股权融资业务;②平台以"股权众筹"名义募集私募股权投资基金;③平台上的融资者未经批准,擅自公开或者变相公开发行股票;④平台通过虚构或夸大平台实力、融资项目信息和回报等方法,进行虚假宣传,误导投资者;⑤平台上的融资者欺诈发行股票等金融产品;⑥平台及其工作人员挪用或占用投资者资金;⑦平台和房地产开发企业、房地产中介机构以"股权众筹"名义从事非法集资活动;⑧证券公司、基金公司和期货公司等持牌金融机构与互联网企业合作,违法违规开展业务。此类活动严重干扰了正常的金融市场秩序,也影响了股权众筹的正常健康发展。

五是投资者退出机制尚未完善。相较于上市公司股票可以在交易所自由流通,以及成熟的风险投资、私募基金投资项目可以采用通用的行业惯例,众筹的法律体系并不完善,采用何种退出方式、何时退出都存在诸多问题。另外,不同于债权借贷拥有协定的期限与利率水平,可以进行事先约定,并且相对风险较小,股权众筹关注的则是创业项目将

---

① 参见清科观察的《2016 股权众筹报告》。

来的发展,不但收益无法保证,资金回笼期限更是非常不固定。

总之,目前我国股权众筹的运行机制还不规范,存在多方面问题,包括股权众筹平台盈利模式不清晰、领头人及平台的专业化水平有待提高、融资者的知识产权缺乏保护、信息披露简单粗糙以及我国的信用体系不健全等种种问题。这些都是阻碍股权众筹发展的大问题。

二、我国股权众筹的行业规范

股权众筹作为一种互联网金融产品,必须进行监管规范。股权众筹从2014年开始发展后,经过野蛮式生长,之后国家发布一系列关于私募、互联网金融、股权众筹的政策,确保行业的健康有序发展。目前我国尚未出台专门的法律、行政法规、规章对股权众筹加以规范,但相关机构、组织出台了一些规范性或指导性文件,主要有:

2014年12月18日,中国证券业协会起草并下发了《私募股权众筹融资管理办法(试行)(征求意见稿)》,把股权众筹分为公募股权众筹和私募股权众筹,定义合格投资者的门槛,股权众筹平台的准入标准等。列出了九条股权众筹平台的禁止性行为,如不得进行股权代持,不得进行证券的转让业务等。该文件目前仍为征求意见稿。

2015年7月18日,中国人民银行等十部委发布《关于促进互联网金融健康发展的指导意见》,意见中指出股权众筹融资必须在中介机构平台进行,股权众筹融资方应为小微企业,应披露必要信息,投资者应具备风险承受能力,进行小额投资,股权众筹融资业务由中国证监会负责。该文件属于政策性指导意见。

2015年7月29日,中国证券业协会发布《场外证券业务备案管理办法》,明确股权众筹是场外业务,开展私募股权众筹并接受备案的主体主要有证券公司、证券投资基金管理公司、期货公司、证券投资咨询机构、私募基金管理人等五类。该文件属于行业自律性规则。

2015年8月10日,中国证券业协会发布了《关于调整〈场外证券业务备案管理办法〉个别条款的通知》,将《场外证券业务管理办法》第二条第十项"私募股权众筹"修改为"互联网非公开股权融资"。

2015年8月7日,中国证监会下发了《关于对通过互联网开展股权融资活动的机构进行专项检查的通知》,明确定义股权众筹的概念,把市场上通过互联网形式开展的非公开股权融资和私募股权融资行为排除在股权众筹的范围之外。股权众筹明确为通过互联网形式进行公开小额股权融资的活动,把公开、小额、大众作为股权众筹的根本特征,规定"未经国务院证券监督管理机构的批准,任何单位或机构不得开展股权众筹融资活动"。该文件属于证券监督管理机构下发的工作文件。

另外,2015年4月20日,全国人大常委会审议版的《证券法(修订草案)》第十三条规定,通过证券经营机构或国务院证券监督管理部门认可的其他机构以互联网等众筹方式公开发行证券,发行人和投资者符合国务院证券监督管理部门规定的条件的,可以豁免注册或核准。

综上所述,根据我国目前监管思路,股权众筹分为两类:一类是列为公募类型的股权众筹融资,基本思路是实行牌照管理;另一类是互联网非公开股权融资(即本章讨论的主要内容)。

总之,到目前为止,对于股权众筹这个新生事物,官方层面一直没有完全定调,发布的各种规章制度也是以"意见""试行办法"等形式进行引导和梳理。这都传递了一种包容和克制的信号。而股权众筹本身也存在尚未解决的一些缺陷,无论是先天的还是后天的,也需要在发展过程中逐步解决。

三、我国股权众筹的发展趋势

就我国情况来看,目前股权众筹已成为我国创新创业企业筹集资金的有益补充方式。如同互联网金融的其他形态与模式一样,虽然存在各种问题,但是其仍然代表着金融的发展方向与趋势,对于创建和改善我国目前融资途径和创业环境具有重要的意义。因此,股权众筹必将成为互联网金融最具潜力的创新模式之一。结合我国各方面条件分析,未来的股权众筹发展趋势可能会表现在以下几个方面:

一是规范化。在政府推出多项有关股权众筹的政策利好影响下,众筹行业的监管体系将越加明细。为了适应我国股权众筹的现状,促进股权众筹市场的发展,使股权众筹市场真正成为我国多层次资本市场的有益补充,监管部门将着力解决目前互联网股权融资领域面临的突出问题,建章立制,弥补立法空白。对互联网非公开股权融资,结合其业务特点和规范引导的客观要求,中国证监会会同有关部门研究制定并择机出台指导意见,划清监管边界,明确政策底线。对股权众筹融资试点,中国证监会会同有关部门继续做好试点的各项准备工作,根据国务院统一部署,适时发布股权众筹融资试点监管规则,启动试点。

目前我国众筹行业监管实际分为私募和公募两个口径。一般能参加私募股权众筹的投资者可参与公募股权众筹,而私募股权众筹则因门槛限制会排除大部分公募股权众筹投资者。监管部门或是出于控制风险的考虑,但过高的投资者准入门槛虽能有效降低法律和金融风险,但却失去了社会大众参与的本质含义。因此,公募股权众筹在加大对投资者保护的同时也可能放宽投资金额下限、投资人数上限的管制,真正发挥股权众筹小微金融的作用。

二是一体化。目前的股权众筹大多是线上筹资,但仅有在线的股权众筹是不够的。为了保证投资质量,提高投融资交易的匹配效率,股权众筹平台可以采用线下线上一体化模式,也就是将线下挖掘的好项目放在线上发布并推介给投资人,将线上发布的项目进行线下路演和推介,以促成交易。这种模式必然成为股权众筹发展的趋势和方向。

三是系统化。股权众筹要得到发展,不能仅以一个平台孤立地存在,必须与其他资本市场建立有机的联系,只有系统化才能发挥其效用。首先,股权众筹平台将与孵化器、创业训练、天使投资基金、创业者、创业服务者等建立连接,为优质的创业者提供系列服务,从而培育出大量的优质项目,有了靠谱的好项目,就可以发挥平台的作用。其次,股权众筹平台将与国内的新三板、区域性的产权交易所、证券交易所及境外的各类证券交易市场建立广泛的联系与有效的衔接,成为这些股权交易市场的前端、交易目标的输送者和提供者。这样的有机结合能够使股权众筹市场成为多层次资本市场的一员,与其他股权交易市场有机衔接,以发挥其独特的股权融资作用。

四是垂直化与协同化并行发展。市场细分程度会提高,综合类的股权众筹平台将被具有行业属性垂直化的股权众筹平台所取代。从行业发展方向来看,股权众筹平台行业深入的重点将集中在TMT、生活消费领域的探索,实现与传统企业无缝结合。平台发展将逐渐偏向于文化(影视、动漫IP等)、医疗等细分垂直领域。更多垂直化、针对某一特定行业的专业性众筹融资平台将会涌现。

在行业监管尚未完善的背景下,为了营造良好的发展环境,维护行业形象和口碑,优质平台之间的联合将日益加强。这种联合将主要表现为推动行业自律、建立行业规范、共享优质项目、培育投资人市场四个主要方面。

五是风险控制常态化。在规范化进程中,平台将加速提升风控能力建设,使风险控制常态化。股权众筹专项整治要求股权众筹平台做好尽职调查、风控工作。已经有平台开始引入行业第三方机构对项目进行尽职调查,这样可以帮助投资人减少信息不对称带来的投资风险,以及提供法律或财务咨询等服务,从而有效避免投资人出现不必要的损失。

六是退出机制明朗化。随着股权众筹在多层次资本市场中的地位和作用进一步明确,监管政策的落地,以及股权众筹市场的日益成熟,股权众筹的退出机制将有更大的想象空间和实现的可能性。随着众筹不断普及,为投资者提供流动性的二级市场也将快速发展。针对私人企业的股票交易所允许企业和投资者根据资金需求实现公司在不同阶段的资金流动。

本章小结

1. 众筹是互联网金融的一大主要业务模式,股权众筹能够促进资本民主和普惠金融的实现。

2. 股权众筹具有两种形式:一是指非公开的股权融资形式;另一种是指"通过互联网形式进行公开小额股权融资的活动"。

3. 性质上，股权众筹属于非公开募集资金的融资方式，属于私募性质。

4. 股权众筹平台，为"通过互联网平台为股权众筹投融资双方提供信息发布、需求对接、协助资金划转等相关服务的中介机构"。

5. 国际上，股权众筹的经营模式主要有基金模式与合投模式两种；国内股权众筹运营模式可以分成凭证式、会员制和股权式三类。

6. 近两年股权众筹在我国获得了大幅成长，目前行业进入调整规范期；股权众筹具有内在的生命力，在未来仍将有巨大发展空间。

关键概念

众筹	股权众筹
股权众筹平台	股权众筹投资者
股权众筹融资者	私募股权众筹
公募股权众筹	有担保的股权众筹
无担保的股权众筹	线上股权众筹
线下股权众筹	综合型股权众筹平台
垂直型股权众筹平台	基金模式
合投模式	领投人
跟投人	股权上市
股权转让	管理层收购
凭证式股权众筹	会员制股权众筹
股权式股权众筹	

复习思考题

1. 什么是股权众筹？什么是广义股权众筹？狭义股权众筹呢？
2. 什么是股权众筹平台？其主要功能是什么？
3. 国际上股权众筹的经营模式主要有哪些种类？
4. 我国股权众筹的形式有哪些？

课后练习题

1. 试述公募股权众筹和私募股权众筹的区别和联系。
2. 股权众筹投资者的资格界定是什么？为何要对股权众筹的投资者进行资格界定？
3. 简述合投模式的运作流程。

数据资料与相关链接

1. http://www.csrc.gov.cn/（中国证监会）。
2. http://www.sac.net.cn/（中国证券业协会）。

延伸阅读

1. 中国证监会：《关于对通过互联网开展股权融资活动的机构进行专项检查的通知》，2015。
2. 中国证券业协会：《私募股权众筹融资管理办法（试行）（征求意见稿）》，2014。
3. 清科观察：《2016 股权众筹报告》，2016。
4. 中国电子商务研究中心：《2016 互联网众筹发展趋势报告》，2016。
5. Comparison of crowdfunding services From Wikipedia, the free encyclopedia。

第三部分

互联网金融风险及其控制

本部分讨论互联网金融的风险特征及其监管理念与方法,并介绍互联网金融监管的国内外概况。主要内容包括:互联网金融的风险特征、互联网金融风险的基本类型、互联网金融风险控制的基本方法;互联网金融监管的概念及其国内外发展概况、互联网金融风险监管的基本类型、互联网金融监管与发展的关系。

第十一章

互联网金融风险

本章导论

我们在教材第一章曾指出,互联网金融的本质仍属金融,同样具有金融风险的隐蔽性、传染性、广泛性和突发性。虽然互联网金融可能带来促使传统金融变革和金融创新的"红利",但也同时具有与传统金融模式不同的风险特征。那么,互联网金融风险源自何处?互联网金融与传统金融相比较其独特的风险何在?这些是我们在本章需要讨论的问题。

主要内容

本章首先讨论互联网金融风险的基本类型及其特征,其次讨论互联网金融风险控制的基本方法。

知识与技能目标

通过本章学习,学生应当认识互联网金融的风险特征及其主要类型;了解互联网金融风险控制的基本方法;能够运用互联网金融的风险理论对现实中的互联网金融活动的风险进行识别和分析。

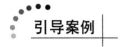

城市 WiFi 的安全风险

案例导读： 互联网金融据称不仅可以实现金融的零交易成本并可消除信息不对称风险，在互联网金融的范式里，一切都是透明对称的，因而将对传统金融构成全面颠覆。但是，基本的事实是，互联网金融不仅因涉足金融领域而带上金融风险固有的特性，并且互联网本身更有其固有的安全风险。本案例披露无线网络移动数据的使用存在巨大的安全隐患，并且在便利与成本之间有一个利弊的权衡，在发展互联网金融时同样如此：是要更多的便利，还是愿意付出更大的安全成本？这是一个问题。

随着智能手机的普及，城市公共电话亭几乎沦为摆设，大面积亏损，造成公共资源的极大浪费。纽约市曾为此发起一场竞赛，征集有效利用电话亭的创意方案。最终 Clark Kent 的方案拔得头筹——将电话亭改造成千兆互联的公共 WiFi 热点，也就是所谓的 LinkNYC 无线城市项目。

LinkNYC 无线城市项目的实施给纽约人的生活带来了极大的便利，大大减少了他们的移动数据流量费用支出，但同时也带来了巨大的安全隐患。

LinkNYC 提供了无线加密选项，这让任何了解 WiFi 网络安全风险的专业人士松了一口气，众所周知没有加密的 WiFi 热点意味着任何人都可以从空中截获用户数据，此外不设防的 WiFi 网络还容易让用户遭受流氓 AP 和中间人攻击，例如 Pineapple WiFi 这种在一年一度的 Defcon 黑客大会销量很好的无线渗透测试工具。Pineapple 采用一种被称为 KARMA 的攻击方式，利用移动设备会自动广播历史热点名称的缺陷，通过广播假冒 AP 名称的方式来诱使移动设备与其自动连接。这也是安全专家总是建议避免使用公共 WiFi 热点的原因，因为假李鬼比真李鬼更热情主动。

WPA2 提供的安全感是一种幻觉

LinkNYC 无线城市项目面临的安全问题取决于其加密方式，当前 WiFi 加密最基础或者说最流行的是 WPA2-PSK 预共享密钥方式，移动设备必须输入路由器上预设的预共享密钥才能接入。客户端与 AP 之间会进行四次握手，以确认双方的口令一致。这种加密方式在家庭和中小企业中非常流行，但这种方法仅仅是"防君子不防小人"。

WPA2-PSK 最大的安全隐患在于其无法保证 AP 的真实合法性，随着 SSID 和预共享密钥的分享成风（例如 WiFi 万能钥匙），恶意攻击者非常容易假设流氓 AP 来欺骗移动客户端。攻击者甚至能发送大量的假冒 802.11deauth 帧让区域内所有的客户端与合法 AP 断开连接，转而与流氓 AP 连接。因此，WPA2 给人的安全感实际上是一种幻觉。

当攻击者用同样的手法来假冒官方 LinkNYC 城市热点网络时，整个纽约市的个人信息安全都将受到威胁,对个人隐私数据的大规模"采摘"将导致严重的公共信息安全事故。这是一个迫在眉睫的安全威胁,因为如今太多移动应用通过 HTTP 或者糟糕的 SSL 部署来发送敏感的个人信息。

在中间人攻击中,可以替换用户的下载文件,在流量中注入恶意的 JavaScript 脚本,甚至通过缓存毒化技术,可以让受害者的设备自动攻击其他系统。

如果攻击者控制了足够多的设备,各种 SSL 攻击,例如 LogJam、FREAK、Lucky13 和 SLOTH 都将变得成本低廉,这将吸引更多网络犯罪分子在攻击弱 SSL 上进行投入。

事实上能够有效保障无线城市级别的 WiFi 网络的安全机制是采用 802.1x 证书认证方式。这种方法利用公钥加密技术确保客户端能够对 AP 的合法性进行认证,缺点是这种技术会牺牲使用上的便利性,但这绝对是值得和必要的。

采用 802.1x 证书认证的强加密方式意味着,所有无线城市用户在建立连接前都需要预先注册服务并在设备中安装一个或多个证书。如果纽约市的无线城市采用这种强加密机制,那么我建议所有的 LinkNYC 用户都转而采用这种方式,彻底抛弃那些危险的开放网络或者 WPA2-PSK 加密 WiFi 热点。

目前看来主要的公共 WiFi 运营商们不太可能限制所有访问都基于 802.1x 证书认证方式,LinkNYC 的管理者正在综合评估各种风险,相信他们最终会给用户提供更多的安全选择。

资料来源:IT 经理网。

第一节　网络经济的技术经济风险

当今世界是一个充满风险的世界。风险是一个事件产生我们所不希望出现的后果的可能性。网络经济时代,冲击性事件的全球性关联和瞬息万变的技术使人类社会比以往任何时候更具风险。"互联网已经开启一片新的战争领域:与网络对接乃至相关的一切皆能够被突破。""未来的每一项冲突都将包含有网络元素,而且其中一部分甚至有可能给网络领域带来全面打击。"[①]

一、网络经济的技术风险

网络经济的特点是网络。这里的网络是指通过互联网进行信息传输、接收、共享的虚拟平台,通过它把各个点、面、体的信息联系到一起,从而实现这些资源的共享。因此,网络经济的风险首先是指网络技术风险。技术风险指的是技术漏洞而导致的风险。一般来说,技术风险的构成因素包括网络攻击、网络病毒感染、技术漏洞等。

---

① 引自世界经济论坛《2016 年全球风险报告》。

（一）网络脆弱性

网络脆弱性指的是网络中任何构成安全隐患薄弱环节的特性。网络是由计算机主机、通信子网、各种协议和应用软件等组成的复杂系统，在某些情况下，单个网络节点可能是安全的，或者某些单一行为不构成威胁，但在错综复杂的网络连接下，网络脆弱性情况可能完全不同。网络脆弱性不单单是网络节点缺陷的反映，而是网络系统整体脆弱程度的度量。

第一，网络硬件、软件风险。主要指网络硬件安全、网络运行安全、传递数据安全等方面的问题。令人担忧的是，当今世界，我国网络使用规模位居全球第一，但由于关键技术落后，很多国内网络关键设备依靠国外进口，这就带来了一些无法预知的隐患。

第二，移动计算的普及进一步加剧了病毒、蠕虫和间谍软件等新兴网络安全威胁。移动用户能够从住居或公共场所连接互联网或办公室网络，无意中轻易地感染病毒并将其带进单位环境，进而感染网络。虽然大多数机构使用身份验证分配用户网络访问权限，但对验证用户终端设备的安全状况作用有限。如果缺乏准确方法来评估设备状况，即便是高级别用户也有可能在无意间通过受感染的设备或未得到适当保护的设备，将网络中所有用户暴露在巨大风险之中。

专栏 11.1

中国 NFC 安全技术为何受青睐？

来自国际数据通信标准化领域规格最高的会议信息表明，中国企业西电捷通研发的NFC（近场通信）安全技术（NEAU）标准提案，有望在2016年上半年正式批准为ISO/IEC国际标准。这是来自中国的安全技术企业首次在NFC这个最重要的新兴无线技术的安全标准制定上获得话语权。

移动安全和物联网安全是2015年美国Blackhat（黑帽）大会的热门安全话题。随着移动支付和物联网的高速发展及普及，移动安全已经成为2016年的头号安全威胁。从黑客圈子里私下流传的信息来看，2016年类似Apple Pay或Samsung Pay（类似微信支付）这样的知名移动支付平台将要"出大事"。

由于NFC、蓝牙等无线技术标准上的缺陷，脆弱的移动安全技术无法应对移动支付面临的日益严峻的安全挑战，相关安全技术国际标准也在紧锣密鼓的制定之中，其中最被业界看好的物联网和移动支付关键技术——NFC的安全性则是黑客关注的焦点。

目前NFC技术正在全球范围内得到广泛应用，它也是物联网的基础关键技术之一，同时也是手机支付领域发展最迅猛的无线通信技术，但NFC无线近场通信信道并不安全，面临着通信数据被窃听、篡改或泄露的危险。

国内著名信息安全媒体安全牛网的编辑在去年拉斯维加斯的 blackhat 会上曾与中国著名的黑客团队 360 独角兽团队的技术负责人杨卿沟通过这个话题。一个最大的感触就是,个人信息安全和财务安全今天面临前所未有的威胁,信用卡盗刷读卡器如此普及,使得线下物理世界任何一次刷卡消费都潜藏着巨大的风险。杨卿团队开发的无线读卡器能通过 NFC 和 ZigBee 等近场无线通信技术隔空刷走你的信用卡信息。

随着近一段时期以来 NFC 技术在手机支付领域的迅速推广,其底层连接的安全性问题不断被黑客曝光和利用,西电捷通这两项 NFC 安全技术提案适时地填补了相关空白,有望扭转移动安全严重滞后于移动应用发展的趋势。

资料来源:移动安全 NFC hacking。

第三,网络运行风险。运行风险体现在人们没有科学的网络操作意识,有高达 80% 的运行风险是来自不正当的网络操作。正确的网络运行操作能够有效地减少网络病毒和黑客的攻击,有效地减少网络数据传输安全。与此同时,还能确保网络信息传输的可靠性,对减少技术风险有着不可替代的作用。

第四,信息风险。信息风险指的是因为网络信息的虚假性和不准确性等带来的风险。虚假的网络信息成为网络诈骗的必要条件,只有遏制虚假网络信息的传播,才能有效地发现诈骗信息并及时处理。

(二)网络攻击

根据世界经济论坛《2016 年全球风险报告》,在当前世界面临的技术风险中,排名最高项就是网络攻击。网络攻击可以各种形式出现,包括简单的侵入、破坏网站、拒绝服务攻击、间谍活动和毁灭数据。网络攻击源自网络技术的开放性。互联网是一个全球开放系统,大多数网络对用户的使用没有技术上的约束,用户可以自由上网,发布和获取各类信息。全球互联网用户如今达 30 亿之巨,网络开放性使得网络面临来自全球任意一个地方的潜在多方面攻击。或是来自物理传输线路的攻击,或是来自对网络通信协议的攻击,以及对计算机软件、硬件的漏洞实施攻击。

网络攻击可以对国家关键信息基础设施[①]加以破坏或使其毁灭,造成严重后果。2010 年,"震网"病毒攻击伊朗核设施,致使伊朗核电站延迟运行。2014 年,乌俄冲突蔓延至网络空间,乌克兰通信基础设施多次遭受攻击,相关地区电话、手机、互联网服务被切断,变成"孤岛",乌克兰遭到严重打击。2015 年,波兰航空公司地面操作系统遭遇黑

---

① 关键信息基础设施,指的是面向公众提供网络信息服务或支撑能源、通信、金融、交通、公用事业等重要行业运行的信息系统或工业控制系统,这些系统一旦发生网络安全事故,或遭到网络攻击,不仅可能导致大规模的人员伤亡和财产损失,甚至可能威胁国家安全。

客攻击,致使出现长达 5 个小时的系统瘫痪,至少 10 个班次航班被迫取消,导致超过 1 400 名旅客滞留机场。① 这一系列事件均表明,能源、金融、通信、交通等关键信息基础设施已成为网络攻击的重点目标,关键信息基础设施的网络安全面临严峻的形势。

当前,我国关键信息基础设施面临的网络安全形势也不容乐观,大量党政机关网络被攻击篡改,网站平台大规模数据泄露事件频发,生产业务系统安全隐患突出,甚至有的系统长期被控制,面对高级别持续性的网络攻击,防护能力十分欠缺,加之网络安全威胁具有很强的隐蔽性,"谁进来了不知道、是敌是友不知道、干了什么不知道",存在严重风险隐患。②

（三）网络控制

随着网络使用越来越普及,网络技术的风险也在逐渐向社会生活的方方面面渗透。网络技术创造了虚拟空间,是实现"非接触""不到场"的信息交互方式的具体手段,同时也为远程操控创造了条件。而网络技术的诸多特点也为网络技术风险的产生创造了条件。由于网络技术的不完备,普通网民只能依靠技术专家的力量抵御黑客、病毒和木马的入侵,而对专家的过度依赖又导致了技术专家对网民的控制。由于网络技术合理性的解释权掌握在技术专家手中,这就使得技术专家的行为处于一种约束真空的状态之下。虚拟经济的技术选择模式、商业恶性竞争导致的技术异化以及网络规范和立法缺失导致的技术失控都使得网络风险变成了现实。

专栏 11.2

"震网"病毒

"震网"（Stuxnet）是一种蠕虫病毒。它的复杂程度远超一般电脑黑客的能力。这种病毒于 2010 年 6 月首次被检测出来,是第一个专门定向攻击真实世界中基础(能源)设施的"蠕虫"病毒,比如核电站、水坝、国家电网。

"震网"病毒利用了微软视窗操作系统之前未被发现的四个漏洞。与传统的电脑病毒相比,"震网"病毒不会通过窃取个人隐私信息牟利。通常意义上的犯罪性黑客会利用这些漏洞盗取银行和信用卡信息来获取非法收入。而"震网"病毒不像一些恶意软件那样可以赚钱,它需要花钱研制。这是专家们相信"震网"病毒出自情报部门的一个原因。

截至 2011 年,"震网"病毒感染了全球 45 000 多个网络,60%的个人电脑感染了这种病毒。据全球最大的网络保安公司赛门铁克（Symantec）和微软（Microsoft）公司的研究,近 60%的感染发生在伊朗,其次为印尼(约 20%)和印度(约 10%),阿塞拜疆、美国与巴

---

① 《加强关键信息基础设施安全保障》,千龙网,2016 年 5 月 5 日。
② 《关键信息基础设施网络安全检查工作在全国正式启动》,中国发展网,2016 年 7 月 8 日。

基斯坦等地也有少量个案。

这种新病毒采取了多种先进技术,因此具有极强的隐身和破坏力。只要电脑操作员将被病毒感染的U盘插入USB接口,这种病毒就会在神不知鬼不觉的情况下(不会有任何其他操作要求或者提示出现)取得一些工业用电脑系统的控制权。

由于它的打击对象是全球各地的重要目标,因此被一些专家定性为全球首个投入实战舞台的"网络武器"。

这种病毒无须借助网络连接进行传播,可以破坏世界各国的化工、发电和电力传输企业所使用的核心生产控制电脑软件,并且代替其对工厂其他电脑发号施令。

"震网"定向明确,具有精确制导的"网络导弹"能力。它是专门针对工业控制系统编写的恶意病毒,能够利用Windows系统和西门子SIMATIC WinCC系统的多个漏洞进行攻击,不再以刺探情报为己任,而是能根据指令,定向破坏伊朗离心机等要害目标。

"震网"病毒结构非常复杂,计算机安全专家在对该软件进行反编译后发现,它不可能是黑客所为,应该是一个"受国家资助的高级团队研发的结晶"。由于"震网"感染的重灾区集中在伊朗境内。美国和以色列因此被怀疑是"震网"的发明人。美国《纽约时报》称,美国和以色列情报机构合作制造出"震网"病毒。

资料来源:根据百度百科"震网"Stuxnet资料整理。

二、网络经济的经济风险

网络经济的经济风险指的是网络经济活动给宏微观相关主体带来的预期收入遭受损失的可能性。网络经济的经济风险可以分为三种类型:

(一)微观风险与宏观风险

微观风险存在于个人、家庭与企业。首先是企业风险。企业风险既包括经营一家厂店或从事某一项目所面临的所有风险,也包括在收取资产收益中清单本身的变动。由于强烈的不确定性和正反馈效应,网络经济中的企业在发展过程中面对着更大的风险,有着更大的波折。加之网络经济的快捷性特征,使得产品生命周期和企业生存周期大大缩短。近年来产生的"网络泡沫",使很多企业充分体会到,在网络经济中,生存与灭亡、成功与失败只不过相隔咫尺之遥。网络经济既充满了获取高额收益的机遇,又暗含一着不慎满盘皆输的风险。

个人和家庭也会因网络经济中网络传播的广泛性、快捷性、信息不对称、网络欺骗等遭受难以挽回的个人财产和名誉的损失。

宏观风险则主要存在于政府,如政府产业政策、财政政策、货币政策、投资政策、汇率政策等政策的调整,重大决策的形成及变动等因素都能影响到网络经济的稳定和发展。

(二)客观风险与主观风险

客观风险是指在网络经济行为过程中由经济主体不可控制的因素所导致的经济风险。它一方面是指由自然原因而引起的破坏性事件,如地震、台风、雷电、火灾、水灾等造成的经济损失;另一方面是指各类社会环境因素所造成的风险,这是不以公司、企业、个人这些行为主体的意志为转移的,如政局不稳、政策变化、社会骚乱、战争以及各类重大事故和盗窃事件等。

主观风险是指经济主体在其经济行为过程中,由于自身管理经验、决策能力、经营水平等因素所导致的经济损失的可能性。这类风险在网络经济生产、分配、交换、消费各个环节上都有可能发生。

(三)财政风险与金融风险

财政风险是指网络经济带来的国家税收流失的风险。企业在网上经营,一方面由于传统方式交易数量的减少,使现行税基受到侵蚀;另一方面,由于网络经济是新生事物,税务部门还无法适应,来不及制定相应的对策,造成网络空间中的"税收盲区",从而导致税款的流失。同时,电子商务不可避免地引起税收转移,企业可以利用"避税地"进行避税。大量网上交易和贸易无纸化程度的提高,也加大了税务稽查的难度。

金融风险是指网络经济活动给金融稳定带来的潜在威胁。网络经济的实时性、交互性特征以及在此基础上产生的强正反馈效应,使得各类金融业务和客户相互渗入和交叉,不同区域内的风险相关性加强,金融风险交叉"传染"的可能性上升;网上交易量可能瞬间剧增,从而加大了因交易环节中断而导致的支付、清算风险。

第二节 互联网金融的风险类型及其特征

互联网金融作为网络经济的一部分,必然带上网络经济的属性,网络经济所有的风险,互联网金融同样具有,只不过互联网金融的风险更具金融的特殊性而已。互联网金融与传统金融的重要区别之一是对信息技术的应用,但其本身也是一把双刃剑,在大幅度提高金融效率的同时也增加了安全隐患。

一、互联网金融的技术风险

互联网金融的技术风险与网络经济的技术风险大同小异,同样面临着网络脆弱性与网络攻击的安全问题。由于互联网金融是线上操作,一旦网络系统因被攻击而瘫痪,其后果就比较严重。

具体而言,目前互联网金融的技术性风险主要有以下几个方面:一是计算机系统、认证系统或者互联网金融软件存在漏洞。很多互联网金融公司平台软件的基本框架来自第三方,并且由于本公司技术能力不足和重视程度不足,导致原有框架内的原生系统漏洞无法修复,使得该平台极易受到黑客的攻击,一旦这些后台数据被黑客破解,那么就将直接造成用户数据泄露,危及投资人资金安全。二是冒充交易客户身份,即该平台无法在技术上确认实际操作者是否为账号的真实拥有者,如攻击者盗用合法账户的信息进行不法的金融行为。三是系统设计缺陷导致潜在的操作性风险,即内部员工在进行业务操作时,系统无法识别错误操作所导致的损失。四是数据安全风险。随着数据的爆炸式增长,海量数据集中存储,便于对数据进行分析、处理,但安全管理不当,易造成信息泄露、丢失、损坏。互联网和信息技术日益发达,对信息的窃取已不再需要物理地、强制性地侵入系统,因此对大数据的安全管理能力也提出了更高的要求。2005年6月18日,美国万事达、VISA和运通公司主要服务商的数据处理中心网络被黑客程序侵入,导致4 000万个账户信息被黑客截获,使客户资金处于十分危险的状态。2012年,我国最大的程序员网站CSDN的600万个个人信息和邮箱密码被黑客公开,引发连锁泄密事件;2013年,中国人寿80万名客户的个人保单信息被泄露。这些事件都凸显出大数据时代互联网金融领域的数据安全管理面临前所未有的挑战。我国互联网金融发展程度不高,大数据资源和大数据技术都没有跟上模式创新,现有的多种模式偏离"互联网金融"核心。五是系统传染风险。计算机病毒可通过互联网快速扩散与传染。与传统商业银行有着独立性很强的通信网络不同,互联网金融企业处于开放式网络通信系统中,TCP/IP协议①自身的安全性面临较大非议,而当前的密钥管理与加密技术也不完善,这就导致互联网金融体系很容易遭受计算机病毒以及网络黑客的攻击。一旦某个程序被病毒感染,则整台计算机甚至整个交易互联网都会受到该病毒的威胁。在传统金融业务中,电脑技术风险只会带来局部影响和损失,在互联网金融业务中,技术风险可能导致整个体系崩溃。

另外,在某些特殊时刻互联网金融平台因技术缺陷无法及时应对短时间内突发的大规模交易,从而产生不良后果。该风险主要存在于节假日等传统电商打折促销日。由于巨量网上交易集中在一天甚至某个时点,数据量远超于日常基准数量,极易出现系统不稳定、服务器故障等问题,发生页面崩溃、下单系统无法打开、银行支付系统拥堵等情况。

二、互联网金融的经济风险

我们在教材第一章中曾指出:与传统金融一样,互联网金融也有风险。网络经济的

---

① TCP/IP协议:TCP/IP模型也被称作DoD模型(Department of Defense Model)。TCP/IP字面上代表了两个协议:TCP(传输控制协议)和IP(网际协议)。1983年1月1日,TCP/IP协议取代了旧的网络控制协议(Network Control Protocol,NCP),从而成为今天的互联网的基石。资料来自360百科。

经济风险特性在互联网金融中的具体表现就是互联网金融风险。互联网金融除了具有传统金融风险的一般共性之外,还具有自身所特有的风险。由于互联网金融的快捷性和参与的广泛性,对传统金融稳定指标如基础货币的衡量和货币乘数等都造成了很大影响,使金融监管受到严重挑战。下面我们首先讨论互联网金融的一般金融风险类型及其特征,继而讨论互联网金融的特殊风险问题。

(一)互联网金融的一般风险及其特征

1. 信息不对称风险

首先,金融信息需要成本,互联网金融企业不会为用户提供免费的午餐,因为其需要为有用的信息付出成本,所以会直接或间接地向客户收费。客户因付费不同会产生信息消费和传输的差异,由此造成信息不对称。例如,不同用户使用不同的带宽,仅信息的及时性上就存在巨大差异;股票交易中散户使用的交易频道与大户、专业机构的通道显然也不在同一个级别;金融市场的高频交易者可以利用时滞效应套利也是一个不争的事实。

专栏 11.3

高频交易

高频交易(high-frequency trading)是指利用大型计算机快速押注买卖股票、期货等,从那些人们无法利用的极为短暂的市场变化中寻求获利的计算机化交易。

高频交易主要依靠股价在一两秒内的微小变动,迅速进行大批量交易,交易速度有时需用零点几秒来计算。极度频繁的交易和很小的股价变化是高频交易得以赚钱的途径。由于速度奇快,人力完全无法胜任,所以只能依靠大型计算机以及预先设定的电脑程序来实现。

过去大型投资机构为了控制风险,也会设定各种电脑程序进行自动交易,这种交易一般是在股价或股市突然剧烈波动时,为了把损失控制在一定程度而强行平仓(卖掉手中持有的证券)。

资料来源:MBA百科。

其次,信息的认知与利用能力。金融作为一种直接与行为人经济利益和损失相关联的特殊复杂信息产品,需要用户对产品所包含的风险和收益信息有充分的认知能力。在此方面,互联网金融机构无疑有着比普通投融资客户优越得多的信息优势。

再次,噪声过滤能力。金融市场充满着成千上万个决策变量,每日每时都在产生无穷尽的海量信息,由此带来市场的大量交易噪声,这就需要市场参与者具有强大的噪声过滤能力,显然,普通投资者与互联网金融机构在交易信息噪声过滤能力上也不在一个能级。互联网金融的虚拟性会加重信息不对称,主要体现在身份确定、资金流向、信用评价等方面,甚至会影响大数据分析,导致严重的信息噪声。

最后,信息被滥用或失明的风险。一是客户信用信息容易被滥用。由互联网金融企业通过数据挖掘与数据分析,获得个人与企业的信用信息,并将之作为信用评级的主要依据。倘若此类信息管理不当,将造成信息泄密,给客户带来潜在损失或实际损失。二是信息真伪与信息透明度问题。在互联网金融行业监管不到位、不及时状态,还会产生由谁来验证最终借款人提供资料的真实性、有无独立第三方能够对此进行风险管控以及如何防范互联网金融企业自身的监守自盗行为等风险问题。事实上,我国互联网金融理财产品销售过程中存在夸大收益、违规保证收益、风险提示不足等问题。

专栏 11.4

金融市场的噪声交易者

金融市场的噪声交易者(noise trader)是指无法获得内部信息,非理性地把噪声当作信息进行交易的投资者。

市场选择理论的代表人物 Fama 和 Friedman 认为,噪声交易者在市场的预期收益为负,总是处于亏损的状态,因此无法长期存在。而行为金融理论的最新研究成果则提出了相反的观点,De Long,Sh1eifer,Summers and Waldman(1990)提出的 DSSW 模型证明了噪声交易者可以获得正的预期收益。但是,某次或某几次交易中能够获得正的预期收益并不意味着他们能够获得更多的长期财富,具有长期生存的能力。迄今为止,De Long et al.(1991)建立的资产组合配置模型和 Kogan 模型(2003)较好地说明了噪声交易者的长期生存能力问题。

噪声交易者在金融市场中长期生存既得到了理论上的证明,也是现实中各国证券市场都普遍存在的现象,噪声交易会引起市场的不正常波动,不利于证券市场的稳定。

资料来源:根据 MBA 百科资料整理。

2. 信用风险与流动性风险

首先是信用风险。互联网金融的本质也是信用,既然是信用就会有信用风险。无论是互联网支付、网络借贷、股权众筹融资等以互联网企业向金融领域渗透而来的新型业务形态,还是互联网银行、互联网基金销售等由传统金融互联网改造而来的业务形态,在其业务开展过程中都会因交易对手违约而可能产生损失,即信用风险。网络交易由于交易信息的传递、支付结算等业务活动在虚拟世界进行,交易双方互不见面,只通过互联网联系,交易者之间在身份确认、信用评价方面就会存在严重的信息不对称问题,信用风险极大。

其次是流动性风险。金融机构的一大功能就是将短期资金转化为长期资金,因此金融机构都会面临不同程度的期限错配,而其中的关键是错配的程度。互联网金融也是如此。互联网理财产品投资资产期限较长,而负债期限很短,一旦负债到期不能按时滚动展期,就可能发生流动性风险。例如,货币市场基金集中、大量提取协议存款,会直接对银行造成流动性冲击。此外,金融机构在遭遇流动性危机时,一般会出售资产来回收现金以提高流动性,然而短时间内大规模出售资产会降低资产价格,极端情况下甚至会引发抛售,进而进一步拉低资产价格,形成恶性循环。

面对信用风险与流动性风险,更需警惕的是:虽然商业银行的理财产品也面临信用违约风险与流动性风险,但商业银行最终能够获得中国人民银行提供的最后贷款支持;相比之下,互联网金融虽然运营成本较低,但由于缺乏最后贷款人保护,一旦互联网金融产品违约,风险将无人最终承担。

3. 市场风险

市场风险可以分为利率风险、汇率风险、股票价格风险和商品价格风险,分别是指由于利率、汇率、股票价格和商品价格的不利变动所带来的风险。市场风险存在于互联网金融的交易和非交易业务中,无论表内表外资产负债都避免不了市场上资产负债价格变动的影响。例如,无论是互联网网贷还是众筹融资,都会因金融资产的市场价格波动而遭受发生损失的风险。

两相比较,传统金融在市场风险的应对上已经积累了相当的经验,无论是市场风险识别、计量、监测和控制都有章可循,但互联网金融企业对市场风险的认知和管控不仅缺乏经验,也缺乏金融监管部门具体的章程指引。在面临与传统金融相同的市场风险敞口时,互联网金融造成的潜在损失可能更大。

4. 操作风险

操作风险是指由于某些操作失误而导致的直接或间接损失的风险。操作风险主要发生在对借款人进行信用评估以及人工操作不准确或信息系统出现故障等时。造成这种风险的原因是多方面的,管理团队、业务人员以及市场竞争任何一个环节出现变数都可能使公司运行出现问题。金融机构只要进行营业,就会面临各种由于人员、流程、系统以及外部环境冲击所带来的风险。例如,客户带来欺诈、伪造、纠纷等风险,内部人员发生越权、勾结、差错、盗窃的可能性,以及系统宕机①、产品瑕疵、管理不当的风险。操作风

---

① 宕机,指系统无法从一个系统错误中恢复过来,或系统硬件层面出问题,以致系统长时间无响应,而不得不重新启动系统的现象。它属于电脑运作的一种正常现象,任何电脑都会出现这种情况。资料来自360百科。

险导致的损失甚至可能大于市场风险和信用风险。例如,2010年,仅中国齐鲁银行被外部人员诈骗一案,涉案金额就高达101亿元。由于互联网金融发展迅速,大多数企业处于初创期,各种业务模式尚处于摸索阶段,企业与员工也缺乏管理上的磨合,部分企业大部分员工甚至缺乏适当培训,从而隐含大量操作风险。

专栏11.5

操作风险案例盘点

新华网2015年4月25日讯,英国期货交易员纳温德·辛格·萨劳日前被美方指控涉嫌操纵市场,导致2010年5月纽约股市道琼斯指数暴跌,总市值蒸发近1万亿美元,引起外界对违规金融交易员的关注。回顾历史,在金融界引发地震的交易员不在少数,而且"人才"辈出,肇事规模一浪高过一浪,也给全球金融界的监管不断敲响警钟。以下是20多年来全球重大违规交易案:

1989年11月,美国投资银行"德崇证券商品有限公司"因当时证券业务负责人违规操作被监管机构罚款6.5亿美元。公司最终申请破产,违规者被判10年监禁。

1992年4月,印度多家银行和证券公司被曝合谋从银行间证券市场挪出13亿美元资金至孟买股市"托市"。主要嫌疑人在候审时死于狱中。

1995年2月,英国历史最悠久的巴林银行派驻新加坡的交易员尼克·利森"未经授权"大量购买走势看好的日本日经股票指数的期货,但没想到一场阪神大地震使日经指数不升反跌,导致巴林银行亏损14亿美元,一下陷入破产境地。

1996年6月,时任日本住友商事有色金属部部长的滨中泰男被曝在伦敦金属交易所非法进行铜期货交易案件,给公司造成26亿美元损失。滨中泰男后来获刑8年。

2002年,爱尔兰最大银行爱尔兰联合银行在美国分部的一名交易员从事非法外汇交易,使公司蒙受7.5亿美元损失。这名交易员后被判7年半监禁。

2006年3月至4月,美国对冲基金公司Amaranth首席交易员试图操控纽约商品交易所的天然气期货价格,最终致使公司损失66亿美元。

2008年1月,法国第二大银行兴业银行曝出该行历史上最大违规操作丑闻。期货交易员热罗姆·凯维埃尔在未经授权的情况下大量购买欧洲股指期货,最终给银行造成49亿欧元(约合71.4亿美元)损失。这是世界银行业迄今因员工违规操作而蒙受的单笔最大金额损失。

2011年9月,瑞士银行旗下投资银行交易员奎库·阿多博利因未授权交易致使瑞士银行蒙受约20亿美元损失。

2012年5月,美国最大银行摩根大通旗下昵称"伦敦鲸"的交易员布鲁诺·米歇尔·伊克西尔在债券市场大举建仓,累计投下的"赌注"所反映资金额可能达到1 000亿美元,但相关债券价格不久呈现与摩根大通预判相反的走势,致使所交易的金融衍生品在6周内亏损20亿美元。

资料来源:新华网。

(二) 互联网金融的特殊风险及其特征

除上述与传统金融相类似的风险外,我国互联网金融还面临一系列独特风险,主要包括:

1. 政策和法律风险

我国现有金融法规适用于传统金融领域,未能涵盖互联网金融的众多方面,对互联网金融缺乏有针对性的政策监管与法律约束,这势必造成一定的法律冲突。例如,有关互联网金融市场的企业准入标准、运作方式的合法性、交易者的身份认证等,尚无严谨系统的法律规范。这种状况一方面会导致互联网金融企业游走于法律盲区和监管漏洞之间,进行监管套利、违规经营,甚至出现非法吸收公众存款、非法集资等违法行为;另一方面使得广大用户在借助互联网提供或享受金融服务的过程中,将面临法律缺失和法律冲突的风险,容易陷入法律盲区的纠纷之中,不仅增加了交易费用,还影响互联网金融的健康发展。尤其是那些以互联网作为"外衣"的传统金融异化业务,如P2P贷款、众筹的多个业务模式很容易涉及非法集资,存在政策风险。

2. 监管风险

一方面,互联网金融创新使得中国人民银行的传统货币政策中间目标面临一系列挑战。例如,虚拟货币(例如腾讯的Q币①)是否应该计入狭义货币供应量M1?如何看待传统货币与虚拟货币之间的互动与转化?等等。虚拟货币如果脱离法定约束,可能通过信用扩张引起通货膨胀。另一方面,互联网金融的发展也削弱了中央政府信贷政策的效果。例如,如果房地产开发商的传统融资渠道被收紧,那么其很可能会考虑通过互联网金融来融资。

3. 支付风险

互联网金融凭借其便捷性和优惠性,可以在广大的区域范围吸收更多的存款,发放更多的贷款,与更多的客户进行交易,面临着更大的利率风险;互联网金融企业与旗下平

---

① Q币,是由腾讯推出的一种虚拟货币,市面上Q币充值卡的零售价是1Q币,相当于1元人民币,但通过财付通充值是95折,通过其他代理商购买则可能更低。Q币可以用来支付QQ的所有服务(包括申请QQ行号码、购买QQ靓号、QQ会员服务、QQ交友、QQ贺卡、QQ宠物、会员等),还可以购买QQ游戏(包括游戏大厅中的各种游戏以及QQ堂、QQ幻想、QQ音速、QQ三国)中的道具。资料来自互动百科。

台往往发挥资金周转的作用,沉淀资金可能在第三方中介处滞留两天至数周不等,由于缺乏有效的担保和监管,容易造成资金挪用,如果缺乏流动性管理,一旦资金链条断裂,就将引发支付危机。

4. 系统风险

互联网金融由于网络参与的广泛性,拥有更加社会化的平台和更大的外部性,对风险控制、风险识别等问题的要求更高。随着互联网金融的迅速发展,越来越多的金融工具、金融机构和金融市场之间的必要区隔被冲破,它们之间的关系不再是简单的数量加总,而是相互之间有机地结合在一起。因此,一旦某一环节产生风险,且没有必要的风险隔离与保险制度安排,风险就很容易传导到其他互联网金融业务,甚至放大到整个金融体系,形成系统性风险。

互联网金融将大量未被传统金融覆盖的人群纳入服务范围,具有更强的外部性。这部分互联网金融参与人群:一是一般金融知识相对匮乏、风险识别能力相对欠缺、风险承担能力相对薄弱,遭受误导、欺诈等不公正待遇的可能性极大;二是投资额度小而分散,没有足够的精力监督互联网金融机构,而且监督成本较高;三是极易出现个体非理性和集体非理性。从涉及面、影响面上衡量,互联网金融风险对社会的负外部性更大。

综上所述,互联网金融并未消除金融本身的固有风险,互联网信息技术对金融领域的广泛介入和渗透,只是使得传统金融风险获得了新的内容和形式,并由此产生了新的风险类别,形成了新的风险特征。

第三节 互联网金融风险控制的基本方法

互联网金融风险需要控制,目的就是要降低互联网金融风险的经济影响。互联网金融风险控制主要分为两种:一种是微观风险控制,主要指互联网金融企业与机构的风险控制;另一种是宏观风险控制或系统性风险控制。

一、互联网金融企业与机构的风险控制

与互联网金融风险类别相对应,互联网金融企业与机构的风险控制大致可分为以下几类:

(一)技术风险控制方法

1. 加大投入,提高网络安全系数

首先,需要从硬件和网络运行方面进行改进。在硬件方面,应加大对硬件安全措施的投入,提高计算机系统的防病毒能力和防攻击能力,保证互联网金融的硬件环境安全。

在网络运行方面,应使用分级授权和身份认证登录对非法的用户登录进行限制;通过数字证书为交易主体提供安全保障;大力开发数字签名技术、密钥管理技术和互联网加密技术,以降低技术选择风险。

其次,加强人才队伍建设。互联网金融风险控制离不开复合型人才。互联网金融作为新兴行业,专业风险控制人才缺失是普遍现象,当前我国这方面人才培养滞后,企业需要加大在职培训投入,建设自己的风险控制人才库。必须看到,风险控制是互联网金融赖以生存与发展的根本所在。不管是电商、第三方支付企业,还是P2P机构,能否掌握风险控制,是能否形成良性互联网金融业态的关键。风险控制是互联网金融业界最值得投入财力、人力和物力的环节。

2. 创新风险管理技术

互联网金融企业与金融机构应当在全球金融行业风险管理要求不断提高,且金融服务业对信息系统依赖性持续增强的趋势下,提升专业化的IT风险管理能力,创新风险管理技术。内容涉及等级保护、IT审计、电子银行安全、IT风险管理、企业内控等多个领域。企业应当基于内外部审计及监管要求建立网络控制评估框架;识别潜在网络风险;实施风险处置计划;持续监控网络风险状况;制定风险处置计划;设计各岗分离的业务流程,同时运用科技手段全流程控制业务风险;完善各业务条线的风险管理组织机构,通过设立风险管理委员会、风险总监、风险官和风险经理,实现对金融业务风险的多级监控;引入发达国家风控技术中的信息交叉检验方法,实现企业非财务信息内部、财务信息内部非财务信息和财务信息间的多重逻辑验证。

(二) 经济风险控制方法

1. 内控机制建设

互联网金融企业经济风险控制的关键在于建立和完善内部控制机制,对互联网金融风险进行事前预警、事中控制、事后弥补与纠正。大致可以从以下几个方面来考虑:

一是设立专门的风险控制部门。各互联网金融企业应该设立专门的风险控制部门,利用大数据挖掘技术或是借助第三方咨询服务等,建立信用评级系统,构建内部风险评估模型,建立互联网金融风险的预警机制,设置专人专岗进行实时监控和识别。

二是规范新产品设计。金融产品都是风险和收益的综合体,网络交易的隐蔽性、匿名性增加了互联网金融产品的风险。互联网金融机构在设计新产品时,应当重点考虑资金的安全性和流动性,谨慎选择投资方向、方式,在产品的收益和风险中找到平衡点,在源头上防范出现集中赎回造成的流动性挤兑风险。

三是建立和完善风险准备金提取制度。根据互联网金融机构的规模大小、产品性质、风险承受能力等情况,制定合适的风险准备金数额并足额提取,以充足的拨备和较高的资本金抵御流动性风险。

2. 合规性建设

在金融行业监管要求不断提升的大背景下,互联网金融企业将要面对诸如内部控制、安全、外部审计、上级监管单位等多个机构的审计监督。网络合规性建设的目的是提升风险管理能力,降低合规运营成本。保证企业谨守行业适用的法律法规,不踩红线,合规经营。

企业应依据自身实际需要和可能,利用权威专业咨询公司服务,发现企业网络架构、内部制度与外部政策、法规等方面的各项差异,建立统一的符合各方面监管要求的网络运行风险管理体系。主要内容包括:①网络监管要求识别。明确需参照的符合性标准及要求;整合相关网络标准及要求,形成网络控制要求矩阵;识别需进行沟通协调的内部各部门;制定符合性评审组织;制定网络符合性评估工具。②差距分析。识别相关资产的控制目标;依据评估矩阵和有效样本对现有风险控制状况进行评审;基于影响度及可能性进行风险评估;识别可接受风险,确定需进行处置的风险级别。③在此基础上,针对识别的各项风险,设计一个完整的合规体系,以高效、低成本地满足各方监管要求。

(三)其他风险管理常用技术方法

1. 绘制风险坐标图

风险坐标图是把风险发生可能性的高低、风险发生后对目标的影响程度,作为两个维度绘制在直角坐标平面上。运用坐标图方法需要首先对风险发生可能性的高低和风险对目标影响程度进行定性或定量评估,之后再依据评估结果绘制风险坐标图。绘制风险坐标图的目的在于对多项风险进行直观的比较,从而确定各风险管理的优先顺序和策略。例如,某公司绘制了如图11.1所示的风险坐标图,并将该图划分为A、B、C三个区域,公司决定承担A区域中的各项风险且不再增加控制措施;严格控制B区域中的各项风险且专门补充制定各项控制措施;确保规避和转移C区域中的各项风险且优先安排实施各项防范措施。

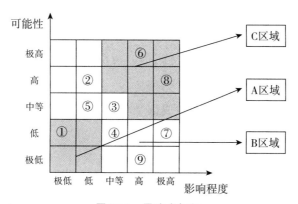

图11.1 风险坐标图

风险坐标图方法的特点是简单直观,成本较低,便于比较。

2. 蒙特卡罗方法

蒙特卡罗方法是一种随机模拟数学方法。该方法用来分析评估风险发生的可能性、风险的成因、风险造成的损失或带来的机会等变量在未来变化的概率分布。具体操作步骤如下:

(1) 量化风险。将需要分析评估的风险进行量化,明确其度量单位,得到风险变量,并收集历史相关数据。

(2) 根据对历史数据的分析,借鉴常用建模方法,建立能描述该风险变量在未来变化的概率模型。建立概率模型的方法很多,如差分和微分方程方法、插值和拟合方法等。这些方法大致分为两类:一类是对风险变量之间的关系及其未来的情况做出假设,直接描述该风险变量在未来的分布类型(如正态分布),并确定其分布参数;另一类是对风险变量的变化过程做出假设,描述该风险变量在未来的分布类型。

(3) 计算概率分布初步结果。利用随机数字发生器,将生成的随机数字代入上述概率模型,生成风险变量的概率分布初步结果。

(4) 修正完善概率模型。通过对生成的概率分布初步结果进行分析,用实验数据验证模型的正确性,并在实践中不断修正和完善模型。

(5) 利用该模型分析评估风险情况。

蒙特卡罗方法是用数学方法在计算机上模拟实际概率过程,然后加以统计处理。这类方法的特点是,基于随机采样数据进行计算可以得到近似结果,随着采样的增多,得到的结果是正确结果的概率逐渐加大;但在采样不全时,通常不能保证找到最优解。

3. 关键风险指标管理

一项风险事件的发生可能有多种成因,但关键成因往往只有几种。关键风险指标管理是对引起风险事件发生的关键成因指标进行管理的方法。具体操作步骤如下:

(1) 分析风险成因,从中找出关键成因。

(2) 将关键成因量化,确定其度量,分析确定导致风险事件发生(或极有可能发生)时该成因的具体数值。

(3) 以该具体数值为基础,以发出风险预警信息为目的,加上或减去一定数值后形成新的数值,该数值即为关键风险指标。

(4) 建立风险预警系统,即当关键成因数值达到关键风险指标时,发出风险预警信息。

(5) 制定出现风险预警信息时应采取的风险控制措施。

(6) 跟踪监测关键成因数值的变化,一旦出现预警,即实施风险控制措施。

该方法既可以管理单项风险的多个关键成因指标,也可以管理影响企业主要目标的多个主要风险。使用该方法,要求风险关键成因分析准确,且易量化、易统计、易跟踪监测。

4. 压力测试

压力测试是指在极端情景下,分析评估风险管理模型或内控流程的有效性,发现问题,制定改进措施的方法,目的是防止出现重大损失事件。具体操作步骤如下:

(1)针对某一风险管理模型或内控流程,假设可能会发生哪些极端情景。极端情景是指在非正常情况下,发生概率很小,而一旦发生,后果即十分严重的事情。假设极端情景时,不仅要考虑本企业或与本企业类似的其他企业出现过的历史教训,还要考虑历史上不曾出现但将来可能会出现的事情。

(2)评估极端情景发生时,该风险管理模型或内控流程是否有效,并分析对目标可能造成的损失。

(3)制定相应措施,进一步修改和完善风险管理模型或内控流程。

以信用风险管理为例。例如,一个企业已有一个信用很好的交易伙伴,该交易伙伴除发生极端情景,一般不会违约。因此,在日常交易中,该企业只需"常规的风险管理策略和内控流程"即可。采用压力测试方法,是假设该交易伙伴将来发生极端情景(如企业发生重大财产事故等),被迫违约对该企业造成重大损失。而该企业"常规的风险管理策略和内控流程"在极端情景下不能有效防止重大损失事件,因此,该企业采取了购买保险或相应衍生产品、开发多个交易伙伴等措施。

二、互联网金融的系统性风险控制

互联网金融的系统性风险控制是指国家宏观经济与技术管理部门对互联网金融可能引发的系统性风险控制。同样包括技术风险控制与经济风险控制两大内容。

(一)技术风险控制

技术风险控制的目的是国家通过信息基础设施建设与监管来预防互联网金融的整体技术风险,确保互联网金融在宏观层面的网络安全。

互联网金融的技术基础是网络,中国已是名副其实的"网络大国",但离网络强国的目标仍有差距,在自主创新方面还相对落后;面临的网络安全方面的任务和挑战日益复杂。目前95%与互联网相连的网络管理中心都遭受过境内外黑客的攻击或侵入,其中银行、金融和证券机构更是黑客攻击的重点。

因此,作为网络大国,我国应进一步加强对关键信息基础设施安全保护的高度重视,学习发达国家经验,加快构建关键信息基础设施安全保障体系,提升网络安全态势感知能力。一是全面构建国家关键信息基础设施网络安全防护体系。建立协调联动、相互配合、资源共享的网络安全防护机制,制定国家网络安全防护策略,明确各方网络安全防护职责。推进国家关键信息基础设施网络安全风险评估、监测预警、应急处置、灾难恢复工作,加强技术手段建设,提升抵御攻击的防护能力。二是建立关键信息基础设施仿真环境和攻防测试、安全验证平台,加强关键信息基础设施漏洞、后门的防范和检测能力。三是大力提升网络安全技术水平。加大网络核心技术研发投入,积极有序地推进关键信息技术产品和设备技术水平,加强创新能力。只有建立起完全自主、安全可控、"坚固可靠"的国家网络安全体系,把信息安全掌握在自己手中,才能确保国家网络安全和信息安全,才能实现对互联网金融系统的风险防范。

(二)经济风险控制

1. 防火墙建设

对于互联网金融引起的金融混业经营应当建立必要的风险隔离与保险制度。对于投资和消费者而言,资金安全是否能够得到保障,是首要关心的问题。对于互联网金融来说,安全也正是行业可持续发展的生命线。而要守护这条生命线,以科学、合理的监管建立起牢固的"防火墙"至关重要。构筑这道互联网金融的"防火墙"需要政府、行业深度探讨,针对互联网金融的新业态,制定科学合理的监管方案,建立可靠的覆盖全行业的风险防控体系。

2. 金融消费者权益保护

加强金融消费者权益保护是防范互联网金融系统风险的关键环节。有关部门除了及时修订专门的消费金融权益保护法律法规,严格执法力度之外,还应当紧紧围绕提高消费者金融素养,持续开展金融消费者教育,不断拓宽投诉渠道和增强纠纷调解处理能力,加大重点领域金融消费监管力度,着力保障金融消费者的消费安全权利,对金融机构金融消费权益保护工作进行整体评估,引导督促金融机构改进和完善自身工作的薄弱环节。

3. 信用体系建设

社会信用体系的建设可从建立电子商务身份认证体系、个人和企业信用评估体系着手,避免信息不对称造成的选择性风险。国务院印发的《社会信用体系建设规划纲要(2014—2020年)》,提出了政务信息公开、农村信用体系建设、小微企业信用体系建设这三个专项工程,具有很强的针对性和现实意义。其中,直接与互联网金融相关的是农村信用体系建设和小微企业信用体系建设,主要是针对"三农"领域和小微企业的融资难问题。农户和小微企业的可抵押资产比较少,凭借自身信用进行融资是一条可行的办法。但要开展信用融资,就必须要有信用记录,让金融机构充分掌握信用信息,识别信用风险并且进行合理定价,这些都需要有健全的信用体系作为基础。

4. 法制体系建设

加强互联网金融法制体系建设包括加大立法力度、完善现行法规、制定网络公平交易规则。对电子商务的安全性和电子交易的合法性及计算机犯罪加紧立法。明确电子凭证和数字签名的有效性,对各交易主体的权利义务进行明确的解析;对现行的不适合互联网金融的法律法规进行完善,适时加大量刑力度;对交易主体的责任、保护消费者个人信息、保留电子交易凭证、识别数字签名等做出详细的规定,保证能够有序开展互联网金融业务。

5. 完善互联网金融监管体系

在互联网金融监管体系方面,应加强市场准入管理并完善监管体制。确定准入条件并对互联网金融创新加大扶持力度;互联网金融对分业监管模式提出挑战,故应协调混业和分业监管模式,实行综合监管。我国应向国外学习,及时协调可能出现的国际司法管辖权。

此外,国家宏观经济管理部门还应加强产业政策、财政政策、货币政策、投资政策、汇率政策等政策调整对互联网金融活动影响的研判,对互联网金融可能出现的风险进行提前预警,做好预案,以防互联网金融调整过激产生系统风险。

本章小结

1. 网络经济的风险首先是指网络技术风险。技术风险指的是技术漏洞而导致的风险。技术风险的构成因素包括网络攻击、网络病毒感染、技术漏洞等。

2. 网络脆弱性指的是网络中任何构成安全隐患薄弱环节的特性。网络脆弱性不单单是网络节点缺陷的反映,更是网络系统整体脆弱程度的度量。

3. 网络攻击可以各种形式出现,包括简单的侵入、破坏网站、拒绝服务攻击、间谍活动和毁灭数据。网络攻击源自网络技术的开放性。网络攻击可以对国家关键信息基础设施加以破坏或毁灭,造成严重后果。在我国,能源、金融、通信、交通等关键信息基础设施已成为网络攻击的重点目标。

4. 网络经济的经济风险指的是网络经济活动给宏微观相关主体带来的预期收入遭受损失的可能性。网络经济的经济风险可以分为微观风险与宏观风险、客观风险与主观风险、财政风险与金融风险三种类型。

5. 互联网金融的经济风险是指互联网金融活动对金融稳定带来的潜在威胁。主要包括信息不对称风险、信用风险与流动性风险、市场风险和操作风险等与一般金融风险相类似的风险,以及政策和法律风险、中央银行货币信贷调控风险、支付风险、系统风险等特殊风险。

6. 互联网金融风险控制的目的是降低互联网金融风险的经济影响。主要包括微观风险控制(即互联网金融企业与机构的风险控制)和宏观风险控制或系统性风险控制两大内容。

7. 互联网金融风险控制的方法主要包括技术风险控制、经济风险控制与其他风险控制方法几种类型。

关键概念

网络	网络脆弱性
网络攻击	网络控制
关键信息基础设施	网络经济风险
网络经济微观风险	网络经济宏观风险
信用风险	流动性风险
市场风险	操作风险
支付风险	系统风险
合规性建设	风险坐标图
关键风险指标管理	压力测试

复习思考题

1. 什么是网络经济的技术风险?
2. 网络经济的技术风险有哪些主要类型?
3. 什么是网络脆弱性?
4. 什么是网络攻击?网络攻击的危害何在?
5. 网络控制是如何产生的?
6. 什么是网络经济的经济风险?
7. 网络经济的经济风险可以分为哪几种类型?试分别说明。
8. 互联网金融的信息不对称风险有哪些表现形式?试分别说明。
9. 什么是互联网金融的信用风险与流动性风险?
10. 什么是互联网金融的操作风险?
11. 什么是互联网金融的支付风险?
12. 什么是互联网金融的系统风险?
13. 什么是互联网金融的合规性建设?并简要说明其内容。

📝 课后练习题

1. 登录瑞星公司网页(http://it.rising.com.cn/dongtai/18375.htm),下载并认真阅读《瑞星2016年上半年中国信息安全报告》,给出您对网络经济技术风险的看法。

2. 登录网易新闻(http://news.163.com/16/0322/14/BIP48N0100014AED.html),下载并阅读《"校园贷"变高利贷?》,并结合实际谈谈您对互联网金融系统风险的认识。

📡 数据资料与相关链接

1. http://www.cac.gov.cn/wlfz.htm(中华人民共和国国家网络信息办公室)。
2. http://www.cert.org.cn/(国家互联网应急中心(CNCERT))。
3. http://www.cnnic.net.cn/hlwfzyj/hlwxzbg/(中国互联网络信息中心(CNNIC))。

📖 延伸阅读

1. 中国互联网络信息中心:《中国互联网络发展状况统计报告》,2016。
2. 国家互联网应急中心:《信息安全漏洞周报》,2016年第11期。
3. 国家互联网应急中心:《网络安全信息与动态周报》,2016年第9期。

第十二章

互联网金融监管

本章导论

互联网金融也是金融,金融作为公共产品必须接受监管。现在,互联网金融监管已经引起国内外政府管理部门的高度重视,采取了相应措施加强对互联网金融的监管,我国政府更在短期内推出了一系列的政策法规。把互联网金融置于法律的监管框架内,有利于维护金融稳定、保护消费者权益,也有利于互联网金融的健康发展。

主要内容

本章首先讨论互联网金融监管的概念,其次介绍互联网金融监管的国内外发展概况,继而介绍互联网金融风险监管的基本类型,最后讨论互联网金融监管与发展的关系。

知识与技能目标

通过本章学习,学生应当明晰互联网金融监管的基本概念,了解互联网金融监管的国内外发展概况;理解互联网金融监管的基本类型;掌握互联网金融风险监管的原则和方法,认识互联网金融监管与发展的关系。

第十二章 互联网金融监管

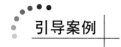

网络传销"变种",虚拟货币疯狂吸金

案例导读:借助网络进行金融诈骗,是当前金融犯罪的一个典型特征。在"机会面前,你决定的速度就是你赚钱的速度"。这是网络金融传销引诱客户上当的欺骗性语言。"有几个这样的网络项目不是传销?只要能赚钱就是王道。"案发后另一类似网络项目的推销人员一语道破了天机。互联网的便捷和全球互联,使得利用互联网技术手段披着金融创新的外衣行金融诈骗之实大行其道,本案例向我们披露的仅仅是互联网金融犯罪冰山一角,在互联网金融领域中还有大量游走于法与非法之间的灰色地带,所涉金额岂区区 20 亿可止。这说明,互联网金融亟待加强监管,唯有加强对互联网金融的法律监管,才能有效遏制互联网金融犯罪,也才能保证互联网金融的健康发展。

"虚拟数字货币已挟雷霆之势来临!""万福币的定位是未来对接银行,成为数字货币的结算中心!""一年稳赚三倍以上!""这就是资本市场的魅力,捡钱的时代!"13 万余人被类似美好愿景吸引,投身"万福币"项目。如今,这些极具煽动性的语言仍在一些网站、公众号中以彩色大号字体显示,只是投资者已深陷传销泥潭,难以维权。

湖南省常德市公安局近期破获"万福币"特大网络传销案,抓获这一传销组织在国内的代理人和网头 60 多名。9 人因涉嫌组织领导传销活动罪被检察机关批准逮捕,"万福币"不到两个月的时间吸金近 20 亿元,数亿元银行资金被警方冻结。专案负责人表示,利用虚拟货币进行传销已成为当前网络传销的新特点,投资者应高度警惕。

"万福币"纯属虚构高额利润,引诱发展会员

为吸引他人投资"万福币"项目,在虚构种种光环之外,"万福币"主谋刘某还制定了极具诱惑力的奖金制度。

警方查获的相关资料宣称,投资者只要交纳一万元即可注册成为会员,待其所购买的"万福币"价格上涨后,"躺着就能赚钱"。据称,"万福币"一年收益率稳赚在三倍左右,这还只是静态奖。

"万福币"的传销本质通过其"动态奖"机制体现得十分明显。会员要想赚更多钱,则必须发展下线以获得"招商直推奖""招商级差奖"等动态奖。"万福币"根据会员发展人员的多少分为 1—5 星、1—5 金、1—5 钻的 3 阶 15 级。每个级别对应不同的奖金回报,发展了下线就能获得提成,并可层层提成。

警方介绍,"万福币"最低的 1 星级会员可获得下线会员交纳资金 10% 的提成,发展会员达到一定数量就可以晋升级别,获得更多提成。5 钻级会员可以获得下线会员交纳资金提成的比例高达80%。

"如带团队对接刘某本人，则可直接从钻级会员做起。这样，级别越高，级差就越大；团队越大，获得的奖金提成越多。"赵勇介绍。

一些投资者正是被刘某虚构的种种光环和极具诱惑力的奖金制度吸引，投身"万福币"项目。受害者张某向警方坦言，之所以投资"万福币"，一是看了网上宣传刘某有那么多头衔和光环，相信他的实力；二是投资回报率高，让人心动。

然而，据警方调查，"万福币"中所谓的"国际大盘"其实是由刘某操纵的。项目启动时，为诱惑他人投资，刘某将其设置为"只涨不跌"。一旦刘某想收手跑路了，他可以将其设置为"只跌不涨"。

为发展更多会员，刘某于3月8日、3月29日、4月22日分别在印尼巴厘岛、中国香港等地举办了声势浩大的招商大会，吸引了我国内地数千人参加。

警方介绍，受高额奖金诱惑，国内传销网头袁某、彭某等人纷纷改换门庭，直接带团队投靠刘某，加入"万福币"项目。为防止这些团伙恶意竞争，搞乱市场，刘某把这些传销网头收编后，整合为国内九大系统。每个系统发展人员少的有6 000多人，多的达3万多人。

此外，刘某安排其公司高管孟某为其国内代理人，在深圳、重庆、贵阳、北京等地注册了深圳保利融投基金等13家空壳公司，目的是取得公司对公账户，以便向会员收取传销资金。

记者了解到，"万福币"传销案在国内的大部分代理人和网头已落网，但类似的网络传销行为却因种种原因难以根绝，继续变种存在。

常德市公安局副局长彭进表示，"万福币"传销案反映了当前传销的新特点。一是假借虚拟货币这一新生事物进行传销。这是一种新型金融传销，一般群众不了解，容易上当受骗。二是通过微信公众号宣传，扫描二维码即可加入。这改变了传统网络传销设工作室、报单中心进行传销组织活动的模式。上下级之间只通过微信群交流，线下不见面，更增加了传销的隐蔽性。三是把总部设在境外。组织者躲在境外发号施令，资金转移境外，抓捕难，追赃难，斩草除根难。

彭进同时告诫投资者，当前网上宣传的虚拟数字货币有一两百种，真假难辨。有利用虚拟数字货币非法集资的，有利用虚拟数字货币进行传销的，投资者应谨慎对待。

资料来源：改编自2016年8月7日《经济参考报》的同名文章。

第十二章 互联网金融监管

第一节 互联网金融监管及其国内外发展概况

互联网金融也是金融,金融作为公共产品必须接受监管,监管的目的是防范和减弱风险的冲击和影响。本节首先讨论金融监管与互联网金融监管的概念,其次介绍互联网金融监管的国内外发展概况,重点是在我国的发展状况。

一、互联网金融监管概述

(一)金融监管

1. 金融监管的基本含义

金融监管是指国家金融管理部门依法对金融机构(企业)进行监督和规制的总称。金融监管有狭义和广义之分:狭义的金融监管是指金融监管部门对整个金融业(包括金融机构和金融业务)实施的监管;广义的金融监管还包括行业自律性组织、社会中介组织的监管及新闻舆论监督等内容。金融监管的目的是保护投资者,维护市场秩序,促进金融稳定。

2. 金融监管的基本原则

监管(regulation)一词的本意指的是根据规则进行指导或治理。因此,金融监管是指监管部门从金融企业外部对企业进行的合法性规范,而非参与企业的日常经营管理活动。监管部门对金融企业的业务经营、财务管理、人事等方面不加干预。主要应坚持以下原则:

(1)合法性原则。金融监管必须依据法律、法规进行。监管的主体、监管的职责权限、监管措施等均由金融监管法规和相关行政法律、法规规定,监管活动均须依法进行。

(2)公开、公正原则。监管活动应最大限度地提高透明度;同时,监管当局应公正执法、平等对待所有金融市场参与者,做到实体公正和程序公正。

(3)效率原则。金融监管应当有利于提高金融体系的整体效率,不得压制金融创新与合理的金融竞争;同时,金融监管当局应合理配置监管资源以降低成本,减少社会支出。

(4)独立性原则。金融监管部门及其从事监督管理工作的人员依法履行监督管理职责,受法律保护,地方政府、各级政府部门、社会团体和个人不得干涉。

(5)协调性原则。监管主体之间职责分明、分工合理、相互配合,这样可以节约监管成本,提高监管的效率。

3. 金融监管的方式

（1）公告监管。公告监管是指政府对金融业的经营活动不直接监督，只规定各金融企业必须依照政府规定的格式及内容定期将营业结果呈报政府的主管机关并予以公告。

公告监管的内容包括公告财务报表、最低资本金与保证金规定、偿付能力标准规定。公告监管主要适用于证券市场的监管，强调的是信息公开、透明。在公告监管下，金融企业经营的好坏由其自身及投资者自行判断。但是由于信息不对称，公众很难评判金融企业经营的优劣，对金融企业的不正当经营往往无能为力，只能借助监管部门的事后查处。因此，公告监管是金融监管中较为宽松的监管方式。

（2）准则监管。准则监管是指国家对金融业的经营制定一定的准则，要求其遵守的一种监管方式。在准则监管下，政府对金融企业经营的若干重大事项，如金融企业最低资本金、资产负债表的审核、资本金的运用、违反法律的处罚等，都有明确的规定。这种监管方式强调金融企业经营形式上的合法性，比公告监管方式较为严格。

（3）实体监管。实体监管是指国家订立有完善的金融监督管理规则，金融监管机构根据法律赋予的权力，对金融市场尤其是金融企业进行全方位、全过程有效的监督和管理。实体监管是国家在立法的基础上通过行政手段对金融企业进行强制性规制，比公告监管和准则监管更为严格。

4. 金融监管的主要对象和内容

金融监管的传统对象是银行类金融机构和保险、证券公司等非银行金融机构，但随着金融工具的不断创新，金融机构业务的交叉和融合，金融监管的对象也随之扩大。如今，一国的整个金融体系都可视为金融监管的对象。

金融监管由市场准入监管、日常运营监管、风险评价、风险处置等相关要素和环节组成。

（1）市场准入监管。市场准入监管包括三个方面：机构准入、业务准入和高级管理人员准入。机构准入，是指依据法定标准，批准金融机构法人或其分支机构的设立；业务准入，是指按照审慎性标准，批准金融机构的业务范围和开办新的业务品种；高级管理人员的准入，是指对高级管理人员任职资格的核准和认可。

（2）日常运营监管。日常运营监管是指对金融机构的业务运营监管，主要是通过监管当局的非现场监管和现场检查，以及借助会计师事务所进行的外部审计，及时发现、识别、评价和纠正金融机构的业务运营风险。非现场监管和现场检查是监管当局日常监管的主要内容。

（3）风险评价。风险评价是金融监管人员在综合分析非现场监管和现场检查结果及来自中介机构提供信息的基础上，对监管对象所存在风险的性质、特征、严重程度及发展趋势做出的判断和评价。

(4)风险处置。金融监管当局要针对金融机构存在的不同风险及风险的严重程度及时采取相应措施加以处置,处置方式包括纠正、救助和市场退出。

(二)互联网金融监管

互联网金融是指以互联网为特征的现代信息技术在金融领域的应用,从功能上来看仍脱离不了支付、金融产品销售、融资、投资的范畴,因此互联网金融并非什么独立的金融业态,应当作为金融业务接受监管。互联网金融监管与传统意义上的金融监管并无本质差异,仍然是指国家管理部门依法对金融机构(企业)进行的监督和规制,同样适用相应的监管原则和方法。监管内容也是由监管理念、监管原则、监管方式、监管对象与监管过程等要素构成。不过,鉴于互联网技术的介入,互联网金融监管也应考虑监管的技术内容,并需要更多相关政府部门(如信息管理等部门)的介入,而不宜仅限于中央银行等传统的专门金融监管机构,并能随着互联网金融活动范围的变化而调整延伸,以适应于新的监管环境。主要内容分述如下:

1. 互联网金融监管的基本含义

互联网金融监管是指对互联网金融的法律风险、操作风险、流动性风险、信用风险和市场风险等制定并完善法律规则,采取有针对性的监管措施,加强和改善监管,保护互联网金融消费者、投资者的利益,维护市场秩序,促进金融稳定与互联网金融的可持续发展。

2. 互联网金融监管的基本原则与监管方式

除坚持前述金融监管的一般原则外,互联网金融监管还应当坚持开放性、公平性、诚实性、审慎性、前瞻性等适应互联网金融发展特点的监管规则。

一是开放性。互联网金融是一个高度动态发展的领域,而法律法规不可能随时更改更新,监管不可能涵盖互联网金融活动的所有方面,同时为鼓励健康的金融创新也应当给互联网金融业务发展留有适当的弹性空间,因此互联网金融监管应当坚持开放性,在立法思考、监管对策上应当坚持法禁不许,列负面清单的办法。

二是公平性。互联网金融缘起普通企业,参与者众多,因此监管执法秉持公平性原则至关重要,监管不仅要公开公正,还应当抑恶扬善,打击不正当竞争,保护市场公平。

三是诚实性原则。诚实信用原则要求互联网金融的行为主体在业务活动中应讲信用,恪守诺言,诚实不欺,信息披露要全面真实,不得以虚假不实信息追求自己利益、损害他人和社会利益。

四是谨慎性原则。为防范互联网金融特别是狭义互联网金融的资产负债错配风险和流动性风险,应当强调对互联网金融企业平台的资产配置行为的谨慎性监管,针对重点企业、平台,监管部门应当对企业资产负债管理和压力测试情况进行审慎性评估,并视情况采取监管措施。

五是前瞻性原则。监管立法既要反映现阶段的特点和实际需要,又要具有前瞻性;既要为推动互联网金融的持续发展留有余地,又要便于金融监管向新的业务领域和监管对象延伸和拓展。

在监管方式上,互联网金融监管应当针对不同的监管对象分别实行公告监管、准则监管、实体监管或者是三者并用,因事制宜。

3. 互联网金融监管的主要对象和内容

互联网金融监管仍由市场准入监管、日常运营监管、风险评价、风险处置等相关要素和环节组成。主要在监管对象上应当拓展范围,以覆盖从事金融活动的非传统银行类与非银行类金融机构企业、互联网平台、金融科技企业与机构。

二、互联网金融监管的国内外发展概况

(一) 互联网金融监管的国外发展概况

国际上从未把互联网金融作为一种单独的金融模式,在认知上为渠道的创新,而非产品与内涵的创新,从而是在既有监管体系中直接纳入对互联网金融的监管,而无专门的互联网金融监管的提法。互联网金融监管在各主要国家的发展概况大致如下:

一是将互联网金融纳入现有监管框架。由于国外成熟市场对各类金融业务的监管体制较为健全和完善,体系内各种法律法规之间互相配合协调,能大体涵盖接纳互联网金融新形式,不存在明显的监管空白。因此,国际上常见的做法是,将互联网金融纳入现有监管框架,不改变基本的监管原则。例如,美国证监会对P2P贷款公司实行注册制管理,对信用登记、额度实施评估和管控;对网络经纪商实行备案制,认为这只是传统经纪业务的延伸;网络银行则受美联储和各级政府监管;第三方支付平台,在财政部注册,受联邦及州政府的两级反洗钱监管,其资金托管也受到美国联邦存款保险公司的监管。英国从2014年4月将P2P、众筹等业务纳入金融行为监管局的监管范畴,德国、法国则要求参与信贷业务的互联网金融机构需获得传统信贷机构牌照。

二是根据互联网金融发展形势及时调整和完善法律法规体系。在将互联网金融纳入现有监管体系的同时,世界各国也在根据形势发展不断创新监管理念,针对互联网金融出现后可能出现的监管漏洞,通过立法、补充细则等手段,延伸和扩充现有监管法规体系。例如,美国、澳大利亚、意大利通过立法给予众筹合法地位,美国、法国已拟定众筹管理细则。英国金融行为监管局在确定互联网金融监管的同时,配套推出涵盖众筹、P2P等产品的一揽子监管细则。目前多数发达国家也已将虚拟货币纳入反洗钱监管体系。

> **专栏 12.1**
>
> **欧盟对虚拟货币的新定义**
>
> 为了打击全球恐怖活动,欧盟对准了他们可能利用的融资渠道,虚拟货币的不确定性一直引起政府对其非法用途的质疑。这次欧盟委员会采纳新的立法建议,把虚拟货币交易所和托管钱包供应商纳入欧盟反洗钱指令,还给出虚拟货币的定义。虽然目前无法得知这项法令有何影响,至少给各国相关法律规范的完善打开了新的局面。
>
> 当然欧盟的这个决定是可以预料的,因为欧盟委员会希望拓展反洗钱法案框架。然而这项法律建议的重要性已经超出了反洗钱法案。
>
> 也许欧盟对虚拟货币的新法律定义是发挥该法案最大影响的因素,因为这是欧盟法律下的首个定义。欧盟对虚拟货币的定义是:"价值的数字化体现,不是央行也不是政府部门发行的,可能独立于法币的;但是自然人或法律人承认它的支付功能,可以电子化转移、存储或交易。"
>
> 这个定义涵盖范围很广,技术上保持中立(理论上不限于比特币等虚拟货币)。它包含两个部分:一是广义的概念,非政府机关发行的"价值的数字化体现";二是人们必须认可其支付方式(没有指定有效规模)的地位和电子形式。
>
> 其广义概念让人们不知道怎样对待以太币等虚拟货币——以太坊区块链的原生货币,比如以太币在交易所进行交易,但是很少用于支付。
>
> 从2017年1月1日起,所有成员国的反洗钱法案必须纳入该定义。在很多国家,这还是首次把虚拟货币纳入法律范畴。
>
> 资料来源:新华网,2014年7月4日。

三是注重行为监管,根据业务的实际性质,归口相应部门进行监管。互联网金融业务交叉广、参与主体来源复杂,以往侧重市场准入的机构监管模式难以完全满足监管需求,因此国际上的普遍做法是,针对不同类型的互联网金融业务,按照其业务行为的性质、功能和潜在影响,来确定相应的监管部门以及适用的监管规则。美国、意大利、西班牙将互联网融资分为股权、借贷两种模式,分别由金融市场监管机构、银行监管机构实施监管。在美国,众筹业务由美国证监会直接监管。法国根据众筹机构是否同时从事支付和信贷发放,来确定负责监管支付行为的金融审慎监管局是否参与。

四是行业自律标准与企业内控流程相互补充。在政府监管的同时,各国也在积极发展各类互联网金融的行业自律监管组织。国际上,很多行业协会通过制定行业标准,推动同业监督,规范引导行业发展。英国三大P2P平台就建立了全球第一家小额贷款行业协会;美、英、法等国积极推动成立众筹协会,制定自律规范。很多企业也通过制定企业内部监管规定、规范交易手续、监控交易过程,实施自我监管。例如,美国的 Lending Club 的内部评估制度强调业务合规性,澳大利亚众筹网站 ASSOB 注重筹资流程管理,这对互联网金融企业的长期安全运行可以起到关键作用。

专栏 12.2

Lending Club 创始人引咎辞职映射了什么?

一件看似并不严重的错误,却导致了全球 P2P 行业标杆公司 Lending Club 创始人的引咎辞职,这背后反映的却是美国 P2P 行业从业者的高度自律。

Lending Club 5 月 9 日宣布,其创始人兼公司董事长和首席执行官 Renaud Laplanche 辞职,原因是该公司在近期的一次内部评估中发现 3 月至 4 月间的两笔总额 2 200 万美元的贷款出售违反了相关条例。

在一份声明中,Lending Club 称,"尽管这笔 2 200 万美元的违规贷款出售所带来的财务方面的影响很小,但该过程所违反的公司业务规则以及缺乏完全的信息披露是董事会所不可接受的"。

在发现问题后,Lending Club 对问题贷款及时进行了回购,并重新出售给其他合适的投资者。

简单来说,Lending Club 犯的错是:把贷款产品卖给了投资特征不符合的投资者。

受到该消息的影响,在纽交所上市交易的 Lending Club 股价在周一大幅下挫近 30%,市值缩水至不到 20 亿美元。实际上自 2014 年年底上市以来,这家号称 P2P 行业第一股的走势一直不尽如人意,股价从最高接近每股 30 美元的价位,下跌至目前仅不足 6 美元,市值从最高的近 85 亿美元,缩水了 70%。

目前尚不清楚发生该事件的具体原因是什么,其创始人对此事是否有直接关联也尚不清楚,但值得一提的是,该事件整个过程并没有任何监管机构的干预,是 Lending Club 内部评估发现的一次业务上的错误,在发现这一看似并不算严重的问题后,该公司并没有试图隐瞒,而是及时补救并对外公开信息,并付出了创始人兼首席执行官辞职的惨痛代价。

从该事件的处理不难看出,Lending Club 深知用户和投资者的信任是公司在行业中安身立命的基础,任何有可能损害到用户信任的事件都是没有任何商量妥协余地的。或许在短期内,投资者和用户对 Lending Club 的信任度可能下降,但 Lending Club 在其中所表现出的高度自律自省值得尊敬,值得在长期重新获得投资者的信赖,也值得任何一家企业学习借鉴。

资料来源:腾讯科技,2016 年 5 月 10 日。

五是充分结合征信体系,促进信息双向沟通。美国、英国利用三家市场化的征信公司建立了完整的征信体系,可提供准确的信用记录,实现机构与客户间对称、双向的信息获取,如美国 P2P 平台 Lending Club 与多家银行实现征信数据共享,将客户信用等级与系统中的信用评分挂钩。德国、法国则发挥政府主导征信体系的权威性和完备性,大大降低了市场的违约风险。

(二) 互联网金融监管的国内发展概况

从 2013 年下半年开始爆发到 2015 年年中,中国的互联网金融行业经历了整整两年的高速发展。互联网金融在我国快速兴起并发展至今,已经成为传统金融体系的重要补充,普惠金融、创新金融、智慧金融等理念深入民心。传统金融机构与互联网企业积极利用互联网与信息通信技术,加强完善金融服务。互联网金融的兴起,一方面给人们带来了更大的便利和更多的选择;但另一方面,由于监管缺失,也带来了一些前所未有的风险。有鉴于此,加强对互联网金融监管的呼声从未停歇,但截至 2015 年 7 月《指导意见》发布之前,国家都没有出台明确的监管规则,整体处于"发展观察期",监管问题仅停留在讨论阶段。伴随着互联网金融业务规模的井喷式增长,互联网金融产业布局加速扩大,行业发展风险开始集中暴露,在此背景下,国家加大了对互联网金融的规范力度,相继出台了一系列的监管政策法规,互联网金融行业监管逐步纳入正轨。监管的发展大致可分为以下几个阶段:

1. 2013 年以前的一事一策的分散监管阶段

这一阶段并无互联网监管的系统概念,各金融监管部门主要是根据自身业务监管范围对互联网金融涉及的业务制定专项监管规定,落实监管办法。

(1) 2005 年 10 月,中国人民银行制定《电子支付指引(第一号)》,明确将电子支付业务纳入监管范畴,目的是规范电子支付业务,防范支付风险。2010 年,中国人民银行发布《非金融机构支付服务管理办法》和《非金融机构支付服务管理办法实施细则》,依据办法和细则,向符合条件的非金融机构发放《支付业务许可证》,并对其行为进行监督和管理。

(2) 2011 年 4 月,中国保监会发布《互联网保险业务监管规定(征求意见稿)》,针对互联网保险业务开展的资质条件、经营规则、监督管理、法律责任等方面做出具体规定,以防范网络保险欺诈风险。2011 年 9 月,中国保监会印发《保险代理、经纪公司互联网保险业务监管办法(试行)》,对保险代理、经纪公司互联网销售保险的准入门槛、经营规则以及信息披露做出规定,提升了互联网保险业务的规范程度,于 2012 年 1 月 1 日起施行。

(3) 2006 年,中国银监会发布《电子银行业务管理办法》,以加强电子银行业务的风险管理。2011 年 8 月,中国银监会印发了《关于人人贷有关风险提示的通知》,警示银行业金融机构要与 P2P 网络借贷平台之间建立防火墙,防止民间借贷风险向银行体系蔓延。

（4）2013年3月，中国证监会发布《证券投资基金销售机构通过第三方电子商务平台开展业务管理暂行规定》，标志着基金销售机构电子商务技术应用进入新阶段，明确了基金销售机构通过第三方电子商务平台开展业务监管要求，对第三方电子商务平台的资质条件和业务边界做出了规定。

（5）为保护社会公众的财产权益，保障人民币的法定货币地位，防范洗钱风险，维护金融稳定，中国人民银行、工信部、中国银监会、中国证监会、中国保监会于2013年12月联合印发了《关于防范比特币风险的通知》，明确了比特币并不是真正意义的货币，不具有与货币等同的法律地位，不能且不应作为货币在市场上流通使用，并规定作为比特币主要交易平台的比特币互联网站应依法在电信管理机构备案。中国人民银行还将继续密切关注比特币的动向和相关风险。

专栏 12.3

比特币（虚拟货币）

比特币的概念最初由中本聪（化名）在2009年提出，根据中本聪的思路设计发布的开源软件以及建构其上的P2P网络。比特币是一种P2P形式的数字货币。点对点的传输意味着一个去中心化的支付系统。

与大多数货币不同，比特币不依靠特定货币机构发行，它依据特定算法，通过大量的计算产生，比特币经常使用整个P2P网络中众多节点构成的分布式数据库来确认并记录所有的交易行为，并使用密码学的设计来确保货币流通各个环节的安全性。P2P的去中心化特性与算法本身可以确保无法通过大量制造比特币来人为操控币值。基于密码学的设计可以使比特币只能被真实的拥有者转移或支付。这同样确保了货币所有权与流通交易的匿名性。比特币与其他虚拟货币最大的不同是，其总数量非常有限，具有极强的稀缺性。该货币系统曾在4年内只有不超过1 050万个，之后的总数量将被永久限制在2 100万个。

比特币可以用来兑现，可以兑换成大多数国家的货币。使用者可以用比特币购买一些虚拟物品，比如网络游戏中的衣服、帽子、装备等，只要有人接受，也可以使用比特币购买现实生活中的物品。

（美国）西弗吉尼亚州民主党参议员乔·曼钦（Joe Manchin）于2014年2月26日向美国联邦政府多个监管部门发出公开信，希望有关机构能够就比特币鼓励非法活动和扰乱金融秩序的现状予以重视，并要求尽快采取行动，以全面封杀该电子货币。

资料来源：百度百科。

2. 2014—2015 年综合监管前期阶段

这一阶段的特点是,各监管部门开始形成互联网金融监管概念,行业金融监管向业界延伸。

2013 年 12 月底,国务院办公厅印发了《关于加强影子银行监管有关问题的通知》,将新型网络金融公司即互联网金融归入影子银行①范畴,并且明确了中国人民银行的监管主体地位。

2014 年 3 月,中国人民银行向各商业银行下发了《关于规范银行业金融机构开立个人人民币电子账户的通知》(讨论稿),鼓励银行业的互联网金融创新,认可民生银行等的直销银行模式,但强调要加强银行账户实名制的管理。2014 年 3 月 14 日,中国人民银行下发了紧急文件《中国人民银行支付结算司关于暂停支付宝公司线下条码(二维码)支付等业务意见的函》,暂停支付宝、腾讯的虚拟信用卡产品。2014 年 3 月,中国人民银行向第三方支付机构下发了《支付机构网络支付业务管理办法(征求意见稿)》,规定支付机构不得为客户办理或变相办理支付账户透支和现金存取,以及融资、担保业务。

2014 年 4 月,中国保监会发布了《关于规范人身保险公司经营互联网保险有关问题的通知(征求意见稿)》,正式就人身险公司经营互联网保险的条件、风险监管等问题向业内征求意见。2014 年 7 月,中国保监会公布了《互联网保险业务监管暂行办法(征求意见稿)》,将适度放开互联网保险产品的经营区域限制,加强对参与互联网保险业务的第三方网络平台的监管,明确了互联网保险产品信息披露制度,建立保险机构及第三方平台退出管理。

2014 年 4 月,为切实保护商业银行客户信息安全,保障客户资金和银行账户安全,维护客户合法权益,加强商业银行与第三方支付机构合作业务管理,中国人民银行和中国银监会联合下发了《关于加强商业银行与第三方支付机构合作业务管理的通知》,明确规定银行应对第三方支付机构实施限额。

2014 年 12 月,中国证券业协会起草并下发了《私募股权众筹融资管理办法(试行)(征求意见稿)》,该管理办法对股权众筹融资的非公开发行性质、股权众筹平台、投资者、融资者等方面做出了初步界定。2014 年 12 月,国内互联网巨头腾讯公司旗下民营银行——深圳前海微众银行正式获中国银监会批准开业,这是中国首家互联网民营银行。

2015 年 1 月,中国人民银行印发了《关于推动移动金融技术创新健康发展的指导意见》,明确了移动金融技术创新健康发展的四个方向性原则,即遵循安全可控原则、秉承便民利民理念、坚持继承式创新发展、注重服务融合发展。

---

① 根据 20 国集团金融稳定理事会的定义,影子银行是指游离于银行监管体系之外、可能引发系统性风险和监管套利等问题的信用中介体系(包括各类相关机构和业务活动)。影子银行引发系统性风险的因素主要包括期限错配、流动性转换、信用转换和高杠杆四个方面。

2015年1月,中国银监会宣布将P2P网贷纳入管理,监管层对于P2P行业的监管思路越加明晰。

3. 2015年7月至今,综合监管形成阶段

2015年7月18日,中国人民银行等十部委联合发布了《关于促进互联网金融健康发展的指导意见》(银发〔2015〕221号),《指导意见》明确了"谁的孩子谁抱"监管责任边界,也对诸如网贷第三方存管①、众筹公开小额等核心问题给出了指导原则。以此为标志,中国的互联网金融监管结束了"发展观察期",国家行业主管与金融监管部门将各司其职,承担起应有职责,对互联网金融实施系统的外部监管。

《指导意见》的整体基调是鼓励创新,并按照"依法监管、适度监管、分类监管、协同监管、创新监管"的原则,确立了互联网支付、网络借贷、股权众筹融资、互联网基金销售、互联网保险、互联网信托和互联网消费金融等互联网金融主要业态的监管职责分工,落实了监管责任,明确了业务边界。

根据《指导意见》,互联网金融监管分工监管模式是:中国人民银行负责互联网支付业务的监督管理;中国银监会负责包括个体网络借贷和网络小额贷款在内的网络借贷以及互联网信托和互联网消费金融的监督管理;中国证监会负责股权众筹融资和互联网基金销售的监督管理;中国保监会负责互联网保险的监督管理。除了相对应的金融监管部门外,网贷行业的互联网属性要接受工信部和网信办的内容监管。

不过《指导意见》尚属框架性意见,法律约束效力有限,在此框架基础上,还将有配套监管细则出台。相比之下,中国人民银行的相关监管规则已经比较齐全,而P2P网贷目前为止中国银监会还没有出台指导意见,中国证监会对于众筹已经出台了指导意见的征求办法稿,中国保监会对互联网保险已经出台了监管指导意见。由于涉及的部门较多,《指导意见》虽然明确了各部门之间的职责分工,但是很多配套细则和措施不可能短期内全部出台,系统协调的规范需要一定时日形成并逐步完善。

第二节 互联网金融风险监管的基本类型

与互联网金融风险相对应,互联网金融监管的基本类型可以分为三类:技术风险监管、经济风险监管与其他风险监管。

一、技术风险监管

信息技术风险监管是金融监管的重要组成部分。从监管角度看,作为金融业务与信

---

① 第三方存管的全称是客户交易结算资金第三方存管。过去,在证券交易活动中,投资者(即客户)的交易结算资金是由证券公司一家统一存管的。后来,中国证监会规定,客户的交易结算资金统一交由第三方存管机构存管。这里的第三方存管机构,目前是指具备第三方存管资格的商业银行。

息技术结合的产物,信息科技风险不但兼具两者的专业性特点,而且由于技术交叉,又衍生出了新的特点,技术上监管难度相当大,对监管机构构成了新的挑战。因此,在监管理念上应高度重视,监管机制需要更加强化技术环节,提升信息化协同。主要内容包括:

（一）监管目标

互联网金融技术风险监管目标是降低互联网金融活动中涉及的信息技术风险,大致包括以下五方面内容:①完整性风险,即数据未经授权使用或不完整、不准确而造成的风险;②存取风险,即系统、数据或信息存取不当而导致的风险;③获得性风险,即影响数据或信息的可获得性的风险,主要与数据处理过程的动态监控、数据恢复技术、备份和应急计划等有关;④体系结构风险,即信息技术体系结构规划不合理或未能与业务结构实现调配所带来的风险,主要与信息技术组织的健全、信息安全文化的培育、信息技术资源配置、信息安全系统的设计和运行、计算机和网络操作环境、数据管理的内在统一性等有关;⑤其他相关风险,即其他影响互联网金融企业、机构业务活动的技术性风险。

（二）监管程序

根据巴塞尔银行监管委员会的要求,信息技术风险的监管程序包括风险评估、管理和控制风险、监控风险三个基本要素。

1. 风险评估

风险评估是管理和监控风险的前提,它包括识别风险,确定互联网金融企业、机构的风险承受能力,确定风险是否在企业、机构的承受能力范围之内。从信息安全的角度来讲,风险评估是对信息资产(即某事件或事物所具有的信息集)所面临的威胁、存在的弱点、造成的影响,以及三者综合作用所带来风险的可能性评估。

2. 管理和控制风险

管理和控制风险包括实施安全策略、技术系统评估与升级、采取措施控制和管理技术服务外包风险、相关信息披露和制订应急计划等。

3. 监控风险

监控风险包括系统测试和审计,系统测试有助于发现异常业务活动,避免出现严重的系统故障或中断,审计(包括内部审计和外部审计)则为发现系统缺陷和减少风险提供一种重要的、独立的控制机制。应建立电子风险监控整体解决方案以满足监管需求。

（三）组织实施

1. 信息科技风险监管组织建设

应建立专门的信息科技风险监管部门,制定信息科技风险监管政策、法规、指引和工作流程,协调开展信息科技非现场监管和现场检查;监管部门在开展非现场监管和现场检查时,必须把信息科技风险作为关注重点,把信息科技风险防控纳入互联网金融企业、机构评级体系;实施针对信息科技及业务操作风险的现场检查与专题审查,评估被监管机构线上交易的安全管控,以及对信息科技问题及变更管理程序所实行的管控措施。

监管部门要定期对互联网金融科技治理情况进行审查,督促企业、机构建立职责明确、功能互补、相互监督、相互制约的信息科技风险防范的整体架构;监管部门应督促互联网金融企业、机构加大软硬件基础设施投入力度,完善灾备应急能力;加强对互联网金融企业、机构外包服务的监督检查,指导互联网金融企业、机构科学制定外包管理策略,合理规划外包服务规模,加强对外包服务风险的防控。

2. 建立信息科技风险评估体系

监管部门应在积累历史数据、汇总分析的基础上,建立健全信息科技风险评估体系,识别机构在信息科技方面面临的固有风险,系统性地分析金融机构在 IT 治理、信息安全、业务连续性计划、内外部审计以及 IT 外包管理等领域采取的风险防控措施的有效性,客观地评价金融机构信息科技风险管理水平。在此基础上,认真研究制定金融机构信息科技风险评级方法和标准,逐步开展信息科技风险评级,根据评级结果确定监管的频度和范围,制定差别化的监管对策。

3. 建立信息共享机制

各监管部门要相互协作、形成合力,充分发挥金融监管协调部门间联席会议的作用,密切关注互联网金融业务发展及相关风险,建立和完善信息共享机制和相互协调的互联网金融数据统计监测体系。

4. 加强信息科技风险监管的国际合作

监管部门应加强信息科技风险监管的国际合作,包括加强与国外监管机构的交流合作,学习、借鉴并逐步消化转换,形成独立的监管体系;以及尝试与国外监管机构之外的机构合作,如参加 ISACA 等国际专业性组织的活动等,掌握信息科技风险前沿动态,不断提升信息科技风险监管水平。

二、经济风险监管

(一)强化监管意识,加强风险防范

要坚持防患于未然的理念,把风险防控贯穿于产品实际;要建立健全风险跟踪、监测和处置机制,提升风险研判的能力;要防止单一品种、单一机构的风险外溢问题;紧跟市场发展步伐,填补监管空白,提高监管的有效性,促进各类市场主体归位尽责;引导机构主动加强风险控制,认识自身风险承受能力,克服盲目扩张倾向,完善现代企业治理制度,在稳健经营上下功夫,合理、有序地开展业务活动。

(二)健全信息披露,加强市场约束

信息披露是指互联网金融企业根据相关法律法规与政策要求将其经营信息、财务信息、风险信息、管理信息等向客户、股东及监管部门告知。互联网金融企业、机构对公众进行及时和经常的相关信息披露,可以加强市场约束,减轻互联网金融的信息不对称问题,也有利于监管机构对互联网金融进行有效监管。

增强互联网金融行业透明度的重要环节是实现财务数据和风险信息的公开透明,信息披露应与金融机构经营的规模、风险状况和复杂性相适应。监管部门应当要求从业机构按照相关法规对客户进行充分的信息披露,及时向投资者公布其经营活动和财务状况的相关信息,进行充分的风险提示,以便投资者充分了解从业机构运作状况,促使从业机构稳健经营和控制风险。

信息披露应以行业自律为依托,建立互联网金融各细分行业的数据统计分析系统,并就信息披露的指标定义、内容、频率、范围等达成共识;应通过合格投资者制度强化消费者权益保护,保证投资者的知情权、参与权、监督权等各项权利;加强投资者风险警示,引导投资者理性参与交易;持续做好新闻发布工作,营造良好的市场环境,加强消费者教育,建立合同条款、纠纷解决机制,切实保护好互联网金融投资者、消费者的合法权益。

(三)加强行业自律

监管部门应当引导互联网金融建立行业自律组织,充分发挥行业自律机制在规范从业机构市场行为和保护行业合法权益等方面的积极作用。行业自律组织应当制定经营管理规则和行业标准,推动从业机构之间的业务交流和信息共享,明确自律惩戒机制,树立诚信规范、服务实体经济发展的正面形象。

(四)信用风险监管

金融机构信用风险管理可以借助信用风险对冲[①]技术,不过,信用风险对冲技术是一种对宏观环境、金融机构素质、监管机构水平要求很高的风险管理手段。

一般而言,金融机构采用信用风险对冲的方式能降低其暴露在所持基础资产下的信用风险,这样金融机构可以减少针对此项资产配备的资本金,以提高资本报酬率。但是在具体监管过程中,监管当局为防止银行和其他金融机构利用信用衍生产品进行过度投机,会对资本金冲抵做种种限制。对于存在资产错配、货币错配和期限错配的信用风险

---

① 风险对冲是指通过投资或购买与管理标的资产收益波动负相关或完全负相关的某种资产或衍生金融产品来冲销风险的一种风险管理策略。将这种策略运用于银行的信用风险管理就意味着银行不再需要出卖或转让自己手中的信用产品,而只需同时购入一种信用衍生产品将原有信用产品中的信用风险转移出去,就达到了对冲信用风险的目的。资料来自百度百科。

对冲交易,不能完全用来冲抵对资本金的要求。

监管技术比较高的国家会针对这些问题做详细的规定,尽量将保值性和投机性信用风险对冲行为区分开来,在合理基础上降低对银行的资本金要求。但监管技术较低的国家,则没有能力去识别和细分这些问题,出于防范风险的考虑一般会采取较为粗略和保守的标准。在我国,银行运用对冲手段得到的资本金豁免好处,与在监管技术高的国家的银行相比要少得多,这样会抑制和降低我国银行使用风险对冲手段的积极性。

(五)流动性风险监管

监管部门应当根据适当的流动性风险监管指标对互联网金融企业与机构进行流动性风险评估与监管;督促金融机构对流动性风险进行识别和计量,在考核收益的时候纳入流动性风险的成本,审慎承担风险;要求金融机构流动性风险管理反映并适应业务模式和风险状况的发展变化。

要不断加强压力测试,要求商业银行自身加强压力测试,中国银监会也会定期或者不定期地组织压力测试。同时,鼓励中小银行建立同业互助机制,减少流动性风险的影响。

《巴塞尔协议Ⅲ》的流动性监管标准是流动性覆盖率(LCR)①,与传统的流动性风险指标(如存贷比、流动性比例、超额备付金率、流动性缺口)相比,流动性覆盖率更为全面和精细。

在我国,流动性风险监管主要由银监会负责。2014年2月,中国银监会发布《商业银行流动性风险管理办法(试行)》(以下简称"《办法》"),《办法》引入了《巴塞尔协议Ⅲ》流动性覆盖率这一新指标,并对现行流动性风险指标进行梳理,将其区分为合规性监管指标和用于分析、评估流动性风险的监测工具。其中,合规性监管指标包括流动性覆盖率、存贷比、流动性比例。《办法》引入流动性覆盖率作为监管指标,旨在确保商业银行具有充足的合格优质流动性资产,满足流动性压力情景下,通过变现这些资产满足未来至少30天的流动性需求。

《办法》适用于在我国境内设立的商业银行,包括中资商业银行、外商独资银行、中外合资银行,以及农村合作银行、村镇银行、农村信用社和外国银行分行;《办法》涵盖了上述监管对象所有的业务条线,包括理财业务和同业业务。

(六)市场风险监管

市场风险监管是识别、计量、监测和控制行业市场风险的全过程。它的目标是通过

---

① 根据《巴塞尔协议Ⅲ》的定义,流动性覆盖率(LCR)是指优质流动性资产储备与未来30日的资金净流出量之比;该比率的标准是不低于100%,即高流动性资产至少应该等于估算的资金净流出量,或者说,未来30日的资金净流出量小于0。

将市场风险控制在金融机构可以承受的合理范围内,实现经风险调整的收益率最大化。

监管部门依法对金融机构的市场风险水平和市场风险管理体系实施监督管理;督促金融机构有效识别、准确计量、持续监测和适当控制所有交易和非交易业务中的市场风险,确保在合理的市场风险水平之下安全、稳健经营;鼓励业务复杂程度和市场风险水平较高的金融机构逐步开发和使用内部模型计量风险价值,对所承担的市场风险水平进行量化估计。

(七)操作风险监管

根据巴塞尔银行监管委员会的指引[1],监管部门应该要求所有监管对象制定行之有效的制度,来识别、评估、监测、控制与缓释重大操作风险;要求金融机构开发与其规模、业务复杂性和风险状况相适应的操作风险管理系统;直接或间接地对监管对象有关操作风险的政策、程序和做法进行定期的独立评估;确保有适当的机制保证掌握监管对象的进展情况。

监管部门独立评估操作风险的内容应该包括:①监管对象风险管理程序的有效性,以及有关操作风险的全面控制环境;②监管对象监测和报告其操作风险状况的方法,包括操作风险损失数据和其他潜在操作风险指标;③监管对象及时有效地解决操作风险事件和薄弱环节的步骤;④监管对象为保证全面操作风险管理程序的完整性的内控、审查和审计程序;⑤监管对象努力缓释操作风险的效果,例如使用保险的效果;⑥监管对象灾难恢复和业务连续方案的质量和全面性;⑦监管对象根据其风险状况和内部资本目标,评估操作风险的整体资本充足率水平。

操作风险评估应当注意监管部门间的跨部门合作和信息交流,并建立监管对象和外部审计报告制度。

三、其他风险监管

除上述与传统金融相类似的风险外,我国互联网金融还面临一系列独特风险,主要包括:

1. 法律风险监管

修改并完善现有金融法规,将互联网金融的众多方面,包括互联网金融市场的企业准入标准、运作方式的合法性、交易者的身份认证等纳入成文法监管范围,建立对互联网金融有针对性的严谨系统的法律规范。

要处理好事前防范和事后处理的关系,把好市场准入关,要明确互联网金融进入的门槛和标准,提高市场准入的透明度;把法律的规定、监管的要求细化到一线监管制度当

---

[1] 巴塞尔银行监管委员会:《操作风险管理与监管的稳健做法》,2003。

中,树立规矩,标记业务红线和雷区;推进监管技术创新,更多地依靠科技和信息化手段,对倾向性的违法违规问题及早发现、及早提醒、及早纠正、及早处理。

要坚持依法治市,从根源上解决违法成本偏低、执法手段不足等突出问题;全面提升行政、刑事处罚力度,提高违法违规代价,提高执法威慑力;加强监管协作,严格落实、实施联合惩戒。要在维护市场平稳运行的基础上,开展对互联网金融的专项整治,秉持公平竞争、穿透式监管、保护消费者利益等原则,识别风险点,规范互联网股权融资活动,防范 P2P 网贷、股权众筹等领域的风险。

2. 电子货币风险监管

应加强对以比特币为代表的电子货币的研究,制定监管对策。包括对电子货币的监管立法;防范电子货币游离于监管之外,被用来洗钱、购买毒品或枪支等非法活动的风险;制定比特币的电子货币交易和流通的税收立法;应当加强对比特币的监管和消费者保护,货币当局应该研究比特币作为特殊虚拟商品的法律问题,切实保护消费者权益。

此外,货币当局还应当加强对互联网环境下,虚拟货币发展对货币政策调控的影响,完善宏观审慎监管。

3. 支付风险监管

首先,应不断完善相关政策法规为支付清算行业健康发展提供法律保障,推动支付机构风险信息共享、依法合规经营。

其次,构筑风险监管"安全网",包括加强支付清算行业金融基础设施建设,确保互联网支付系统安全;全面落实客户实名制,加强特约商户审核把关、交易风险预警、客户信息泄露等潜在风险监管;提高支付机构交易监控水平和异常交易识别能力,加强支付行业风险防范;开展支付机构违法活动专项整治,保证互联网支付业务的规范发展。

在完善监管机制的同时,还应加强行业自律,完善行业风险信息共享系统,实现风险信息数据的交换共享。

4. 系统风险监管

要加快改革完善现代金融监管体制,实现金融风险监管全覆盖。一是要建立必要的风险隔离与保险制度安排,防范交叉金融产品的风险,坚持透明、隔离、可控的原则,对于跨行业、跨市场的资金流动,做到"看得见""管得了""控得住",防止互联网金融产品与其他金融产品风险的相互交叉传染。筑牢银行业、非银行业金融机构和民间融资活动之间的防火墙。同时,还要防范国际金融风险的冲击和传染。二是要加强对互联网金融投资者、消费者的保护。大力加强普及金融知识,重点针对普通人群中的投资者、消费者风险教育,增强普通人群的互联网风险识别能力;适当提高互联网金融投资者入市门槛;严格查处金融误导、传销、欺诈行为;防范个体非理性和集体非理性行为的集中发生,尽量降低互联网金融风险的负外部性社会影响。

第三节　互联网金融监管与其发展的关系

一、互联网金融的监管与其发展的关系

互联网金融是以先进信息技术为基础,顺应现代金融需要而产生的新型金融服务产业。它以中间服务成本低、操作便捷、服务效率高等特点在现代金融产业中获得一席之地。

互联网金融的发展可以促进传统金融的创新。作为传统金融行业与互联网相结合的新兴领域,互联网金融与传统金融的区别,不仅在于金融业务所采用的媒介不同,更重要的在于金融参与者利用互联网"开放、平等、协作、分享"的精神,通过互联网、移动互联网等工具,使得传统金融业务透明度更强、参与度更高、协作性更好、中间成本更低、操作更便捷。迄今为止,互联网金融已经发展出网上银行、第三方支付、个人贷款、企业融资等多种形式,并且在融通资金、资金供需双方的匹配等方面深入传统金融业务的核心。互联网 IT 企业对金融领域的大规模渗透所产生的"鲶鱼效应"[①],大大推进了传统金融业的互联网技术与业务变革。

互联网金融的发展对促进金融包容更具有重要意义,特别是对中国现阶段而言,互联网金融的发展为大众创业、万众创新打开了大门,在满足小微企业、中低收入阶层投融资需求,提升金融服务质量和效率,引导民间金融走向规范化,以及扩大金融业对内对外开放等方面可以发挥独特的功能和作用。

总之,互联网金融的发展对促进金融创新,支持经济增长与社会发展都具有极其重要的积极意义。但同时也应当看到,由于缺乏有效监管,互联网金融行业在近年来快速发展的同时,各种风险也不断积累和暴露,为市场以及投资者带来了巨大损失,并影响到金融稳定。因此,在实际工作中应当监管与发展并重,处理好发展与规范的关系,做到鼓励金融创新和风险防范的平衡,既要保护互联网金融创新的活力,又要加强对互联网金融活动的监管,使之在法律规范的框架内健康发展。

二、处理互联网金融监管与发展关系的基本原则

处理互联网金融监管与发展的关系总体上主要应遵循下述原则:

(一)正确处理好规范与发展的关系

必须看到,加强对互联网金融的监管与保护互联网金融创新并不矛盾,二者是相辅相成、相互促进的关系。一方面,发展需要规范。"互联网+"是我国国家发展战略的重要

---

① 鲶鱼效应是采取一种手段或措施,刺激一些企业活跃起来投入市场积极参与竞争,从而激活市场中的同行业企业。资料来自 MBA 百科。

组成部分,近年来正是在创新驱动经济的共识推动下,互联网金融得到蓬勃发展,各种平台如雨后春笋般涌出,但因缺乏规范,各种交易平台良莠不齐,以至乱象丛生,不仅有损行业形象,也严重影响了行业发展,因此,从国家战略层面,把互联网金融纳入金融监管,具有非常重要的意义。只有加强规范才能取得互联网金融的健康发展。另一方面,规范促进发展。规范就是建立健全各类法律法规和监管政策。健全的法律法规体系和监管体系可以为互联网金融的发展提供全面的法律保护,保护市场参与主体的切身利益,维护市场公开、公平、公正秩序,使得各类互联网业务条线有确定的业务边界和规则,各类从业机构得以安全地发挥各自优势,提高市场效率。

(二) 处理好分业监管与综合监管的关系

处理好分业监管与综合监管重在克服分业监管机制缺乏协调的弊端。要遵循《指导意见》提出的"依法监管、适度监管、分类监管、协同监管、创新监管"原则,科学合理地界定各业态的业务边界及准入条件,落实监管责任,明确风险底线,保护合法经营,坚决打击违法和违规行为。

从国际经验来看,监管机构、中央银行和财政部必须在政策目标层面上统筹协调。就我国现阶段而言,应当将"一行三会"部门分割式监管转向统一协调的综合监管。可建立跨部门的国家金融安全稳定委员会,统一协调,建立集中统一的金融基础设施,构建金融业综合统计体系,解决分割式监管体制下监管数据和信息难以共享的问题。

为避免分业监管造成的监管真空、监管套利与过度监管等问题,应从机构分业监管转向跨界功能性监管和行为监管。应以功能性监管和行为监管为主线,构建以币值稳定为目标的货币政策管理系统、以行业稳定为目标的金融机构审慎监管系统、以市场稳定为目标的金融交易行为监管系统、以信息准确全面为目标的金融信息和金融基础设施信息监管系统,与国家金融安全稳定委员会协调配合,形成统一协调的监管框架。

此外,建立综合监管体系还应当发挥地方的积极性,处理中央与地方的关系。应当立法明确地方金融监管机构的法律地位、权限与监管责任,界定中央和地方金融监管机构的职责和风险处置责任,发挥地方金融监管机构在获取信息的准确性和政策执行力上的优势。

(三) 处理好传统监管与创新监管的关系

传统监管是指传统金融监管,这方面的监管已经成型,均有比较健全的法律法规监管体系。互联网金融既有传统金融的特征,也具有自身的特征,因此互联网金融监管不仅要运用传统金融的监管方法,更要针对互联网金融的特点进行创新监管。

首先,要调整监管理念。以往我国金融监管在目标定位上有些偏差,将行业发展和引导创新也作为监管的潜在目标和责任。在互联网金融领域,这点显得尤其突出。

其次，要有正确的监管定位。创新是市场发展的动力，是市场主体适应市场需求的行为。监管的责任则是要关注创新的市场基础，关注对投资者的保护。监管当局对金融产品创新应关注产品法律关系的准确性、风险收益的匹配度、风险责任的清晰度、信息披露的真实性和完整性。因此，监管的正确定位是市场的法律规范，包括产品、主体、行为的法律规范与监管。关注的重点应当是从业机构创新风险的制度安排，从业机构有无风险拨备制度，金融创新产品的风险敞口是否有足够的资本和风险拨备来抵冲风险。

最后，要有先进的技术监管手段。互联网金融对金融监管带来诸多挑战和深远影响。互联网金融重塑了金融竞争规则，先进的信息通信技术、大数据技术、云计算技术广泛应用在各种类型的金融企业当中，使得技术承载的信息和数据成为新金融时代的核心竞争力。在未来，技术替代还将不断拓展金融服务的可能性边界，不断构建新金融生态空间，不断推动金融服务体系多层次化，不同的金融模式将服务于特定的群体，市场会根据收益和成本的动态变化选择不同的商业模式，技术通过驱动不同业务成本收益之间的动态调整来改变金融格局。面对金融业态的深刻改变，如果金融监管还是使用传统技术，则难以实现监管的有效性与及时性。因此，金融监管必须依托科技创新，只有拥有先进技术手段才能对互联网金融的前沿动态有真正的了解和掌控，在此基础上，才能实现有效监管，保证创新规范。

本章小结

1. 互联网金融监管是指对互联网金融进行法律规范，以防范互联网金融的潜在风险，促进其可持续发展。

2. 互联网金融监管应当坚持开放性、公平性、诚实性、审慎性、前瞻性等适应互联网金融发展特点的监管规则。

3. 互联网金融监管的基本类型可以分为三类：技术风险监管、经济风险监管与其他风险监管。

4. 处理互联网金融监管与发展的关系须要正确处理好规范与发展的关系、分业监管与综合监管的关系，以及传统监管与创新监管的关系。

关键概念

金融监管	合法性原则
效率原则	协调性原则
公告监管	准则监管
实体监管	市场准入
风险评价	风险处置

谨慎性原则	前瞻性原则
行为监管技术	风险监管程序
流动性覆盖率	

 复习思考题

1. 什么是互联网金融监管？
2. 互联网金融监管应遵循哪些基本原则？
3. 我国互联网金融监管大致可分为哪几个阶段？
4. 技术风险监管程序包含哪几个步骤？
5. 监管部门独立评估操作风险包含哪些基本内容？
6. 系统风险监管包含哪些基本内容？
7. 处理互联网金融监管与发展的关系应遵循哪些基本原则？
8. 我国互联网金融监管分工监管模式是什么？

 课后练习题

1. 简述互联网金融监管与发展的关系。
2. 如何处理好分业监管与综合监管的关系？

数据资料与相关链接

1. http://www.pbc.gov.cn/（中国人民银行）。
2. http://www.cbrc.gov.cn/index.html（中国银监会）。
3. http://www.circ.gov.cn/web/site0/（中国保监会）。
4. http://www.csrc.gov.cn/pub/newsite/（中国证监会）。

延伸阅读

1.《关于促进互联网金融健康发展的指导意见》（银发〔2015〕221号），文件链接地址：http://www.mof.gov.cn/zhengwuxinxi/zhengcefabu/201507/t20150720_1332370.htm。

2. 巴塞尔银行监管委员会：《操作风险管理与监管的稳健做法》，文件链接地址：http://www.cnfinance.cn/magzi/2010-03/12-7472.html。

参 考 文 献

[1] 国务院十部委:《关于促进互联网金融健康发展的指导意见》,2015。

[2] 中国银监会:《电子银行业务管理办法》,2006。

[3] 中国银监会:《电子银行安全评估指引》,2006。

[4] 王永红:《中国网络银行发展模式》,《中国金融》,2014年第23期。

[5] 廖理、钱婧:《互联网银行2.0:典型案例与思考》,《清华金融评论》,2016年第4期。

[6] 谢平等:《互联网金融手册》,北京:中国人民大学出版社,2014年版。

[7] 李东荣等:《中国互联网金融发展报告(2015)》,北京:社会科学文献出版社,2015年版。

[8] 霍学文:《新金融 新生态》,北京:中信出版社,2015年版。

[9] 余丰慧:《互联网金融革命:中国金融的颠覆与重建》,北京:中华工商联合出版社,2014年版。

[10] 中国证券业协会:《中国证券业发展报告(2016)》。

[11] 券业星球:《2017中国互联网证券年度报告》。

[12] 中国证券登记结算有限责任公司:《证券账户业务指南》。

[13] 中国证监会:《证券投资基金销售机构通过第三方电子商务平台开展业务管理暂行规定》,2013。

[14] 中国证券业协会:《网上基金销售信息系统技术指引》,2009。

[15] 艾瑞咨询:《2015中国互联网基金行业研究报告》。

[16] 《互联网保险业务监管暂行办法》(保监发〔2015〕69号)。

[17] 《保险代理、经纪公司互联网保险业务监管办法(试行)》(保监发〔2011〕53号)。

[18] 中国保险行业协会:《2016 中国互联网保险行业发展报告》。

[19] 中国银监会:《信托公司管理办法》、《信托公司集合资金信托计划管理办法》,2007。

[20] 中国信托业协会:《中国信托业发展报告 2014—2015》,2015。

[21] 中投在线:《2016 年中国信托业发展展望报告》,2016。

[22] 《消费金融公司试点管理办法》(中国银监会令〔2013〕2 号)。

[23] 《关于加大对新消费领域金融支持的指导意见》(银发〔2016〕92 号)。

[24] 中商情报网:《2016 互联网消费金融趋势分析》。

[25] 网易科技:《2015 年互联网消费金融图谱:寻找未来的独角兽》。

[26] 中国人民银行:《非银行支付机构网络支付业务管理办法》,2015。

[27] 中国银监会:《中国银监会、中国人民银行关于加强商业银行与第三方支付机构合作业务管理的通知》,2014。

[28] 智研咨询:《2016—2022 年中国跨境支付行业市场运营态势及发展前景预测报告》。

[29] 中国银监会等:《网络借贷信息中介机构业务活动管理暂行办法》,2016。

[30] 网贷之家、盈灿咨询:《2016 年中国网络借贷行业年报》,2017。

[31] 零壹财经:《中国 P2P 借贷服务行业白皮书 2015》。

[32] 北京市金融工作局等:《中国互联网金融安全发展报告 2016》,2017。

[33] 中国证监会:《关于对通过互联网开展股权融资活动的机构进行专项检查的通知》,2015。

[34] 中国证券业协会:《私募股权众筹融资管理办法(试行)(征求意见稿)》,2014。

[35] 清科观察:《2016 股权众筹报告》,2016。

[36] 中国电子商务研究中心:《2016 互联网众筹发展趋势报告》,2016。

[37] 中国互联网络信息中心:《中国互联网络发展状况统计报告》,2016。

[38] 国家互联网应急中心:《信息安全漏洞周报》,2016 年第 11 期。

[39] 国家互联网应急中心:《网络安全信息与动态周报》,2016 年第 9 期。

[40] 《关于促进互联网金融健康发展的指导意见》(银发〔2015〕221 号)。

[41] 巴塞尔银行监管委员会:《操作风险管理与监管的稳健做法》。

[42] Abdou, Hussein, English, John and Adewunmi, Paul, An investigation of risk management practices in electronic banking: The case of the UK banks, eprints. hud. ac. uk, University of Huddersfield, July 22, 2014.

[43] Comparison of crowdfunding services From Wikipedia, the free encyclopedia.

北京大学出版社教师反馈及教辅申请表

北京大学出版社本着"教材优先、学术为本"的出版宗旨,竭诚为广大高等院校师生服务。为更有针对性地提供服务,请您认真填写以下表格并经系主任签字盖章后反馈给我们,我们将按照您填写的联系方式免费向您提供相应教辅资料,以及在本书内容更新后及时与您联系邮寄样书等事宜。

书名		书号	978-7-301-	作者	
您的姓名				职称职务	
校/院/系					
您所讲授的课程名称					
每学期学生人数	_____人	_____年级		学时	
您准备何时用此书授课					
您的联系地址					
邮政编码			联系电话(必填)		
E-mail(必填)			QQ		
您对本书的建议:				系主任签字 盖章	

我们的联系方式:

北京大学出版社经济与管理图书事业部

北京市海淀区成府路 205 号,100871

联 系 人:徐 冰

电 话:010-62767312/62757146

传 真:010-62556201

电子邮件:em@pup.cn　　em_pup@126.com

Q　　Q:5520 63295

微 信:北大经管书苑(pupembook)

新浪微博:@北京大学出版社经管图书

网 址:http://www.pup.cn